KB058004

인생 어휘

삶의 해상도를 높여줄
동양 고전의 날말들

인생 어휘

이승훈 지음

사계절

들어가며

고전은 스스로 존재하지 않는다

고전은 스스로 존재하지 않는다. 읽어주는 사람이 없다면 더 이상 고전이 아닌 것이다.

요즘 세대는 중국 고전을 잘 읽지 않는다. 절실한 필요를 느끼지 않기 때문이다. 읽지 않아도 사는 데 아무런 문제가 없기 때문이다.

당나라 유학자 한유(韓愈)는 사물은 혼자서 우는 법이 없다고 했다. 초목은 원래 소리가 없지만 바람이 흔들어 울게 한 것이고, 물은 원래 소리가 없지만 바람이 스쳐 물결치는 소리를 낸다고 했다.[1]

고전도 마찬가지다. 혼자서는 아무런 울림도 낼 수 없다. 옆에서 누군가 흔들어주어야만 그제야 자기 목소리를 내기 시작한다. 오래된 고전이 21세기에도 고전이 되려면 21세기 사람들이 읽고 밑줄을 그으면서 흔들고 비틀어주어야만 한다.

이렇게 고전을 읽으면 재미가 있다. 옛날에도 이렇게 고전을 읽는 사람이 없지 않았다. 장자는 같은 시대를 살았던 공자나 맹자가 던진 주제를 자기 나름의 방식으로 비틀어댔다.

> 도척(盜跖)은 도둑들의 두목으로 유명한 사람이었다. 어느 날 그의 부하들이 도둑질이나 하는 자기네들에게도 도(道)라는 것이 있는지 심각하게 물었다. 도척은 자신 있게 대답했다. 어디엔들 도가 없겠느냐고. 그는 도둑질의 '도'에 대해 다음과 같이 말했다.
>
> "방 안에 숨겨진 재물을 잘 찾아내는 것이 성(聖)이다. 도둑질하러 앞장서 들어가는 것이 용(勇)이다. 훔친 다음 가장 나중에 나오는 것이 의(義)다. 도둑질해도 되는지 잘 판단하는 것이 지(知)다. 훔친 것을 서로 공평하게 나누는 것이 인(仁)이다. 이 다섯 가지 덕을 갖추지 않으면 큰 도둑이 될 수 없다." 『장자(莊子)』「거협(胠篋)」[2]

장자가 도둑질이라는 범죄행위를 합리화하고자 이런 말을 했을 리 없다. 자칫 어렵게 느껴지는 聖, 勇, 義, 知, 仁과 같은 개념들을 도둑질의 원리에 붙여놓으니 의미가 분명해지는 효과가 생긴다. 여기서부터 이 개념들을 붙잡고 옳고 그름을 따지면 된다. 개념을 아예 모르는 것보다는, 이렇듯 의미의 경계를 분명히 해놓고 시작하는 것이 훨씬 효과적일 수 있다. 공자와 맹자가 고민 끝에 내놓았던 신성한 주제를 희화화했다고 싫어하는 사람도 있다. 옳고 그름을 떠나, 여기서는 고전을 읽는 방법만 따져보기로 하자.

그런데 공자는 쉽고 알아듣게 설명하는 것도 중요하지만

품격을 갖추지 않으면 오히려 설득력이 떨어진다고 했다. 성인의 이야기를 평범한 사람들의 눈높이에 맞추어 알아듣게 설명하지 않으면 외면당한다. 그렇다고 너무 세속적인 수준으로 낮출 수도 없다. 품격을 갖추지 않으면 사람들이 존중하지 않기 때문이다.

> 공자가 말했다. "내가 아는 것이 얼마나 있겠는가? 아는 것이 없다. 하지만 나는 비천한 사람들의 터무니없는 질문에 대해서도 양극단의 논리를 모두 제시하며 이해시키려고 노력한다. 『논어(論語)』「자한(子罕)」[3]

공자는 평범한 사람들의 질문에도 최선을 다해 답하려고 노력했다. 이해시킬 수 있다면 속된 표현도 서슴지 않았지만, 동시에 품격을 잃지 않고자 했다. 고전을 쉽게 전달하는 것도 좋지만, 그 안에 담겨 있는 진지한 문제의식까지 속되게 해서는 안 된다. 함부로 장자를 흉내 내면서 저속하게 고전을 비틀다가는 세상 사람들의 손가락질을 받을 수도 있다.

> 미인 서시(西施)는 심장병을 앓고 있어 늘 얼굴을 찌푸리고 다녔다. 같은 마을의 한 여자가 서시의 이런 모습을 보고 예쁘다고 생각했다. 그녀는 집에 돌아와 자기 가슴을 누르면서 얼굴을 찌푸려보았는데 마음에 들었다. 그녀는 찌푸린 얼굴로 온 마을을 돌아다녔다.
>
> 이 모습을 본 마을 사람들이 문을 잠그고 밖으로 나오지 않았으며 어떤 사람은 가족을 데리고 도망가버리기도 했다.

> 마을의 여자는 서시의 찌푸린 모습이 예쁘다는 것은 알았지만, 왜 찌푸려도 여전히 예쁜지 그 이유는 몰랐던 것이다. 『장자』「천운(天運)」[4]

『장자』 원문의 빈(矉) 자는 찌푸린 표정으로 쳐다본다는 의미다. 세상 사람들에게서 비난이나 미움을 받는 것을 빈축을 산다고 하는데, 여기서 비롯되었다. 서시가 얼굴을 찌푸린 것은 자신의 신체적 문제 때문이었다. 그것도 모르고 미녀 서시의 일그러진 모습만 흉내 낸 마을 여자는 세상 사람들의 손가락질을 받았다. 장자의 도둑의 비유를 섣불리 흉내 내면서 성현의 말씀들을 어설프게 비틀다가는 세상 사람들의 빈축을 살 수도 있으니 조심해야 한다.

그렇다면 쉬우면서도 품격을 잃지 않는 고전 독법에는 무엇이 있을까? 고전의 원래 모습으로 돌아가보는 것에서 시작해도 좋을 것이다. 중국의 고전은 대화에서 시작되었다.

『논어』와 『맹자』는 스승과 제자들의 대화록이었다. 당시는 문자가 생겨난 지 얼마 되지 않은 때라 복잡하고 추상적인 생각을 글로 담아내기 쉽지 않았다. 그래서 주고받은 대화를 그대로 기록했다. 같은 시대를 살았던 소크라테스의 지혜도 대화를 기록한 것이었고, 붓다의 경전도 제자들이 스승과의 대화를 기억해 남긴 것이다.

우리가 고전이라고 부르는 이런 책들을 읽어내려면, 질문과 대답이 오갔던 배경과 맥락을 고려해야 한다. 그래서 글자에 담기지 않은 행간의 의미를 알려줄 수 있는 스승이 필요하다. 스승이 없는 사람들은 문구 사이를 촘촘히 채우고 있는 주석들을 참고하면 된다. 동서양의 인문학이란 사실 고전에 대한 주석의 역사라고 해도 과언이 아니다. 고전에 대한 주석은 지금도 이어진다. 매년 어김없이 서점에 등장하는 논어 관련 책들이란 알고 보면 21세기 사람들의 주석이기도 하다.

고전을 제대로 읽기 위해서는 질문하는 사람의 배경도 알아야 하고, 대답하는 사람의 감정도 놓쳐서는 안 된다. 그런데 우리는 언제부턴가 혼자서 책을 펼치고 그저 조용히 눈으로 읽기만 한다. 행간을 풀어줄 스승도 없고 같이 책을 읽을 동료도 없으며 무엇보다도 주석을 읽을 여유도 없다. 이렇게 읽는 고전에서 흥미와 감동을 기대하기란 쉽지 않을 것이다.

한편 고전을 제대로 읽기 위해서는 겉치레 물음과 뻔한 답을 선별해내는 것도 중요하다.

> 맹자는 질문도 가려 받았다. 그는 자신의 높은 지위를 내세워 묻는 사람, 아는 척하는 태도로 묻는 사람, 나이를 내세워 묻는 사람, 업적을 내세워 묻는 사람, 주위의 친분을 내세워 묻는 사람들의 질문에는 아무런 답도 해주지 않았다. 『맹자(孟子)』「진심 상(盡心上)」[5]

맹자는 진지하지 않은 질문들은 무시했다. 우리 역시 이런 질문에는 대답하기 싫어진다. 고관대작들의 권위적인 물음, 꼰대들의 뻔한 물음, 자기 자랑용 속 보이는 물음, 인맥 과시용 물음, 상대를 떠보기 위한 교묘한 질문에는 답하기 싫은 것이 인지상정이다. 이런 식의 겉치레 질문에서 나온 답은 아무런 울림을 주지 않는다.

우리는 학창 시절 모두 고전에 대해 배웠다. 공자의 사상 가운데 대표적인 것을 말해보라고 하면 다들 한두 마디씩은 대답할 수 있다. 그러나 막상 가슴에 와닿는 것이 있는지 물으면 선뜻 답하는 사람은 많지 않다. 겉치레 물음과 뻔한 대답으로 구성된 시험용 질문과 답안으로만 배웠기 때문이다.

지금 필요한 고전 독법은 우리에게 절실한 질문에서 출발해 고전과 대화하는 것이다. 우리에게는 '인의예지신'과 같은 유교의 대표 이념보다 절실한 질문들이 많다. 정신없이 돌아가는 세상에서 어떻게 해야 진정한 여유를 찾을 수 있는지, 볼 것 많은 세상에서 잘 본다는 것은 무슨 의미인지, 상대의 말에 귀를 기울이는 것이 왜 필요한지는 이 시대를 헤쳐나가야 하는 우리에게 가장 필요한 질문들이다.

진정한 자아란 과연 존재하는지, 친구는 무한히 신뢰해야 하는지, 다수의 판단을 늘 따라야 하는지는 이 시대를 함께 살아갈 타자를 이해하는 데 없어서는 안 될 질문들이다.

갈등과 분열이 넘치는 사회에서 어떻게 하면 균형을 잡고 살 수 있을까? 공평해 보이지 않는 세상을 살아가는 방법은 있는 것인지, 무도하고 폭력적인 정치 환경에서 살아남는 방법이 있기나 한 것인지, 우리 마음의 상처를 치유해주는 정치란 무엇인지는 혼란스러운 이 시대를 살아가야 하는 우리에게 무엇보다 절박한 질문들이다.

이 책은 이런 절실한 질문을 던지고 중국의 고전에서 답을 찾아보려는 시도다. "절실하게 묻고 가까운 곳에서 답을 찾으라"[切問近思(절문근사)]라는 공자의 태도로 돌아가는 것이기도 하다. 고전이란 나이 지긋한 은퇴자들의 마음의 평안을 위한 것만은 아니다. 지금 당장 해야 할 일이 쌓여 있고 배울 것이 가득한 우리 시대 모든 사람들이 읽어야 하는 것이어야 한다.

이 책은 중국 고대 사상가들의 생각을 체계적으로 종합하고 정리한 것이 아니다. 우리에게 필요한 몇 가지 개념을 중심으로 그들의 이야기를 재구성한 것이다. 원문 번역은 전통적인 관점을 따랐으나, 해석은 달리한 부분이 적지 않다. 진화심리학, 뇌과학, 인지과학, 신화학, 인류학 등 21세기의 지적 자산을 배경과 맥락에 두고 새롭게 해석해보고자 했다. 장자처럼 완벽하게 비틀지 않더라도, 나름대로 21세기라는 현실을 최대한 고려하려 노력했다. 그동안 알고 있던 고전 해석과는 다른 점도 적지 않겠지만, 오히려 밝게 빛나는 생각의 편린들을 통해서 고민의 핵심이 더 잘 드러날 수도 있을 것이다.

이 책의 페이지 곳곳에는 유쾌한 모습의 장자, 단호한 태도의 맹자, 유연한 사고를 가진 공자가 서 있을 것이다. 읽다 보면 공자와 제자들이 자유로운 분위기에서 재치 넘치는 지적 토론을 주고받는 모습에 놀랄지도 모른다. 알고 보니 노자는 신선이 되어 무위의 삶을 즐기지 않았다. 그가 던진 정치적 화두가 지금 이 시대에도 날카롭게 와닿는 모습은 아무도 예상하지 못했을 것이다. 보여주기식 명분보다는 실리 위주의 판단을 앞세우고 자기 관리에 철저했던 고대 관리들의 이야기는 지금 우리 시대의 공직자들에게도 보여주고 싶다. 착한 사람이 공정하게 대우받는 사회를 꿈꾸었던 사마천의 절규는 낯설지 않다. 본문 사이사이에서 한자 개념어의 유래를 만나는 행운은 덤이다.

이 책이 현재의 관점에서 고전을 제대로 비틀었는지 원저자들은 어떻게 평가할지 모르겠다. 다만 지금 이 세상 사람들의 빈축을 사지 않기를 바랄 뿐이다. 혼자서는 울지 않는 초목이 바삭거리고 물이 찰랑거리는 것은 바람이 불어왔기 때문이다. 아무 말 없이 우리의 서가에 꽂혀 있는 고전을 울게 하기 위해서는 바람이 불어주어야 한다. 이 책에 그런 바람이 담겨 있는지 궁금하다면 주저하지 말고 다음 페이지를 넘겨보자.

2부

관계의 낱말들

3부 가치의 날말들

4부

함께함의 날말들

1부

태도의 날말들

잘 보는 것의 소중함

마음도 보는 것이고 행동도 보는 것이다.
觀其志, 觀其行.

다양한 보는 법

싱그러운 봄비 내린 라일락 나무 아래를 걷는 사람들은 짙은 꽃향기를 맡기도 전에 카메라부터 꺼낸다. 겨울 바다에서도 파도 소리에 귀를 기울이기보다 그 장면을 앵글에 담을 생각이 앞선다. 언제부턴가 우리는 카메라 하나씩 들고 다니기 시작하면서 눈에 보이는 장면을 담기 바빠졌다.

먼 옛날 수렵채집 사회에서 인류는 바람에 실려 오는 과일 꽃 향기를 따라 이동했고, 풀숲을 바스락거리는 소리를 듣고 들짐승의 습격을 예감했다. 그런데 정착지에 모여 살면서부터 냄새와 소리보다 보이는 것에 더 관심을 기울이기 시작했다. 시각 기호문자가 생겨나면서 문명이 시작되었고, 자연에 대한 섬세한 관찰은 과학혁명의 배경이 되었다.

관찰(觀察)의 사전적 정의는 사물이나 현상의 형편이나 동태를 주의하여 살펴보는 것이다. 그런데 공자(孔子)에게 관찰이란 자연이나 사물이 아니라 사람을 주의 깊게 바라보는 일이었다. 그는 사람을 바라보는 일을 세 단계로 나누었다. 외면적인 행동을 바라보는 시(視), 행동의 내밀한 동기까지 살피는 관(觀), 평소의 행동 하나하나를 꼼꼼히 살펴보는 찰(察)자가 그것이다. 사람을 제대로 이해하기 위해서는 이 정도의 노력이 필요하다고 여겼다.

> 공자가 말했다. "먼저 그 사람의 행동을 지켜보고, 그 행동의 동기를 헤아려보고, 한가할 때의 행동을 자세히 살피면 숨길 것이 없지, 숨길 것이 없지."
> 子曰, 視其所以, 觀其所由, 察其所安, 人焉廋哉, 人焉廋哉. 『논어』「위정(爲政)」

주자(朱子)는 이 구절은 '사람을 알아보는 법[知人之法(지인지법)]'을 설명한 것이라고 해석한다. 그는 이 세 단계의 보는 법에 대해 좀 더 구체적으로 설명한다.

> 시(視)란 눈에 보이는 외면적인 행동을 관찰하는 것이고, 관(觀)이란 현상 너머로 그 동기와 유래까지 살피는 것이며, 찰(察)은 편안하게 휴식하는 일상의 모습까지 빠짐없이 살피는 것을 말한다. 『논어집주(論語集註)』[1]

사람을 제대로 알기 위해서는 현재의 모습만이 아니라 과거의 경력이나 행동의 동기, 혼자만의 공간에서 편안히 쉬는 모습 등을 종합적으로 관찰해야 한다. 공자는 찰(察)이란 작은 빈틈도 놓치지 않고 빠짐없이 스며드는 물과 같다고 풀이한 적이 있다. 이렇듯 세심하게 사람을 관찰하면 더 이상 숨길 것이 없게 된다.

영어에서 유심히 지켜본다는 뜻의 'look'과 무심결에 바라본다는 의미의 'see'가 다르듯이 한자에서도 '보다'와 관련된 동사들은 모두 각각의 의미를 지닌다. 그 가운데 관(觀) 자는 보이지 않는 것까지 투시한다는 뜻을 포함한다. 보는 것을 나타내는 동사 가운데 포괄하는 범위가 가장 넓은 단어다. 이런 남다른 의미를 갖게 된 배경을 찾아 글자가 탄생한 순간으로 돌아가보자.

내면까지 투시하는 觀

見 자 대신 囧 자가 쓰인 觀

觀 자의 갑골문과 금문은 큰 눈을 가진 수리부엉이가 목표물을 응시하듯 뚫어지게 바라보는 모습이다. 부엉이는 전투적인 외모와 밤에도 활동하는 신령한 특성 때문에 동서양 고대사회에서 전쟁의 신으로 추앙되기도 했다. 로마 전쟁의 신이자 의술과 지혜의 신이기도 한 미네르바와 함께 다니는 신조(神鳥)가 바로 부엉이다. 로마인들은 어두운 밤에도 활발하게 활동

하는 부엉이가 신령한 지혜를 가졌다고 여겨 지혜의 신과 연관 지었다. 觀 자 역시 고대 중국의 토템 새인 검은색 현조(玄鳥)를 나타낸다는 주장도 있다.

부엉이가 동그랗게 눈을 뜨고[串] 사물이나 대상을 뚫어지게 응시하는 모습에서 관찰(觀察)한다는 의미와, 사물에 대한 인식을 나타내는 관점(觀點), 관념(觀念)과 같은 단어들이 생겨났다. 관(觀)의 고문자 가운데에는 오른쪽의 見 자 대신 囧 자로 구성된 것도 있는데, 이는 벽에 뚫린 창문[囧]으로 부엉이가 안을 들여다보는 섬뜩한 광경을 포착한 것이다.

불교가 중국에 들어오면서 '지혜로 경계를 비추어 보다'라는 의미의 산스크리트어 'Avalokita'의 번역어로 觀 자가 채택되었다. 관세음(觀世音)보살은 세상의 고통스러운 울부짖음을 들어주는 고마운 존재다. 세상의 소리[世]를 '들어주는' 보살의 특성을 觀 자로 표현한 것은 이 글자가 사물의 내면을 투시한다는 의미를 가지고 있기 때문이다. 카메라 브랜드 캐논(canon)은 독실한 불교 신자였던 창립자가 관음(觀音)의 일본식 발음을 회사명으로 사용한 것이라고 한다. 카메라가 단순히 사물의 외형을 찍는 것이 아니라 사람과 풍경의 내밀한 소리를 포착한다는 믿음이 작용한 것일 테다.

내면을 투시하는 관(觀)을 통한 인식 방법은, 시각적 상징물로 세상의 원리를 설명하는 『주역(周易)』의 구성 원리에서도 강조된다.

> 옛날에 복희씨(伏羲氏)가 천하를 다스릴 때 위로는 천문 현상을, 아래로는 대지를 관찰하였으며, 새와 짐승의 문양과 자

> 연의 원리를 살폈다. 가까이는 사람의 신체에서, 멀리는 사물에서 그 형상을 취하여 팔괘를 처음 만들었으니 신통한 덕과 통하였고, 세상 만물의 상황을 범주화할 수 있었다. 『주역』「계사 하(繫辭下)」[2]

주역의 괘를 얻기 위해 복희씨는 하늘을 살펴 형상을 얻고[觀象(관상)] 대지를 관찰하여 법칙을 얻으며[觀法(관법)] 새와 짐승의 형태를 관찰[觀文(관문)]하여 자연의 원리를 살폈다. 여기서 상징을 취하고[取象(취상)], 비슷한 것끼리 묶어 범주로 분류하여[比類(비류)] 세상의 법칙을 찾아낸 것이다. 천지자연과 만물의 겉모양만 보는 것이 아니라 그 안에 숨은 원리를 관찰[觀]하여 주역의 팔괘라는 상징을 만들어냈다.

잘 보는 것의 중요성

공자는 한 사람을 평가할 때도 내면까지 바라보는 것[觀]의 중요성을 강조한다.

> 공자가 말했다. "아버지 살아 계실 때는 그의 뜻을 관찰하고, 아버지 돌아가신 뒤에는 그의 행동을 관찰한다. 아버지 돌아가신 후 3년 동안 아버지의 도를 고치지 않는다면 효자라고 할 수 있다."
>
> 子曰, 父在, 觀其志, 父沒, 觀其行, 三年無改於父之道, 可謂孝矣.
> 『논어』「학이(學而)」

아버지 살아 계실 때 자식은 자신의 소신대로 행동하기 쉽지 않다. 그렇기 때문에 그의 의지를 관찰하여[觀其志(관기지)] 그 사람됨을 판단한다. 관(觀)의 대상은 눈으로는 보이지 않는 것[志]까지 확장된다. 아버지의 생각을 우선하는 자식은 자기 마음과는 다르게 행동할 수도 있다. 그래서 자식의 외적인 행동만 보고 판단해서는 안 된다. 겉으로는 아버지를 따라도 내적 갈등을 겪고 있을 수도 있기에 보이지 않는 것까지 살펴야 한다. 눈에 보이는 정보만으로 그 사람을 평가하기에 바쁜 현대인으로서는 감당하기 쉽지 않은 여유로운 정경이다.

아버지가 돌아가신 뒤에는 더 이상 감출 대상이 없기 때문에 자식은 자기 생각대로 행동한다. 이때부터는 그의 행동만 보고[觀其行(관기행)] 인품을 판단해도 된다. 하지만 아버지 돌아가신 후 추모하는 3년 동안은 설령 아버지의 생각이 틀렸다고 생각하더라도 지적하지 않는다. 마음 바쁜 현대인의 시간 개념으로는 먼 나라의 이야기로 들리지만, 서로를 지켜보고 기다려주는 가운데 부모 자식 간의 믿음은 반석처럼 강해질 것이다.

공자의 제자 가운데 누군가 3년은 너무 길고 1년이면 충분하지 않겠느냐고 묻자 공자는 이렇게 대답했다. "3년이 길다고 생각하면 너는 그렇게 해라. 하지만 나는 그 3년 동안 맛있는 것을 먹어도 맛이 느껴지지 않고 멋진 옷을 입어도 기쁘지 않더라. 그래서 나는 어쩔 수 없이 3년을 하는 것이다." 시간이 남아서 3년의 고행을 택한 것이 아니었다는 무언의 질책이 숨어 있다.

제대로 볼 수 없는 사람들

인간의 역사는 청각의 시대에서 시각의 시대로 전환되어 왔다. 월터 옹(Walter J. Ong)은 『구술문화와 문자문화』에서 인류 문명이 구술의 시대에서 문자의 시대로 발전해왔다고 설명한다. 문자가 없고 구술에만 의존하던 구술문화 시절에 사람들은 가까운 거리에서 말과 행동으로 의사소통을 했다. 지식은 구전되었고 제자들은 스승과 가까이에서 친밀함을 쌓으며 학습했다.

그러나 시각 중심의 문자 시대가 도래하면서 사람들은 동일한 시공간에 있지 않아도 소통할 수 있게 되었고, 구전을 통한 공감대도 점점 사라져갔다. 구술에 의존하던 시대에는 가까이 있는 누군가가 직접 입으로 지식과 정보를 전달해주었다. 어린 시절 잠들기 전 나에게 동화책을 읽어주던 부모님의 독특한 냄새와 친근한 목소리는 오랫동안 잊히지 않는다. 아이를 달래려고 무심하게 틀어준 유튜브 동영상에는 없는 상호작용과 친밀함이 깃든 시간이었다.

시각 정보가 넘쳐나는 세상에 살고 있는 우리는 많은 것을 알고 있다고 자부한다. 하지만 시각적 직관에 크게 의존하는 탓에 현대인들의 종합적인 판단 능력은 오히려 줄어들고 있다. 제러미 리프킨(Jeremy Rifkin)은 『회복력 시대』에서 현대의 젊은 디지털 세대의 어휘력과 문해력이 급격히 떨어진 이유를 그들이 시각적 이미지로 가득한 인터넷 가상 세계에 몰두하기 때문이라고 설명한다.

현대인이 주로 접하는 가상 세계는 시각 위주의 매체다. 이 매체들은 검색과 멀티태스킹, 링크를 통한 효율성과 속도를 강조한다. 이 때문에 단어와 단락을 꼼꼼히 확인하는 것보다 훑어보는 것을 우선시한다. 이는 결과적으로 텍스트에 대한 주의력을 떨어뜨리고 오래 집중하지 못하게 한다. 또한 사용자는 효율적인 의사소통을 위해 축약어나 이모티콘과 같은 시각적 자료에 더 의존하게 된다. 텍스트는 짧아지고 단순한 단어들만 사용하는 데 익숙해지면서 복잡하게 사고하고 자신의 생각을 주도적으로 표현하는 데 어려움을 겪는다.[3]

요약하자면 시각 중심의 인터넷 환경에 의존하는 현대인은 텍스트 문해력과 어휘 구사 능력이 떨어진다. 시각 정보들이 워낙 직관적이기 때문에 그것들을 나열하고 조합하는 것만으로 충분하다고 생각하는 것이다. 보이는 것에 너무 의존한 나머지 역설적이게도 문맥을 정확히 읽지 못하고 자기 생각을 효과적으로 표현하지도 못하게 되었다.

보이는 것이 전부가 아닐 수 있다

사실 시각 정보는 완전하지 않다. 우리가 눈으로 보는 것은 실제 모습 그대로가 아닐 수 있다. 인간의 시계(視界)에는 시신경이 연결되지 않은 부위가 있어서, 실제로 우리의 망막에 맺히는 것은 검은 점이 곳곳에 찍힌 이상한 풍경이다. 이것을 두뇌가 수정하여 매끄러운 모습으로 만들어내는 것이다. 심지어 우리 눈에 보이는 영상 중 일부는 잠재의식의 보정 작업을 통해 조작된 것도 있다.

미국의 물리학자 미치오 가쿠(Michio Kaku)는 우리 눈이 시야의 중심와(中心窩, fovea)에 맺힌 영상만 또렷하게 보고 그 주변에는 초점을 맞추지 않는 이유를 에너지를 절약하기 위해 본능적으로 행하는 뇌의 자구책이라고 설명한다. 우리 뇌가 직접 인식하는 것은 사실 불연속적인 파편들에 불과하다. 뇌는 잠재의식에 있는 기존 기억들 가운데 일부를 불러내 불연속성의 사이사이를 메꾸고 보정한다. 환각이나 시각적 왜곡 현상들은 어떤 강력한 기억이 시각 정보를 왜곡하여 나타난다. 그래서 우리가 "현실(reality)"이라고 느끼는 것은 "두뇌가 빠진 틈새를 메우면서 대충 만들어낸 근사치"에 불과하다.[4]

그래서 뇌과학자들은 인간은 눈이 아니라 뇌로 본다고 말하기도 한다. 우리는 무엇인가를 볼 때 뇌 가운데 시각중추뿐 아니라 여러 부위를 함께 사용한다. 이런 현상은 자신에게 중요한 것을 선택하여 더욱 집중해서 보기 위한 진화적 전략에서 비롯된 것이기도 하다. 인간의 뇌에서 사물을 보는 역할을 담당하는 일차적 시각 영역은 원숭이의 시각 영역 크기의 4분의 1에 불과하다. 인간이 진화하면서 일차적 시각중추가 아닌, 이와 연결된 대뇌 부위를 더 발달시킨 결과다. 시각중추 자체보다는 다른 부위와의 연결이 강화되어 수많은 정보를 교환할 수 있게 되었다.

나무 위에서 살다가 들판으로 내려온 우리 조상들은 탁 트인 벌판에서 세상을 한꺼번에 봐야 했다. 그런데 인간은 말이나 늑대처럼 눈이 옆에 붙어 있지 않기에 필연적으로 시야가 좁을 수밖에 없었다. 그래서 세상을 한 번에 종합해서 보는 능력을 키우는 것이 효율적이었을 것이다.[5]

인간에게 본다는 것은 망막에 맺힌 영상을 뇌의 시각중추가 처리하는 단순한 과정이 아니었다. 뇌의 다양한 부위가 서로 연결되어 정보를 종합하고, 분석하고, 기존에 있던 기억이 개입되기도 하는 다양한 인지 활동의 결과인 것이다. 현대 뇌과학이 밝혀낸 보기의 메커니즘에 가장 가까운 글자 역시 관(觀) 자일 것이다.

잘 보는 것, 觀이 절실한 이유

현대인들은 보이는 것을 너무 쉽게 믿는 경향이 있다. 그래서 보이는 것들 사이의 행간을 관찰[觀]하는 것을 한가로운 일로 여긴다. 그러나 눈에 보이는 것이 전부가 아니라는 것을 알게 된 이상, 잘 보는 것[觀]의 중요성을 다시 돌아볼 필요가 있다.

문자가 없는 사회에서 사람들은 가까운 거리에서 목소리나 동작만으로 소통했다. 가끔은 너무 가까이 있는 상대가 부담스럽기도 했을 것이다. 문자가 등장하고 최첨단 시각 정보 기술이 발전하면서 사람들은 먼 거리에서도 소통할 수 있게 되었다. 서로 방해하지 않을 만큼 적당히 떨어져 있는 것이 편해지고 익숙해졌다. 하지만 그만큼 대면 접촉과 소통을 꺼리는 경향이 짙어졌고, 외로움과 고독이 사회문제로 떠오르기도 했다.

팬데믹을 겪은 지난 몇 년간 학교에서는 모든 수업을 온라인으로 진행했다. 첨단 기술의 도움으로 모두 각자의 방에 앉아 모니터를 바라보며 시각 정보에만 의지하면서 수업을 하던 시절, 무언가 부족하다는 느낌을 지울 수 없었다. 이 답답함은 무엇 때문이었을까? 화상회의의 편리함에도 불구하고 무언가 허전하다고 느낀 것은 나만이 아니었다. 다시 일상이 회복되고 강의실로 돌아와 학생들과 눈 맞추며 수업을 하면서 그동안 잊고 있었던 것이 무엇인지 알게 되었다.

서로의 목소리를 직접 들을 수 있는 가까운 거리에서 상대와 눈 맞추는 일의 고마움을 깨달은 것이다. 단방향의 고화질 웹 카메라로는 담아내지 못했던, 그 사람의 행동을 지켜보고[視], 그 행동의 동기를 헤아려 보고[觀], 한가할 때의 행동을 자세히 살필 수 있는[察] 입체적인 공간에 다시 돌아온 것이다. 단지 눈에 보이는 행동만이 아니라 상대의 보이지 않는 생각까지 바라보기[觀其志] 위해서는 보다 친밀한 거리가 필요하다는 것을 절실히 느꼈다.

잘 들어주는 사람이 바로 성인이다

회의 분위기가 딱딱하면 아랫사람은 말을 않고
윗사람은 듣는 것이 없게 된다.
朝居嚴則下無言, 下無言則上無聞矣.

성인이란 어떤 사람인가

성스럽고 존경스러운 사람을 나타내는 '성인군자'라는 단어는 고지식한 원칙주의자를 지칭하기도 한다. 현실과는 거리가 멀고 존재할 가능성이 낮은 비현실적 인물이라고 여겨지기 때문일 터다. 이 단어를 떠올릴 때 가장 먼저 생각나는 사람은 아마도 공자일 것이다.

공자를 성인(聖人)이라고 부른 것은 언제부터였을까? 『논어』에는 주변에서 자신을 성인이라고 부르는 것에 대해 공자가 보인 솔직한 반응이 담겨 있다.

> 태재(大宰)가 공자의 제자 자공(子貢)에게 물었다. "공자는 성인이신가? 어찌 그리 능력이 많으신지?"
>
> 자공이 대답했다. "원래 하늘이 성인으로 만드셨는데 거기에 능력까지 많으시지요."

> 공자가 이 이야기를 듣고 말했다. "태재 같은 귀한 사람이 나 같은 사람을 알기는 하는 것일까? 나는 어려서부터 가난하게 자랐기에 천한 일을 포함해 할 수 있는 일이 많은 것이다. 귀한 사람들 가운데 이렇게 능력이 많은 사람이 과연 있을까? 많지 않을 것이다." 『논어』「자한」[1]

제자 자공은 공자를 하늘이 내린 성인이라고 생각했다. 하지만 공자의 솔직한 고백은 이 말을 무색하게 만든다. 자신은 어려서부터 가난하게 자랐기 때문에 해보지 않은 일이 없었고, 그래서 잡다한 일까지 할 수 있게 된 것이라고. 귀하게 자란 사람들은 내가 어떻게 이렇게 많은 일을 할 수 있게 되었는지 이해하지 못할 것이라고.

공자의 불우한 유년 시절에 대해 잘 모르는 사람들은 그가 태어날 때부터 성인의 조건을 갖추었을 거라고 생각한다. 하지만 공자를 흠모했던 사마천(司馬遷)은 공자의 불우한 출생 과정을 숨김없이 기록했다. 성인의 어머니이지만 이름도 알려지지 않은 안씨(顔氏)가 야합(野合)하여 공자를 낳았다는 민망한 사실도 빼놓지 않았다. 공자의 이름을 구(丘)라고 한 것은 어머니가 니구산(尼丘山)에서 기도한 뒤 그를 낳았고, 머리 가운데가 움푹 파였기 때문이라고 한다.

위대한 성인의 탄생 이야기를 기대하는 많은 사람에게 『사기(史記)』의 이런 기록은 적잖은 실망을 주기도 했다. 공자는 자신은 사람들이 흔히 생각하듯 "태어나면서부터 모든 것을 알고 있는 성인이 아니라, 전통적인 지혜를 좋아하여 부지런히 공부하다 보니 여기까지 오게 된 것"[我非生而知之者, 好古

敏以求之者也(아비생이지지자, 호고민이구지자야)]이라고 고백하기도 했다.

그런데 당시 사람들이 성인이라는 호칭에 관심이 많았다는 사실은 『맹자』에서도 찾아볼 수 있다. 맹자의 한 제자가 공자의 업적에 대해 이야기하다가 갑자기 “스승님께서는 성인이신가요?”라고 묻는다. 맹자가 이 질문에 얼마나 당황했는지, 『맹자』 원문에는 “그것이 도대체 무슨 말이냐”라며 호통치는 구절이 반복해서 등장한다. 맹자는 앞서 자공과의 대화에 이어지는 이야기를 소환하여 자신의 생각을 대신한다.

> 공손추가 물었다. “스승님께서는 성인이신가요?”
>
> 당황한 맹자가 이렇게 말했다. “아니 그것이 도대체 무슨 말이냐. 옛날에 자공 역시 공자에게 선생님께서는 성인이신지 물었는데 공자는 이렇게 말하셨다. ‘성인은 내가 미칠 바가 못 되고 나는 다만 배우기를 싫어하지 않고 가르치는 데 게으르지 않았을 뿐이다.’ 이에 자공이 말했지. ‘배우기를 싫어하지 않는다는 것은 지혜가 있다는 것이고, 가르치기를 게을리하지 않는다는 것은 인(仁)하다는 것이지요. 인과 지혜를 갖추었으니 공자께서는 이미 성인이 아니겠습니까.’ 이처럼 공자께서도 성인을 함부로 자처하지 않으셨는데, 나에게 이것을 묻다니 가당키나 한 말이겠느냐?” 『맹자』 「공손추 상(公孫丑上)」[2]

공자는, 성인은 자신이 미칠 바가 못 되며[聖則吾不能(성즉오불능)] 자신은 다만 배우기를 싫어하지 않고[學不厭(학불

염)] 가르치는 것을 게을리하지 않을[教不倦(교불권)] 뿐이라고 했다. 앞서 공자가 스스로 배우기를 좋아한 사람이라고 했던 내용과 비슷한 답변이다. 자공은 배움을 통해 얻은 지혜와, 가르침을 나누는 인(仁)을 가진 공자야말로 성인이 아니면 무엇이겠냐고 거듭 강조한다. 자공은 공자의 수제자 가운데 한 명으로 "사람이 생긴 이래 이런 사람은 없었다"라고 공자를 극찬하기도 했다. 생민미유(生民未有)라는 이 구절은 지금도 공자의 고향 취푸(曲阜)를 대표하는 공자의 사당 현판에 선명하게 새겨져 있다. 공자가 이제껏 세상에 나타난 적 없는 성인으로 추앙받는 이유는 배움과 가르침에 충실했기 때문이다.

『논어』와 『맹자』의 기록을 보면 자신들은 사양했지만, 당시에 이미 공자와 맹자는 성인으로 평가받고 있었다는 것을 알 수 있다. 공자나 맹자의 제자들 역시 자기 스승이 성인으로 불릴 수 있는지에 관심이 많았다.

경청의 가치

그렇다면 그 당시 사람들이 생각하는, 성인이 갖추어야 할 가장 중요한 조건은 무엇이었을까? 맹자는 자공의 말을 빌려 성인이란 배우기를 싫어하지 않고 열심히 가르치는 태도를 갖춘 사람이라고 했다. 즉 성인이란 선택받은 고귀한 혈통이나 태생적인 자질에서 비롯되는 것이 아니라 오직 현실에서의 노력에 따라 성취될 수 있는 사람으로 여긴 것이다.

갑골문 聖

갑골문 성(聖) 자는 큰 귀와 사람을 조합한 글자다. 고대에 성인이란 예민한 청각으로 적이나 위험한 동물이 어디에 있는지 감지하여 다른 사람들을 위험으로부터 보호해주는 사람이었다. 그들은 만물이 내는 작은 소리를 들을 수 있었고, 다른 사람보다 먼저 신의 계시를 듣고 전달해줄 수 있었다. 또한 다른 사람들의 이야기도 잘 들어주었다. 그래서 잘 듣는 이들은 지혜롭고 영민하다는 평가를 받았다. 문명이 발달하면서 聖 자는 덕을 갖춘 이상적인 사람을 의미하게 되었지만, 원래는 야생의 위험에서 길잡이가 되어주었던 믿음직한 사람을 뜻했다.

성인이 잘 들어주는 존재라면, 상대 쪽으로 몸을 기울여 듣는 모습을 나타내는 경청(傾聽)은 성인의 미덕을 가장 잘 나타내는 단어일 것이다. 그런데 이 단어가 처음 등장한 『예기(禮記)』에서는 그다지 바람직한 모습으로 묘사되지 않는다.

> 어린 자식에게는 속이지 않는 정직한 모습을 보여주고, 똑바로 서서 귀를 기울여 듣지 않도록 해야 한다. 『예기』 「곡례 상(曲禮上)」[3]

정자(程子)는 이 구절을 성인이 어린아이에게 말과 행동을 가르치는 내용으로 풀이한다. 남을 속이면 안 된다는 점을 보여주어 진실된 마음을 익히게 하고, 똑바로 서서 몸을 기울이지 않는 자세를 유지하면서 올바른 도리를 가르쳐야 한다는 것이다. 여기서 경청은 흐트러진 자세를 뜻한다. 심지어 자기 소신 없이 주위 사람의 이야기를 엿듣는 것으로 해석되기도 한다. 아무튼 몸을 기울여 듣는 모습은 똑바로 선 자세가 아니었기에 그다지 좋아 보이지 않았던 모양이다.

변하지 않는 원칙을 기준으로 자기중심을 강조하던 과거에는 다른 사람 쪽으로 기대는 자세가 바람직하지 않은 것으로 여겨졌다. 그런데 절대적인 중심이 사라지고 다양한 목소리가 공존하는 사회가 되면서 타인의 이야기에 귀를 기울이는 경청의 자세는 다르게 평가되기 시작했다. 상대의 말에 집중하려는 적극적인 자세로 주목받게 된 것이다.

경청의 리더십

잘 듣는다는 것은 어떤 고정된 판단을 고집하지 않고, 끊임없는 배움과 가르침의 과정을 통해 새롭게 알아가는 태도를 전제로 한다. 그래서 경청을 위해서는 다른 사람들의 이야기를 듣는 충분한 시간이 필요하다.

맹자는 이런 경청의 자세를 갖춘 군주가 바로 훌륭한 리더라고 말한다. 리더는 자신의 판단만으로 결정하는 사람이 아니라, 다른 사람들의 의견을 잘 듣고 그 가운데 하나를 선택하는 자세를 갖춘 사람이기 때문이다.

군주가 현명한 사람을 등용할 때는 '부득이(不得已)'한 것처

> 럼 해야 합니다. 신분이 낮은 사람을 높은 자리에 올리고, 낯선 이를 친척보다 더 좋은 자리에 등용하는 것이니 신중해야 하지 않겠습니까? 좌우 측근들이 모두 현명하다고 추천하더라도 아직 아닙니다. 모든 대부들이 좋다고 칭찬해도 아직 아닙니다. 나라의 사람들이 모두 현명하다고 칭찬하면 비로소 자세히 살펴보십시오. 관찰 결과 현명함이 보이거든 그때 등용하면 됩니다. 『맹자』 「양혜왕 하(梁惠王下)」[4]

배병삼은 이 부득이함에서 경청의 태도를 읽어낸다. 부득이함이란 다른 사람들의 이야기를 잘 듣고 최대한 존중하여 그 조건이 다 갖추어졌을 때, 그것을 반영하여 행동하는 태도를 말한다.

> '부득이'는 피치 못하다는 뜻이다. 앞장서서 이끄는 것이 아니라 뒤에서 따른다는 뉘앙스가 들어 있다. 홀로 전면에서 결정하는 독단이 아니라 다양한 견해를 취합한 뒤 선택한다는 뜻이 깃들어 있다. (…) 통치자 개인이 판단의 주체, 정책의 추진자로서 앞장서는 것이 아니라 여러 의견을 다양하게 경청하고 그 가운데 하나를 끝내 못 이겨 택하는 공적인 과정이 '부득이'라는 부사어 속에 들어 있다. 공자 정치사상의 핵심인 덕을 '부득이'라는 부사로 잇고 있는 것이다.[5]

즉, 다른 사람들의 의견을 경청하는 군주의 태도는 부득이함이라는 표현에 함축되어 있다. 다른 사람들의 의견을 우선하고 그들의 의견이 대체로 결정되었을 때 어쩔 수 없이 따르는 모습에 경청의 핵심이 담겨 있다.

이런 성인의 모습은 일견 수동적이고 소극적인 모습으로 보이기도 한다. 하지만 다른 사람의 의견을 무시하고 자기 결정만 밀고 나가는 독단적인 리더의 모습에 피곤해진 사람들이라면 이런 신중한 모습을 소극적이라 비판하지는 않을 것이다. 주자는 이런 '부득이'의 과정을 상세하게 설명한다.

> 좌우에 가까이 있는 사람들의 말은 믿을 것이 못 된다. 신하들의 말은 사적인 정분에 좌우될 수도 있기 때문이다. 많은 사람에게 물으라고 한 이유는 그들의 생각이 곧 공론이 되기 때문이다. 그럼에도 자기 스스로 살펴야 한다. 대중들은 자기와 생각이 같은 사람만 좋아하고 독특한 주장을 하는 사람은 미워하는 경향이 있기 때문이다. 그러므로 그가 정말로 현명한지 스스로 직접 살핀 다음에 등용하면, 현자를 좀 더 잘 이해하여 중책에 임명할 수 있게 되고, 재능이 없는 자는 요행으로 임용되지 않게 할 수 있다. 현명한 사람을 부득이하게 쓴다는 것은 이와 같은 것이다. 『맹자집주(孟子集註)』[6]

주자는 자기와 같은 사람은 좋아하고 특이한 생각을 가진 사람을 싫어하는 대중의 속성을 간파했다. 많은 사람의 의견만 무작정 따를 수는 없다. 그래서 중요한 최종 판단은 군주 자신의 몫으로 남긴다. 하지만 좌우 측근에서 시작해 대중의 의견까지 청취하는 기나긴 경청의 과정이 없다면, 현자를 적재적소에 배치하고 무능력자의 무임승차를 방지하는 공정한 판단을 내리기 어려울 것이다.

경청을 위해 필요한 것

고대 중국의 명재상들은 왕에게 경청의 자세를 강조했다. 안자(晏子)는 신하들의 이야기를 잘 듣지 않으려는 '꼰대' 군주에게 일침을 놓는다.

> 안자가 조회에 참석하여 경공(景公)에게 일의 경과를 보고하면서 말했다. "조회 분위기가 왜 이렇게 딱딱한지요?"
>
> 경공이 물었다. "조회 분위기가 엄숙하다고 해서 그것이 나라를 다스리는 데 무슨 지장이 있겠습니까?"
>
> 안자가 말했다. "조회 분위기가 엄격하면 아랫사람이 함부로 말을 하지 못합니다. 아랫사람이 말이 없으면 윗사람은 듣는 것이 없게 됩니다. 아랫사람이 말이 없는 것을 벙어리라고 하고, 윗사람이 듣는 것이 없는 것을 귀머거리라고 합니다. 서로가 말도 못 하고 듣지도 못하는데, 이것이 국가를 해치는 것이 아니고 무엇이겠습니까? 한 홉의 곡식이 모여 창고를 채우고, 몇 가닥 실이 모여 장막을 만듭니다. 태산이 높은 것은 돌 하나 때문만은 아니지만 낮은 곳부터 쌓인 후에 높아진 것입니다. 천하는 한 명의 신하의 말로 이루어지는 것은 아닐 것입니다. 의견을 듣고 채택하지 않을 수는 있겠지만 어찌 아예 들으려고도 하지 않으시는지요?" 『안자춘추(晏子春秋)』[7]

회의를 그저 요식행위로만 여기던 군주에게 안자가 던진 비판은 지금도 유효할 것이다. 서로 모여서 의견을 나누는 자리인 회의는 윗사람 훈시를 들려주는 자리가 아니다. 아랫사람도 자기 생각을 낼 수 있는 자유로운 분위기에서만 창의적인 의견이 모일 수 있다.

경청하기 위해 필요한 또 다른 하나는 바로 인내심이다. 상대의 의견을 듣는 과정은 동전을 넣으면 바로 상품을 받을 수 있는 자판기와는 다르다. 의견을 물었을 때 상대의 반응이 없는 경우에도 충분히 기다려주는 인내가 필요하다.

그래서 경청은 느리게 가는 것이기도 하다. 인풋이 있으면 곧바로 아웃풋이 나와야만 마음이 놓이는 바쁜 현대인에게 이런 시간적 여유는 사치로 느껴질 수도 있다. 하지만 때로는 새로움을 발견하는 데 느림이 유리하게 작용할 때도 있다. 늘 지나가던 길도 천천히 걷다 보면 차를 타고 빠르게 지날 때는 보지 못했던 것들이 눈에 들어오기 시작한다. 그래서 빠르게 돌아가는 세상에 지친 많은 현대인은 일부러 한적한 산길이나 해안의 오솔길을 찾아가기도 한다. 그런 곳을 걷다 보면 평소 주목하지 않았던 것들의 소중함을 새삼 느끼기도 하고, 손에서 놓지 못할 것 같던 일들이 알고 보니 별것 아니었음을 깨닫기도 한다. 이렇게 삶의 속도를 늦추는 일은 주변에 귀 기울일 준비를 하는 것이기도 하다.

현대 사회에서는 개인에게 과도하게 많은 말할 권리가 부여되었다. 사람들은 누구든 소셜 미디어를 통해 마음껏 하고 싶은 이야기를 할 수 있다. 하지만 다른 사람의 이야기에 귀를 기울이는 것에는 갈수록 인색해진다. 내 이야기 좀 들어달라며 '좋아요'와 '구독 신청'을 갈구하는 것은 경청에 목마른 우리 자신의 안타까운 모습이기도 하다. 우리에게는 여전히 잘 들어주는 사람, 성인의 역할이 필요하다.

하지 않아도 될 일을 찾아내기

조심스럽기는 겨울에 언 개울을 건너는 것처럼.
豫兮, 若冬涉川

깨달은 자의 여유 있는 모습

사람들은 보통 근심과 걱정이 가득해 서두르는 사람보다는 아무 일도 없다는 듯 한가해 보이는 사람을 더 신뢰한다. 세상 돌아가는 이치를 깨달은 사람이라면 급하지 않고 여유가 있을 것이라 믿기 때문이다. 노자(老子)는 세상의 이치를 깨달은 선비의 모습을 한 폭의 그림으로 그려낸다.

고대의 가장 훌륭한 선비들은 미묘하고 심오하여 그 깊이를 알 수 없는 세상의 이치에 통달하였는데, 그 모습을 억지로 형용하면 다음과 같다.

> 그들의 신중한 태도는 마치 겨울에 냇물을 건너기를 주저하는 모습과 같고, 조심스러운 모습은 사방의 이웃을 경계하는 듯하며, 손님을 대하는 듯 엄숙하다. 얼음이 녹아 풀리는 것처럼 다른 사람들과 잘 어울리고, 다듬지 않은 나무처럼 순박

하고, 골짜기 같은 넓은 마음을 갖고 있으며, 탁한 강물처럼 서로 뒤섞인 모습이다. 누가 감히 흐려진 물을 고요하게 정지시켜 천천히 맑게 할 수 있는가? 누가 감히 안정된 상태에서 서서히 움직여 살아나게 할 수 있겠는가? 이러한 도를 지키는 자는 가득 차는 것을 좋아하지 않는다. 가득 찬 것을 바라지 않기에 해진 것 그대로 두고 새로 채우려고 하지 않는다.
『도덕경(道德經)』 제15장[1]

세상이 돌아가는 원리와 자연의 법칙을 깨닫는 순간 선비의 얼굴에 나타난 상기된 표정을 한마디로 표현할 단어가 과연 있을까? 그 순간의 복잡 미묘한 모습을 온전히 표현할 수는 없겠지만, 언뜻 스치는 단편들은 포착할 수 있을 것이다. 이런 단편들은 우리가 살면서 한 번쯤 경험해본 것들이다.

세상의 원리를 파악한 선비의 태도는 이처럼 조심스럽고 행동은 절제되어 있다. 그의 행동은 얼음이 서서히 녹듯 사람들을 감싸 안아주고, 이제 막 벌목해 옹이 가득한 목재처럼 거칠고 순박한 모습을 잃지 않으며, 넓은 계곡 같은 마음을 가지면서도 탁한 강물처럼 너와 나를 구별하지 않는다. 더 이상 채울 수 없을 정도로 가득 찬 것을 싫어해서 새로운 것이 채워질 수 있도록 빈 공간을 남겨둔다.

이처럼 노자는 통달한 선비의 모습을 생생한 현장 스냅사진 넘기듯 보여준다. 언어로 표현할 수 없는 오묘한 깨달음의 순간들을 이런 장면 사이사이에 숨겨놓은 것이다.

이 가운데 신중하고 조심스러운 모습을 묘사했던 유(猶) 자와 예(豫) 자는 유예라는 단어로 결합되어 '망설이며 일을 결행하지 않는다'라는 의미로 사용된다. 법의 집행을 미룬다는 뜻이자 삭막한 법률용어인 집행유예로 익숙한 이 단어의 기원에는 흥미로운 이야기가 숨어 있다.

유(猶)는 원숭이의 일종이며 예(豫)는 코끼리의 일종인데, 모두 의심이 많고 겁도 많아 주위에서 작은 소리만 나도 깜짝 놀라 도망가거나 어쩔 줄 모른다고 한다. 유(猶)는 소리가 잠잠해져도 안심하지 못해 나무를 내려오지 못하거나, 내려왔다가도 금방 다시 올라가기를 반복한다. 이런 모습이 결단을 내리지 못하고 머뭇거리는 태도를 의미하게 되었다. 이 두 글자는 사물의 이치에 통달한 도인의 신중한 태도를 묘사하는 『도덕경』 속 장면에 등장하여 유명해졌다.

다산 정약용의 당호(堂號)인 여유당(與猶堂)의 '與猶'는 유예(猶豫)에서 비롯되었다. 고대 한자에서 여(與)와 예(豫)는 비슷한 발음으로 서로 호환되는 글자였다. 다산은 『여유당기(與猶堂記)』 서문에서 이 단어로 호를 지은 이유를 다음과 같이 설명한다.

> 『도덕경』에 나오는 유예(猶豫)라는 단어야말로 내 병의 치료약이 아니겠는가? 겨울에 시내를 건너려면 뼈에 한기가 스며드니 정말 부득이한 경우가 아니면 하지 않을 것이다. 사방의 이웃을 두려워한다는 것은 감시의 시선이 몸을 압박하는 것이니 아주 부득이한 경우라도 그렇게 하지 않을 것이다. 최

> 근에 다른 사람과 서신을 주고받으며 경서와 예절의 옳고 그름에 대해 논쟁할 일이 생겼는데, 가만히 생각해보니 그렇게 하지 않아도 크게 마음이 상할 것 같지 않았다. 하지 않아도 마음이 상하지 않는다는 것은 꼭 해야만 하는 일이 아니라는 것이다. 꼭 해야만 하는 일이 아닌 이상 더 이상 거기에 마음을 두지 않고 그만두기로 했다.[2]

다산은 여유(與猶)란 하지 않더라도 마음이 불편하지 않은, 그래서 꼭 해야만 하는 일이 아니면 하지 않는 태도라고 설명한다. 부족함 없는 풍족함에서 비롯된 여유(餘裕)와는 다른 의미다. 하지 않아도 마음이 불편하지 않은 것들부터 하나씩 줄여가는 적극적인 행동이 여유(與猶)라면, 여유(餘裕)는 불쑥 찾아든 풍요 속에서 누리는 게으른 늘어짐에 불과하다. 다산은 이 단어가 자신의 병을 치료해주었다고 말한다. 꼭 무언가를 해야 한다는 조급함에서 자신을 구해주었고, 꼭 하지 않아도 되는 일은 그만두게 하는 용기를 갖게 해주었다는 것이다.

기술의 발전은 우리를 자유롭게 했나

인간의 뇌에는 우리가 의식하지 못하는 순간에도 주위 환경 가운데 어떤 것에 먼저 대처해야 할지 결정해주는 주의력 필터(attentional filter)라는 시스템이 있다. 몇 시간 동안 고속도로를 운전해도 그 사이 본 풍경이 전혀 기억나지 않는 이유는 주의력 필터에 걸러지지 않았기 때문이다. 사소하고 불필요한 장면들을 거르고 인식되지 않도록 해주는 시스템이 우리를 보호하는 것이다.

이 필터가 강하게 작동하는 동물들은 사소한 것들에 주의를 빼앗기지 않는다. 주의력 필터가 검증하는 정보의 양이 많지 않기 때문이다. 나무에서 내려온 이후로 인간은 다양한 포식자들이 널려 있는 환경에서 주의력 필터를 통과하는 정보의 양을 늘려야만 새로운 환경에 적응할 수 있었다. 즉, 오늘날 인간의 주의력 필터는 그 시절에 비해 엄청나게 늘어난 정보를 처리하고 있다. 지금도 초원에서 풀을 뜯는 얼룩말은 바람에 실려 오는 포식자의 냄새를 절대로 놓치지 않는다. 하지만 현대인은 휴대폰 알람을 켜놓지 않으면 중요한 일들을 잊어버리기 일쑤다. 필터로 거르기에도 감당하기 어려울 만큼 정보의 양이 늘었기 때문이다.

과거에는 여행을 떠날 때 여행사에 모든 것을 맡기는 경우가 많았다. 그런데 인터넷 검색이 가능해진 지금은 여행 상품의 장점과 단점, 보증기간, 경쟁 우위에 대해 각자 알아서 비교한다. 가장 저렴한 항공권을 찾을 때까지 검색을 멈추지 않는다. 싼 표가 나오면 다시 처음부터 발권 노동을 재개하고, 출발 전부터 해온 추천 명소와 '맛집' 리스트를 찾는 검색 노동은 현지에 도착해서도 계속된다. 영혼을 울리는 명소에 도착해서도 인증 사진에 대한 부담 때문에 차분한 감동의 순간을 온전히 누리지 못한다.

어쩌면 우리는 직접 하지 않아도 되는 일까지 자청해서 수행하고 있는 건 아닐까? 이반 일리치(Ivan Illich)는 이렇듯 현대인들이 보수도 받지 않고 스스로 일을 찾아내 직접 종사하는 비생산 노동을 '그림자 노동'이라고 명명했다. 다양한 셀프

서비스부터 비용을 아끼기 위해 정보를 수집하는 일까지, 개인에게 전가되는 그림자 노동은 대부분 현대의 첨단 기술의 도움을 받아 실행되는 반복적이고 단조로운 일이다.[3]

과학기술의 발전이 인간을 자유롭게 한 것이 아니라 오히려 더욱더 많은 일을 개인에게 전가한 결과다. 인터넷을 통해 지식이 대중화되고 정보에 접근하는 것이 편리해지면서 그림자 노동은 오히려 증가했다. 누구나 인터넷을 이용하고 검색할 수 있기에 사람들은 스스로 정보를 찾는다. 이 과정에서 때로 우리는 삶에 긴요하지 않은 정보를 찾느라 허우적거리며 시간을 보내게 된다. 과학기술의 발전으로 반복적이고 단조로운 노동에서 벗어나리라 기대했지만, 시간이 갈수록 여유 시간은 줄어들고 있다. 세탁기의 발명이 여성을 가사 노동에서 해방해줄 것처럼 보였지만, 되레 집 안을 청결히 관리해야 한다는 부담을 늘려주었다는 역설이 떠오른다.[4]

여유가 필요한 사람들

그래서 오늘날에는 자신의 주의력 필터를 잘 관리하는 것이 성공의 조건으로 주목받기도 한다. 인지심리학자 대니얼 J. 레비틴(Daniel J. Levitin)은 『정리하는 뇌』에서 우리 시대 성공한 사람들은 자신의 모든 주의력을 자기 앞에 놓인 중요한 일에 쏟아부을 수 있는 여력을 갖춘 사람들이라고 설명한다. 이들은 누구를 만나 대화하든 서두르지 않고 여유 넘치며, 상대의 눈을 마주하고 상대에게 온전히 집중한다. 외부의 자질구레한 일들은 주변의 비서나 보좌진에게 맡기고 자신은 눈앞의

일에만 온전히 집중하는 것이다.[5]

그렇다면 우리 시대에 필요한 여유란 무엇일까? 풍요와 사치의 여유(餘裕)보다는 할 일과 하지 않아도 될 일을 구분할 줄 아는 여유(與猶)가 아닐까? 이런 여유를 갖는 자만이 정말 필요한 일에 온전히 집중할 수 있을 것이다. 보통 사람들이 자질구레한 일에 신경을 쓰면서 시간을 보내는 동안 여유(與猶)를 가진 사람은 지금 바로 눈앞의 일에 집중한다. 꼭 해야만 하는 일에 집중하는 사람들은 다른 사람을 만나 대화할 때도 급하지 않고 여유 넘치며 상대에게 온전히 몰두한다. 여행을 가서도 현지의 정서와 분위기를 느끼는 여유를 즐긴다. 이런 여유란 비서를 고용할 수 있는 경제적 여유(餘裕)를 가진 사람들만의 것은 아닐 테다.

노자가 묘사한, 세상의 이치에 통달한 여유 있는 사람의 모습을 다시금 되새겨보자. 겨울에 언 시냇물을 건너듯 신중하고, 남을 방해하지 않기 위해 절제하고, 얼음 녹듯 부드럽게 상대를 포용하고, 다듬지 않은 거친 재목처럼 순박한 마음을 가진 사람. 마음은 골짜기처럼 깊고도 넓으며, 서로 다른 색깔의 물이 섞인 것을 부끄러워하지 않는 강물과 같은 모습. 도를 체득한 사람은 가득 찬 것을 좋아하지 않기 때문에 비어 있더라도 새로 채우려고 애쓰지 않는다. 이들은 모르는 것이 생겨도 답답해하지 않고 견뎌내는 '모호함에 대한 관용(ambiguity tolerance)'을 가지고 있다.

무언가를 비워내면 반드시 해야만 하는 일만 남게 되어 오히려 여유가 생긴다. 급하지 않기에 보다 신중할 수 있다. 스스로를 절제하는 관대함과 타인을 받아들이는 포용력도 생긴다. 여유 있는 사람은 꾸미지 않은 순박한 모습과 골짜기처럼 깊고 넓은 마음을 가지고 있어서 낯선 것들과 서로 섞여 혼탁해지더라도 부끄러워하지 않는다. 노자가 말한 여유(與猶) 있는 사람의 모습이다.

몰입하려면 쉬어야 한다

양쪽 눈으로 따로 볼 수 없기에 잘 보이고,
양쪽 귀로 따로 들을 수 없기에 잘 들리는 것이다.
目不能兩視而明, 耳不能兩聽而聰.

물에 빠지듯 몰입하다

일에 지치고 복잡한 생각을 정리하고 싶을 때 강이나 바닷가를 찾아 멍하니 물을 바라보면 마음이 차분해진다. 공자도 흘러가는 물을 바라보면서 세상의 변함없는 이치를 문득 떠올렸다.

> 공자께서 강가에서 이렇게 말씀하셨다. "흘러가는 것이 이와 같구나, 밤낮을 가리지 않는구나."
> 子在川上曰, 逝者如斯夫, 不舍晝夜. 『논어』「자한」

무언가에 집중하는 상태를 나타내는 단어에는 물과 관련된 글자가 많이 쓰인다. 몰입(沒入)이란 주위의 존재를 의식하지 않고 잡념이 차단된 상태를 말한다. 몰(沒) 자는 원래 수몰(水沒), 침몰(沈沒)에 사용된 것처럼 '물에 빠지다'라는 뜻이었다. 몰입(沒入)은 본래 빠르고 강하게 어떤 물질을 뚫고 들어간다는 의미였다. 주위의 방해를 물리치고 강한 힘으로 밀고 들어가는 동적인 모습을 표현한 것이다. 이처럼 무언가에 능동적으로 빠져든다는 '몰입'이라는 단어에는 물에 빠진다는 역동적인 沒의 의미가 남아 있다.

심리학자 미하이 칙센트미하이(Mihaly Csikszentmihalyi)는 몰입이란 물 흐르는 것처럼 편안한 느낌이라고 표현한다. 그래서 그는 몰입을 concentration이 아닌 flow로 적는다. 그런데 flow 역시 물이 어딘가로 흘러 들어간다는 의미를 담고 있다.

몰입을 물과 관련해 풀이한 이야기는 『장자』「달생(達生)」에도 등장한다.

어느 날 안회(顔回)가 공자에게 물었다. "전에 제가 상심(觴深)이라는 깊은 호수를 지난 적이 있는데 뱃사공의 배 젓는 솜씨가 귀신 같았습니다. 그래서 제가 이런 기술을 배우는 것이 가능한지 물었습니다. 그러자 사공이 이렇게 말하더군요. '가능합니다. 수영을 잘하는 사람은 빨리 배울 수 있지요. 잠수를 잘하는 사람이라면 배를 처음 봤더라도 바로 잘 저을 수 있습니다.' 그게 무슨 뜻인지 물었는데 알려주지 않더군요. 사공의 말이 무슨 뜻일까요?"

공자가 말했다. "수영을 잘하는 사람이 빨리 배울 수 있는 이유는 그가 물을 의식하지 않기 때문이다. 잠수를 잘하는 사람이 배를 처음 타는데도 노를 잘 저을 수 있는 것은, 그가 깊은 연못을 언덕처럼 여기고, 배가 전복되는 것을 수레가 언덕에서 미끄러지는 것 정도로 여기기 때문이다. 배가 전복되는 것 같은 온갖 일이 눈앞에 벌어져도 그의 마음을 어지럽히지 않으니, 어디를 간들 여유 있지 않겠느냐?

물건을 던져 맞추기로 승부를 가르는 내기를 할 때 기왓장을 걸면 아주 잘 던진다. 그런데 은이나 동으로 만든 고리를 걸면 손이 떨리기 시작하고, 황금을 걸면 마음이 혼란해져 잘 맞추지 못하게 된다. 기술은 마찬가지인데 갖고 싶은 것에 대한 집착이 생기니, 외물에 마음이 뺏겨 내면이 흐트러지는 것이다." 『장자』「달생」[1]

수영을 잘하는 사람에게 물은 공포의 대상이 전혀 아니다. 그래서 배를 젓더라도 물에 빠질 염려를 하지 않아 힘껏 저을 수 있다. 잠수에 능통한 사람이라면 더 말할 것도 없다. 대상을 의식하지 않으면 어떤 방해도 받지 않을 수 있다.

아무런 생각 없이 던지면 원래 가지고 있던 기술이 온전히 발휘된다. 하지만 승리의 대가로 내건 상금의 액수가 올라갈수록 손이 떨리고 원래 있던 기술도 제대로 발휘하지 못하게 된다. 기술은 마찬가지이나 마음에 생긴 집착 때문에 내면이 흐트러진 것이다. 이렇듯 몰입하지 못하는 이유는 무엇일까?

무심한 상태, 뇌의 디폴트 모드

최근 뇌과학에서는 의식하지 않을 때 가장 높은 효율이 생기는 인간의 심리 상태에 대한 흥미로운 분석들을 내놓고 있다. 대니얼 J. 레비틴은 『정리하는 뇌』에서 테니스 선수 존 매켄로의 이야기를 소개한다. 존 매켄로는 상대편 선수가 경기를 잘

하면, 그 부분을 집중해서 칭찬한다. 그러면 상대방이 자신의 강점을 의식하게 되고, 그 때문에 방금 전까지 자동적으로 이루어지던 동작이 무너지게 된다. 왜 그러는 걸까?

레비틴에 따르면 몰입의 상태에서 우리의 뇌는 의식적인 통제를 발휘할 필요 없이 진행과 운영이 자동적으로 일어나는 일종의 특별활동 모드에 들어간다. 이때, 뇌에서 자기비판을 담당하는 전전두엽피질과 두려움과 불안의 중추인 편도체가 불활성화된다. 이 덕분에 몰입 상태에서는 자기비판과 두려움에서 자유로워지고, 자신을 의식하는 것에서 벗어날 수 있다.[2]

또한 뇌과학자 앤드루 스마트(Andrew Smart)는 『뇌의 배신』에서 아무런 생각 없는 상태에 빠졌을 때 오히려 활성화되는 뇌의 특정 부위에 대해 설명한다. 이 '뇌 회로'는 '자아 성찰'과 '창의적 착상'을 담당한다. 휴식하고 있는 뇌는 남과 얘기하거나, 회의 일정을 잡거나, 일과를 계획하거나, 시간을 관리하는 데 신경을 쓸 필요가 없기에, 이때 평소 의식적 인식대상이 아닌, 장기 기억으로 저장돼 있던 방대한 지식이 의식의 수면 위로 떠오른다. 일상적인 일을 처리할 때는 서로 연결되지 못했던 개념들이 무의식적으로 연결되면서 완전히 새로운 아이디어가 탄생하는 것이다.

미국의 뇌과학자 마커스 레이클(Marcus Raichle)은 뇌의 이런 상태를 '디폴트 모드 네트워크(default-mode network)'라 부른다. 디폴트 모드란 우리가 휴식할 때 뇌가 진입하는 자동 운항 상태를 말한다. 깨어 있지만 아무것도 하지 않는 뇌의 기저상태인 것이다. 이때 두뇌는 불필요한 정보를 삭제하고, 필요한 정보를 장기 기억 부위로 옮기는 등 정리 작업을 수행한다. 불필요한 정보를 정리하지 않으면 저장 공간이 부족해지고, 정보 찾기가 어려워진다. 이러한 정리 작업은 대부분 수면 시간에 진행된다. 수면은 곧 뇌가 정화 작용을 통해 독소를 제거하는 과정이다. 무언가 창의적인 아이디어를 만들어내려면 휴식이 절대적으로 필요한 이유다.[3]

뇌과학자들의 주장을 종합하면 공자가 안회에게 이야기한 것처럼 대상을 의식하지 않고 무심하게 바라볼 때 최고의 몰입 상태에 빠질 수 있다.

멀티태스킹의 한계

그렇다면 동시에 여러 일을 처리하는 멀티태스킹은 오히려 뇌의 여러 영역을 활성화시켜 몰입을 방해할 것이다. 뇌과학자들은 인간의 뇌는 근본적으로 멀티태스킹을 할 수 없는 구조로 설계되었다고 설명한다. 약 2,200년 전 순자(荀子)는 이미 이런 멀티태스킹의 부작용을 경고했다.

> 지렁이가 날카로운 발톱이나 이빨이 없고 강한 근육과 뼈가 없음에도 위로는 흙을 먹고 아래로 샘물을 마실 수 있는 건 마음을 쓰는 것이 한결같기 때문이다. 게는 다리가 여섯 개나 되고 집게발도 두 개나 가지고 있음에도 한곳에 정착하지 못하고 장어가 파놓은 구멍이 아니면 살지 못하니, 이것은 마음을 쓰는 것이 산만하기 때문이다. 그러므로 굳은 의지가 없는 사람은 밝은 깨우침을 얻지 못하며, 묵묵히 정성을 들이지 않으면 혁혁한 공로를 이루기 어렵다.

> 사거리에서 헤매는 사람은 목적지에 이르지 못하고, 두 임금을 섬기는 사람은 아무에게도 인정받지 못할 것이다. 양쪽 눈으로 따로 볼 수 없기에 잘 보이고, 양쪽 귀로 따로 들을 수 없기에 잘 들리는 것이다. 등사(螣蛇)라는 용은 발이 없어도 날 수 있지만, 날다람쥐는 다섯 가지 재주를 가지고 있으면서도 빈궁하다. 그러므로 군자는 하나에 집중하는 사람이다.
>
> 『순자』「권학(勸學)」[4]

오서(梧鼠)는 날다람쥐의 일종이다. 재주가 많지만, 어느 것 하나 특출난 데가 없는 것을 오서오기(梧鼠五技)라고 한다. 오서는 날 수는 있지만 지붕 위까지는 이르지 못하고, 나무를 탈 줄 알지만 꼭대기까지는 힘이 부치고, 헤엄을 칠 줄 알지만 계곡을 건너기에는 역부족이며, 구멍을 팔 줄 알지만 제 몸 하나 건사하지 못하고, 달리기를 곧잘 하지만 앞서지는 못한다. 재주는 많지만 어느 것 하나 변변치 않은 오서는 보잘것없이 살지만, 하늘을 나는 한 가지 재주에 집중한 용은 군자처럼 큰일을 이룰 수 있다.

우리의 양쪽 눈은 서로 다른 곳을 따로 볼 수 없다. 양쪽 귀는 서로 다른 것을 들을 수 없다. 그래서 밝게 보고 선명하게 들을 수 있는 것이다. 그런데 요즘 우리는 귀에 이어폰을 낀 채 모니터에 띄워놓은 여러 개의 창을 쉴 새 없이 넘나든다.

그만큼 해야 할 일과 얻을 수 있는 정보가 많아졌기 때문이지만, 언제부터인가 습관이 되어버린 탓도 있다. 그런데 이렇게 되니 무슨 이유인지 생각만큼 집중도 안 되고 자꾸만 이곳저곳 클릭하면서 시간을 보내게 된다. 오죽하면 집중력을 회복하고 싶은 마음에 이 분야를 다룬 책의 제목도 '도둑맞은 집중력'이라고 지었겠는가.

집중하지 못하는 우리 사회의 조급함을 역으로 보여주는 현상이 있다. 서울 한강변에서는 몇 년 전부터 '멍때리기 대회'가 열린다. 참가자들은 아무런 생각 없이 무념무상의 상태로 누가 오래 멍을 때리는지 경쟁한다. 도대체 왜 이런 쓸데없는 짓을 하는지 비난의 목소리도 없지 않았다. 하지만 이 대회는 우리에게 다름 아닌 무한한 창의력과 몰입의 상태를 제공해주는, 뇌의 디폴트 모드의 가치를 일깨워주기 위해 기획된 것이라고 한다. 아무것도 하지 않는 멍한 상태의 몰입을 직접 체험해보자는 취지다.

그림자의 충고

『장자』에는 그림자가 싫어서 계속 도망가는 사람 이야기가 등장한다. 빨리 달리면 달릴수록 그림자도 더 빨리 따라오니 그는 더더욱 빨리 달아나려고 용을 쓴다. 장자는 그에게 당신이 나무 그늘에서 쉬면 그림자도 따라오지 않을 것이라고 충고한다. 그림자는 우리 가까이 있지만 쉽게 떼어버릴 수 없는, 하지만 마음을 달리 먹으면 의외로 간단하게 떼어버릴 수 있는 욕망을 의미한다.

광주 무등산 자락에는 그림자도 쉬어 가라는 의미의 식영정(息影亭)이라는 정자가 있다. 방황하던 젊은 시절 길 따라 걷다가 우연히 이곳에서 쉬다 온 적이 있다. 당시에는 정자 현판의 글자에 관심을 두지 못했다. 시간이 지나 우연히 『장자』

속 방황하는 그림자 이야기를 읽다가 식영(息影)이라는 글자에 담긴 의미를 알게 되었다. 아마도 이곳에서는 그림자에 쫓겨 도망쳐 온 사람들은 물론, 잔재주에 지친 날다람쥐들도 쉬다가 갔을 것이다. 그 가운데 몇몇은 생각지도 못한 번뜩이는 창의성을 얻고 돌아갔을지도 모른다. 공자는 흐르는 물을 바라보며 세상의 이치를 깨달았다. 우리도 무언가에 조용히 빠져드는 몰입의 순간이 더없이 소중하다는 것을 잊지 말자.

모르면 모른다고 인정하기

가득 찬 것은 덜어지고, 겸손함은 채워진다.
滿招損, 謙受益.

공자에게 대드는 제자

『논어』는 공자가 제자들과 나누었던 대화를 주로 기록한 책이다. 공자가 제자들과 나누었던 생생한 대화의 현장이 그대로 재현된 부분이 많다. 제자 자로(子路)는 공자의 말씀을 고분고분 듣기보다는 툭하면 토를 달거나 대든다.

> "만약 위(魏)나라 임금이 스승님께 정치를 맡긴다면 무엇을 먼저 하실 건가요?"
> "명분을 바로 세워야지."
> "그런가요? 스승님은 참 세상 물정을 모르시네요. 그것들을 바로잡아 무엇하시게요."
> "무식하구나, 자로야! 군자는 자기가 모르는 것에 대해서는 그냥 비워두고 말하지 않는 법이다." 『논어』「자로」[1]

공자가 자신의 정명론(定命論)을 밝힌 것으로 유명한 이 구절은 사실 공자와 자로 사이의 팽팽한 대결을 보여주는 대목이기도 하다. 공자는 평소 제자들의 이름을 직접 부르지 않았는데, 여기서는 자로의 이름[由]을 부르는 것도 모자라 무식한 놈[野哉(야재)]이라는 원색적인 표현도 서슴지 않는다.

공자의 제자 가운데 자로는 직설적인 성격으로 유명했다. 그는 뒷골목에서 힘깨나 쓰던 자였다. 공자가 그를 처음 만났을 때 하마터면 맞을 뻔했다고 말하기도 했다. 공자 제자들의 이야기를 모은 『사기』「중니제자열전(仲尼弟子列傳)」에는 자로가 공자를 처음 만났을 때 거칠게 대했던 사건이 가감 없이 기록되어 있다.

> 자로는 야성적인 기질이 있어 거칠었다. 힘 쓰는 것을 좋아하고, 심지가 강직하고, 직설적으로 대들곤 했다. 수탉의 꼬리를 머리에 꽂고 산돼지 가죽으로 만든 주머니를 허리에 차고 다녔다.
>
> 그가 공자를 처음 만났을 때 때리려고 했다. 하지만 공자는 자로를 예로 대하며 살살 달래 인도하였다. 나중에 자로는 유가의 복식을 입고, 폐백을 드려 죽음의 충절을 맹세하고, 문인들을 통해 제자가 되기를 청하였다. 『사기』「중니제자열전」[2]

『논어』에는 제자들이 자로를 그다지 좋아하지 않았다는 내용도 나온다. 자로가 공자의 집에서 비파를 연주했는데 북쪽 변방의 살벌한 곡조였다. 강건한 그의 기질이 다른 제자들과 조화를 이루지 못했던 것이다.

공자가 말했다. "자로는 왜 내 집에서 비파를 연주하느냐?"

제자들이 연주를 듣고 자로를 좋아하지 않았다. 이에 공자가 해명해주었다.

"자로는 이제 학문의 경지가 당에 올라왔지만 아직 안방에 입실하지 못했을 뿐이다." 『논어』 「선진(先進)」[3]

자로의 이상한 음악 연주를 듣고 제자들이 싫어하자 공자가 그를 변호했다. 얘들아, 자로의 수준은 아직 초보 단계인 당에 올라온 수준[升堂(승당)]에 불과하고 본격적인 단계[入室(입실)]에 이르지는 못해서 그런 것이니 이해해라.

이렇게 힘을 쓰는 데는 자신이 있던 자로가 한번은 공자에게 만약 군대를 맡긴다면 누구를 추천하시겠냐고 뻔한 질문을 던졌다. 당연히 자신을 고를 거라 믿고 던진 질문이었으리라. 그런데 공자는 냉담하게 다음과 같이 대답한다.

맨손으로 호랑이를 잡고 맨몸으로 황하를 건너려다 죽어도 후회하지 않는 무모한 사람은 제외하겠다. 일을 할 때 신중하고 잘 계획해서 성사시키는 사람이라면 반드시 함께하겠다. 『논어』 「술이」[4]

질문한 사람의 의도를 간파하고 자연스럽게 자기 생각으로 이끄는 공자 특유의 교육방식이 잘 드러난 구절이다. 자로는 우리 같은 평범한 사람들의 질문을 대신해주고 있어 고마운 존재이기도 하다. 보통 사람인 자로의 질문 덕분에 『논어』는 평범한 사람들이 묻는 질문에 쉽게 답을 주는 책이 되었다.

『논어』를 위대한 책으로 만드는 데 자로의 공로가 적지 않은 것이다.

하지만 겁 없이 앞에 나서기를 좋아하고, 자기 생각을 억지로 강변하는 자로를 깨우치기 위해 공자는 직설적인 꾸지람도 마다하지 않았다.

> 자로야, 내가 너에게 안다는 것에 대해 가르쳐주겠다. 아는 것을 안다고 하고, 모르는 것을 모른다고 하는 것, 이것이 아는 것이다.
>
> 由, 誨女知之乎? 知之爲知之, 不知爲不知, 是知也. 『논어』「위정」

자로는 용기를 좋아하였으니 아마도 알지 못하는 것을 억지로 안다고 우기는 경우가 있었던 모양이다. 그래서 공자가 그를 깨우쳐준 것이다. 주자는 『논어집주』에서 "아는 것은 안다고, 알지 못하는 것은 알지 못한다고 하면, 비록 모두 다 알지 못하더라도 자신을 속이는 폐단은 없을 것이다. 또한 이로부터 새로운 배움의 방법도 깨우칠 수 있지 않겠는가"라고 덧붙였다.[5]

모르는 것을 인정하는 용기

무지에 대한 주자의 설명은 한스 로슬링(Hans Rosling)이 『팩트풀니스』에서 설명하는 겸손의 미덕과 다르지 않다. 겸손이란 본능으로 사실을 올바르게 파악하는 것이 얼마나 어려운지 아는 것이고, 지식의 한계를 솔직히 인정하는 것이다. 모른다고 말하는 것을 꺼리지 않는 것이며, 새로운 사실을 발견했을 때 기존 의견을 기꺼이 바꾸는 것이다. 겸손하면 모든 문제에 견해를 가져야 한다는 압박감도 없고, 항상 내 견해를 옹호할 준비를 해야 할 필요도 없어 마음이 편하다.[6]

그런데 우리 스스로 어떠한 사실이나 생각을 아는지 모르는지 어떻게 구별할 수 있을까? 1970년대의 발달심리학자 존 플라벨(J. H. Flavell)은 "나 자신의 생각에 대해 판단하는 능력"을 가리켜 메타인지(meta-cognition)라 명명했다. 소크라테스의 반어법도 끊임없이 질문을 던져 자신의 무지를 자각하게 해주는 방법이다.

자신이 모르고 있다는 것을 분명히 알아야 고칠 기회가 생긴다. 어설프게 아는 것을 완벽히 알고 있다고 믿어버리면 그것을 수정할 기회도 얻지 못한다. 한겨레 사람과디지털연구소장 구본권은 『메타인지의 힘』에서 인간은 어리석을수록 자신이 우매하지 않다고 확신하는 인지 편향에 빠지며, 지식이 부족할수록 적극적으로 배움을 거부하는 성향이 나타난다고 설명한다. 그에 따르면 무지가 아니라 무지한 상태를 인정하지 않는 인지적 게으름과 오만이 문제이며, 오만은 무지와 확신의 결합이다.[7]

구본권은 자존감을 내려놓는 일의 중요성을 강조한다. 자신이 모른다는 사실 때문에 자존감이 손상되었다고 느끼면 무지를 인정하기 더욱 어려워진다. 자신의 무지는 자존감과는 상관없다는 사실을 받아들여야 모르는 영역에 호기심을 갖고 배움에 나설 수 있다는 것이다.[8]

자로가 만약 자신의 무지를 인정하지 않고 막무가내로 아는 척을 했다면 공자는 그를 제자로 들이지 않았을 것이다. 본인이 무식하다는 것을 인정하기는 쉽지 않다. 자존심을 내려놓아야 하기 때문이다. 겸손한 사람이란 자존심을 내려놓을 줄 아는 사람이다. 내려놓으면 마음도 편해지고 모르는 영역에 호기심도 생기고 배우고 싶은 마음도 생긴다. 공자는 자로의 투박함 속에서 모르는 것을 솔직하게 인정하는 겸손함을 보았을지도 모르겠다. 그러지 않았다면 이렇게 공개적으로 자로를 나무라지 않았을 것이다.

비우면 언젠가 채워진다

『서경(書經)』에는 지적 게으름에서 비롯된 오만함을 지적한 구절이 있다.

> 가득 찬 것은 덜어지고, 겸손함은 채워진다.
> 滿招損, 謙受益. 『서경』「우서(虞書)」

여기서 찰 만(滿) 자를 교만(驕慢)의 慢 자의 의미로 풀이하여 '교만하면 손해를 보게 되고 겸손하면 이익이 된다'로 해석하는 사람들도 있다. 교만함과 겸손함이라는 두 가지 윤리적 가치가 대응하는 구조다. 그런데 교만한 태도가 어떻게 손해를 초래한다는 것인지 인과관계가 명확히 드러나지 않는다. 이 구절은 겸손하면 복이 찾아올 거라는 막연한 희망과 교훈보다 더 깊은 뜻을 담고 있다.

만(滿) 자를 가득 찬 것이라는 의미로 보면 이 구절이 좀 더 명확해진다. 滿 자는 원래 물이 가득 차 넘치는 것을 표현한 글자였다. 그러면 『서경』의 이 구절은 '가득 찬 것은 이제부터 덜어지는 것만 남았다'라는 의미가 된다. 중국의 지식인 가운데 滿 자를 이렇게 풀이한 사람이 있었다.

중국 안후이성 퉁청시에는 육척항(六尺巷)이라는 골목이 있었다. 청(淸)나라 대학사를 지냈던 장영(張英)이 이곳 출신이다. 그는 어느 날 고향 사람으로부터 이웃과 담장을 놓고 다툼이 벌어졌으니 해결해달라는 내용의 편지를 받았다. 이에 장영은 한 편의 시로 답했다. "1,000리나 떨어진 곳에서 이렇게 편지 보낸 이유가 담장 하나 때문이던가? 이웃에게 땅을 세 척 양보한들 무슨 문제이겠는가?"

장영은 당신들이 먼저 세 척을 양보해보라고 답을 보낸다. 장씨 가문에서는 편지를 받고 감동하여 먼저 세 척을 물려 담을 쌓았고 이웃인 오(吳)씨 가문에서도 세 척을 뒤로 물려 도합 여섯 척 너비의 골목이 생겼으니 이곳을 육척항이라 했다. 나중에 이 소문을 들은 강희제(康熙帝)가 이곳에 패방을 세우고, 예로써 서로 양보했다는 의미인 예양(禮讓)이라는 글자를 새겼다고 한다.

몇 년 전 방송에 소개된 육척항은 청소년 도덕 교육의 장소로 유명해진 곳이다. 1956년 마오쩌둥(毛澤東)은 당시 영토 분쟁으로 관계가 소원해진 소련 대사에게 "싸우고 또 싸우면 길이 열리지 않지만, 서로 한 번씩 양보하면 육척항이 생긴다"라는 시구절로 자신의 생각을 표현하기도 했다.

일설에는 청나라의 문인 정판교(鄭板橋) 역시 친척으로부터 비슷한 청탁을 받고 장영의 시구절과 함께 다음과 같은 해설을 보내주었다고 한다.

> 가득 차 있는 것은 이제부터 덜어지는 것만 남았다는 것이고, 비어 있다는 것은 이제부터 채워질 일만 남았다는 뜻이다. 나에게서 덜어진 것은 바로 상대에게서 채워질 것이니, 각자 절반씩 갖는 셈이고, 나의 마음도 편해져 평화가 찾아오니 편안함과 행복 두 가지가 여기 있는 것 아니겠는가?[9]

『서경』의 한 구절인 滿招損(만초손)을 '가득 차 있는 것은 앞으로 덜어지게 된다'라는 단순한 자연 원리로 풀이한 것이다. 보름달은 비워지고 초승달은 언젠가 보름달이 되듯, 비어 있는 것은 언젠가는 채워진다. 노자는 이처럼 채우려면 먼저 비워내야 한다는 사실을 절묘한 비유를 통해 이야기한다.

> 진흙을 이겨서 질그릇을 만드는데, 그 안이 텅 비어 있기에 그릇 구실을 할 수 있는 것이다. 벽을 뚫고 창문을 내고 방을 만드는데, 그 안에 아무것도 없기에 방 구실을 할 수 있는 것이다. 그러므로 무언가 쓸모가 생기는 것[有]은 아무것도 없는 것[無] 덕분이다. 『도덕경』 제11장[10]

진흙으로 그릇을 빚을 때 안을 꽉 채우면 그릇이 되지 않는다. 그릇은 그 안이 텅 비어 있어서 그릇이 되는 것이고, 창문과 방은 비어 있기 때문에 그 구실을 할 수 있는 것이다. 아무것도 없이 비어 있어야만[無] 채워질 수 있다. 노자가 말한 無의 유용함이라는 역설은 형이상학적인 고상한 원리를 말하는 것이 아니다. 나를 비우지 않으면 그 어떤 것도 채울 수 없다. 나에게 아무것도 없다는 사실을 부끄러워하거나 조급해할 필요가 없다. 자연의 원리에 의하면, 이제부터는 채워지는 일만 남았기 때문이다.

나를 비워야 그 안에 새로운 것이 채워질 수 있다고 했던 『팩트풀니스』 속 겸손의 미덕은 자신의 무지를 인정하는 것에서 시작한다. 모르고 있는 것을 알고 있는 척하면 그것을 고칠 기회는 영영 없다. 자기 생각은 틀리지 않는다고 철석같이 믿고, 상대의 조언에 조그마한 틈도 열어주지 않는 사람에게 남는 것은 손해뿐이고[滿招損(만초손)], 내가 알고 있는 것과 모르는 것의 경계를 솔직히 인정하고 나의 무지를 점차 채워나가는 것을 기뻐하는 사람에게는 좋은 일만 남는다[謙受益(겸수익)].

무조건 상대에게 굽신거리는 태도가 겸손은 아니다. 공자가 자로를 야단친 것은 고분고분하지 않은 태도 때문이 아니었다. 자기 생각에 갇혀 다른 사람 이야기를 듣지 못하는, 겸손하지 않은 태도를 질책했던 것이다. 공자가 제자들에게 겸손을 강조했다면 그것은 말 잘 듣는 착한 학생이 되라는 말이 아니라, 자신의 무지를 인정할 줄 아는 용기를 가지라는 뜻이었다.

무모한 만용이 되지 않으려면

용맹한 것만 좋아하고 배우기를 좋아하지 않는 자는
세상을 어지럽힐 것이다.
好勇不好學, 其蔽也亂.

용기와 용맹의 차이

진지하게 공부만 할 것 같은 공자의 학당에도 독특한 스타일의 제자들이 있었다. 그 가운데 자로는 공자보다 나이가 아홉 살이나 적었지만, 성질이 거칠고 괄괄하여 틈만 나면 스승에게 대들곤 했다. 그는 일반 사람들과는 다른 독특한 복장을 하고 다녔다. 사마천이 공자의 제자 가운데 성격이나 복장을 특별히 언급한 경우는 자로가 유일했다. 그의 독특한 개성이 후대 사람들에게도 인상적이었던 것이다. 공자는 이런 억센 제자를 유난히 아꼈으며, 자로가 문하에 들어온 뒤로 자신에게 시비를 거는 사람이 없어졌다고 자랑하기도 했다.

공자의 문하에서 학습한 뒤 자신감이 생긴 자로는 거침없이 질문을 퍼부었다. 차분하게 공부만 열심히 하던 다른 제자들에 비해 자로가 비교 우위로 내세울 수 있는 것은 용기였다. 그래서 그는 자신의 용맹함에 대한 칭찬에 목말라 있기도 했다.

자로가 물었다. "군자도 용기를 소중히 여깁니까?"

공자가 대답했다. "군자는 의(義)를 가장 중요하게 생각한다. 군자가 용맹한 것만 좋아하고 의로움을 갖추지 않으면 세상을 어지럽히게 되고, 소인이 용맹한 것만을 좋아하고 의로움을 갖추지 않으면 도둑이 된다."

子路曰, 君子尙勇乎? 子曰, 君子義以爲上. 君子有勇而無義爲亂, 小人有勇而無義爲盜. 『논어』「양화(陽貨)」

역시나 자로가 원하는 답을 해주지 않으려는 공자의 표정이 눈에 선하다. 의로움을 갖추지 못한다면 차라리 소인배가 되는 것이 더 나을지도 모른다. 의로움을 갖추지 못하면 소인배는 고작 도둑이 되지만, 군자는 온 세상을 망치기 때문이다. 의로움이 결여된 용맹함은 얼마나 위험한가. 뒷골목 불량배들에게는 의로움이 결여된 용맹함만 충만할 뿐이다.

소용(小勇)과 만용(蠻勇)

공자는 사람이 고쳐야 할 여섯 가지 폐단을 언급했는데, 그 가운데 "용맹한 것만 좋아하고 배우기를 좋아하지 않는 자는 세상을 어지럽힐 것이다"라는 구절은 자로를 염두에 두고 말한 것으로 보인다. 여기서도 공자는 완곡히 돌려 말하지 않는다. 자로에게 받은 말을 그대로 돌려준 것이다.

어느 세상에나 주먹으로 무슨 일이든 할 수 있다고 믿는 사람들이 있다. 힘으로 백성을 억누르는 것을 용기로 착각하는 군주를 맹자는 대놓고 야단친다.

> 왕께서는 작은 용기를 좋아하지 마십시오. 칼날을 어루만지며 눈을 부릅뜨고 노려보면서 "네놈이 어찌 나를 당하겠느냐"라고 소리치는 것은 필부의 용맹에 불과하며 고작 적 한 명을 대적할 수 있을 뿐입니다. 왕께서는 큰 용기를 좋아하십시오. 『맹자』「양혜왕 하」[1]

자기 힘만 믿고 날뛰는 사람의 경박한 태도를 보여주기 위해 『맹자』 원문은 구어체의 표현을 그대로 인용한다. 칼날을 어루만지면서 "네놈이 어찌 나를 당하겠느냐"라고 겁박하는 졸장부의 무모한 만용이 눈앞에 생생히 그려진다.

자기의 상황이나 능력을 감안하지 않고 무모한 일에 함부로 뛰어드는 모습을 만용(蠻勇)이라고 한다. 만용이란 문명화되지 않은 야만인의 절제되지 못한 용기를 말한다. 야(野) 자는 춘추시대 도시국가 사이 개척되지 않은 불모의 땅을 말하고, 만(蠻) 자는 남방의 오랑캐를 나타낸 글자다. 모두 중심으로부터의 거리 차이로 문명의 수준을 구별한 것이다.

대용(大勇)이 필요한 사람

공자는 자로가 내세우는 용기란 맨손으로 호랑이를 잡고 맨몸으로 강을 건너려는 만용이나, 의욕만 앞서고 앞뒤를 헤아려 생각하는 신중함, 분별력이 없는 무모(無謀)함과 다르지 않다고 했다. 맹자는 이런 만용이야말로 한 사람 앞에서 자기의 힘을 과시하는 소용(小勇)에 불과하다고 보았다. 그렇다면 대용(大勇)이란 무엇을 말하는 것일까? 맹자의 이야기를 계속 들어보자.

> 옛날에 증자(曾子)가 제자인 자양(子襄)에게 말했다. "그대는 용맹을 좋아하는가? 내가 전에 공자께 대용에 대해 묻자 이렇게 말씀해주셨지. 스스로 돌아봐 올바르지 못하면 미천한 사람도 두려워하지만, 스스로 올바르면 천만의 대군을 앞에 두고도 대적할 수 있다고." 『맹자』 「공손추 상」[2]

스스로 떳떳하다는 확신이 없으면 누구를 상대하더라도 두려울 것이다. 하지만 자신에게 확신이 있다면 천만의 대군 앞에서도 두려움이 없다. 대용(大勇)이란 결국 스스로 올바른 일을 하고 있다는 믿음에서 비롯된다. 의로움을 갖춘 용맹에는 그 누구도 함부로 대적할 수 없다.

증자의 생각을 따르자면, 무모한 만용을 용기로 착각하는 사람들이란 알고 보면 자신을 돌아볼[自反(자반)] 줄 모르는 사람들이다. 진정한 용기에는 가치에 대한 확신이 필수다.

사병으로 군복무를 해야 하는 우리 시대 평범한 사람들에게 가장 힘든 것은 육체적인 고통만이 아닐 것이다. 상관의 명령에 무조건 복종해야 하는 군대의 환경이 견디기 어려울 것이다. 군인은 스스로 생각하고 반성하는 존재일 수 없다. 1년 6개월이 넘는 시간 동안 생사여탈권을 국가에 맡겨 자신에게는 선택권이 없는 군인에게 대용(大勇) 같은 것들을 기대해서는 안 된다. 자신의 가치를 내세울 수 없는 사병에게 진정한 용기를 요구할 수는 없다.

하지만 전쟁을 일으켜 수많은 젊은 병사들을 사지로 몰아

넣을 수 있는 국가의 최고 지도자에게 무엇보다 필요한 것이 바로 대용이다. 그는 자신의 판단으로 수십만의 사병들을 전장으로 내몰 수 있다. 그래서 지도자의 무지에서 비롯된 잘못된 판단은 범죄와 다름없다고 하는 것이다.

어리석은 지도자는 자신의 만용을 대용이라고 착각한다. 범죄자들 앞에서 칼날을 휘두르는 것만 용기로 여기는 지도자가 있었다. 그는 스스로 아주 용감하다고 생각했다. 하지만 적 한 명을 상대할 줄 아는 필부(匹夫)의 용기만으로는 큰 나라를 다스릴 수 없다는 것을 몰랐다. "네놈들이 어찌 나를 당하겠느냐"라고 큰소리칠 줄만 알았던 그에게 맹자가 조용히 소리쳤다. "왕께서는 제발 큰 것을 보십시오!"[王請大之(왕청대지)]

고 결

적당히 때가 묻어야 하는 숭고함

배꽃과 복사꽃은 말이 없지만 그 아래로 자연스레 길이 생긴다.
桃李不言, 下自成蹊.

고결한 인품의 향기

주로 사람의 인품을 칭찬하는 데 사용되는 고결(高潔)이란 단어는 한(漢)나라 때부터 쓰인 오래된 단어다. 높음[高]과 깨끗함[潔]은 각각 영어의 유사한 단어인 high-minded 그리고 pure와 정확히 대응된다. 서로 다른 언어에서 사람의 성품을 묘사하는 데 동일한 형용사가 쓰이는 것은 우연에 불과한 것일까? 고대 중국 사회의 고결한 인품의 전형은 『사기』에 등장하는 이광(李廣) 장군 이야기에서 찾을 수 있다.

> 경전에 이런 말이 있다. 자기 몸이 바르면 명령을 내리지 않아도 따르고, 바르지 않으면 명령을 내려도 따르지 않는다. 이것은 아마도 이광 장군을 두고 한 말이 아닐까?
> 나는 이장군을 본 적이 있다. 그는 평소 행동거지가 아주 공손했고 행색은 촌사람 같았으며 말도 그다지 유창하지 않았

다. 그런데 그가 죽자 그를 아는 사람이나 모르는 사람이나 모두 다 너무나 슬퍼했다. 그의 진실한 충성심이 사람들을 감동시킨 것은 아니었을까?

배꽃과 복사꽃은 말이 없지만 그 아래로 자연스레 길이 생긴다[桃李不言, 下自成蹊]는 말이 있지 않은가. 이 말은 비록 간단하지만 큰 뜻을 담고 있다. 『사기』「이장군열전(李將軍列傳)」[1]

이광 장군은 공손한 태도와 소박한 말투를 갖추었으며 자신을 내세우지 않았다. 그렇지만 바른 자세로 옳은 행동을 했던 그의 인품에 취해 사람들이 하나둘 몰려들었다. 이는 마치 봄날 아름답게 핀 배꽃과 복사꽃 나무 아래로 상춘객들이 몰려들어 없던 길이 생기는 것과 같았다. 사마천은 고결한 인품을 가진 한 사람의 모습을 이렇듯 감각적인 장면으로 묘사했다.

고결함을 갖춘 사람에게는 자연스럽게 사람들이 몰려든다[桃李不言, 下自成蹊(도리불언, 하자성혜)]는 이런 멋진 광경은 과연 우리 삶에서도 가능할까? 주위를 돌아보면 이런 고결한 모습을 가진 사람을 찾는 일은 너무나 멀고 막연해 보인다.

고결함의 순도

맹자는 이런 고결하고 순수한 모습이란 사실 우리 삶과는 거리가 있다며 선을 긋는다.

진중자(陳仲子)의 집안은 대대로 제(齊)나라의 귀족이었다. 그는 합(蓋) 지역을 다스리는 자신의 형 대(戴)가 의롭지 못한 사람이라고 못마땅하게 여겨 함께 살지 않고 오릉이라는 곳에서 아내와 따로 살았다. 그는 직접 만든 신발과 베로 곡식을 바꾸어 먹으며 가난하게 살면서도 어머니와 형이 사는 좋은 집에는 절대 들어가지 않았다. 맹자의 제자 광장(匡章)은 홀로 고결한 삶을 힘들게 견디고 있는 진중자의 모습을 안타까워하며 이렇게 말했다.

"제나라의 진중자야말로 고결한 선비가 아닐까요? 오릉에 살면서 3일 동안 아무것도 먹지 못하니 귀로는 소리가 들리지 않고 눈에는 보이는 것이 없었답니다. 우물 위에 복숭아 하나가 있었는데 벌레가 반이나 파먹은 것이었습니다. 굶주린 진중자가 겨우 기어가서 세 번 씹어 먹자 그제야 귀가 열리고 눈이 트였다고 합니다."

남이 먹다 남긴 썩은 복숭아를 한입 베어 물자 겨우 정신을 차릴 정도로 한동안 아무것도 먹지 못하고 굶어 죽을 지경에 이르렀지만, 그는 귀족인 형에게 손을 벌리지 않고 고결함을 지켰다. 하지만 맹자는 제자의 물음에 우리 예상과는 다른 답을 한다.

"나는 제나라의 선비 가운데 진중자를 최고로 생각하지만, 그를 과연 고결한 사람이라고 할 수 있을지는 모르겠다. 그처럼 순수하게 지조를 지키려면 지렁이가 되지 않고서는 불가능할 것이다. 지렁이라는 놈을 자세히 살펴보면 위에서는 마른 흙을 먹고 아래로는 황천의 샘물을 마시지만, 아무것도 의지하는 것 없이 혼자서 그렇게 한다. 그런데 중자가 사는 집은 누가 지어준 것인가? 고결한 선비 백이(伯夷)가 지어준 것인가, 아니면 천하의 둘도 없는 도둑놈 도척(盜跖)이 지어준 것인가? 그가 먹는 식량은 백이가 심은 것인가, 아니면 도척이 심은 것인가? 알 수 없는 것 아니겠는가?"

그러자 광장이 따지듯 물었다. "그게 어찌 문제가 된단 말입니까? 그는 손수 신발을 만들고 아내는 직접 베를 짜서 곡식을 바꾸어 먹는데요."

다시 맹자가 말했다. "진중자의 집안은 대대로 벼슬을 해왔다. 형 대(戴)가 받은 봉록이 아주 많았는데, 그는 형이 받는 보수가 불의하다고 생각하여 그곳에서 밥을 먹지 않았고, 형의 집이 의롭지 않은 곳이라 여겨 함께 살지 않았다. 형을 피하고 어머니를 멀리하면서 오릉에서 홀로 살았던 것이다. 어느 날 그가 고향에 갔는데 마침 누군가 그의 형에게 살아 있는 오리를 바치는 것을 보았다. 그는 이마를 찌푸리면서 '이런 꽥꽥거리는 것을 어디에다 쓴단 말인가' 하고 비아냥거렸다. 며칠 뒤 그의 어머니가 이 오리를 잡아서 중자에게 먹이고 있었는데, 마침 밖에서 돌아온 형이 이 광경을 보고는 '그것이 바로 네가 말한 꽥꽥거리는 고깃덩어리가 아니던가?'라며 비웃었다. 진중자는 바로 밖으로 나와 먹던 것을 모두 토해버렸다.

그 후로 진중자는 어머니가 해준 밥은 먹지도 않으면서 부인이 해준 밥은 먹고, 형의 집에서는 살지 않으면서 누가 만든지도 모르는 오릉의 집에서는 살고 있다. 이렇게 하고도 여전히 자신의 고결함을 지키고 있다고 볼 수 있겠는가? 진중자처럼 고결함을 유지하려면 지렁이가 된 다음에야 가능할 것이다." 『맹자』 「등문공 하(滕文公下)」[2]

진중자는 누가 지은 것인지도 모르는 집에서 살고, 누가 만든 것인지도 모르는 곡식을 먹으며 살고 있다. 백이라는 청렴한 선비가 만든 것이라면 몰라도 혹여나 유명한 도둑인 도척이 만든 것이라면 어떡할 것인가? 이렇게 해서 과연 자신이 세운 고결함의 원칙을 지켜낼 수 있겠는가? 맹자는 진중자가 내세운 고결함이라는 것이 얼마나 허망하고 터무니없는 것인지 비판한 것이다.

고결함과 인륜

주자는 『맹자집주』에서 결벽증에 가까운 진중자의 고결함에 대한 집착에 관해 다음과 같이 비판한다.

> 지렁이는 사람들에게 바라는 것 없이 자족적인 삶을 살지만, 중자는 먹고사는 일로부터 벗어날 수 없다. 어머니가 해준 밥도 먹지 않고, 형의 집은 의롭지 않다고 생각해 살지 않음으로써 지조를 지켜냈다. 하지만 아내가 바꿔 온 식량과 오릉의 거처는 누가 만든 것인가. 그의 기준에 따르자면 백이가 만들어준 것이 아니라면 이 또한 불의한 것일 뿐이다. 중자는 어떤 곳에서는 먹지도 살지도 않겠다고 하면서, 다른 곳에서는 잘 먹고 잘 산다. 이것이 지조를 지키는 것인가? 다른 사람에게 구하지 않고 자족하려면 지렁이처럼 해야만 한다. 그래야만 자신의 지조를 만족시키면서 청렴한 존재가 될 수 있을

> 것이다. 그런데 사람이 어떻게 그렇게 할 수 있단 말인가?
> 하늘이 생성하고 땅이 키워준 것 가운데 사람이 가장 위대하다. 사람이 위대하다는 것은 인륜이 있기 때문이다. 중자는 형을 피하고 어미를 멀리했는데, 친척과 상하의 군신이 없다는 것은 인륜이 없는 것이다. 어찌 인륜도 없이 청렴할 수 있단 말인가?[3]

주자는 사회적 존재로서 갖추어야 할 천륜과, 부모자식 관계라는 인륜을 넘어선 고결함이 대체 무슨 가치가 있느냐고 비판했다. 지렁이야 아무것에도 의지하지 않고 홀로 살 수 있는 존재이지만, 사람은 누군가의 도움을 받지 않고는 살 수 없다. 사회적 관계를 벗어날 수 없는 사람에게 독야청청 홀로 순수함을 지켜내는 순도 100퍼센트의 고결함이란 불가능한 일인지도 모른다.

봄날 꽃향기는 말이 없지만, 그 주변으로 자연스레 사람들이 몰려든다. 그런데 내 주변에는 이런 고결한 향기를 내뿜는 사람들이 보이지 않는다. 어쩌면 우리가 기준을 너무 높게 잡고 있기 때문은 아닐까? 고결함에 대한 과도한 기대는 우리 삶을 힘들게 한다.

청렴은 고결함이 아니다

고결함이란 혼자 있을 때 풍겨 나오는 향기와 같은 것이 아니다. 앞서 맹자의 설명처럼 사회적 관계 속에서 발휘되는 것이다. 『사기』 「순리열전(循吏列傳)」은 백성들을 잘 다스린 우수

공무원들의 이야기를 모은 것이다. 여기서 관리로서 갖추어야 할 고결함은 청렴함으로 표현된다.

> 공의휴(公儀休)는 노(魯)나라의 박사(博士)였다. 어떤 빈객이 그에게 생선을 선물했는데 받지 않았다. 빈객이 그 이유를 물었다. "소문에 재상께서 생선을 좋아하신다고 하여 생선을 보낸 것인데 왜 받지 않는 것입니까?"
>
> 그가 대답했다. "생선을 좋아하기 때문에 받지 않은 것이오. 지금 나는 재상의 자리에 있기에 충분히 생선을 살 수 있소. 지금 생선을 받다가 파면되면, 누가 다시 나에게 생선을 주겠소? 그래서 나는 받지 않은 것이오." 『사기』 「순리열전」[4]

공의휴는 그 당시 대표적인 청렴한 관리였다. 공직자가 뇌물을 받으면 사적인 감정이 개입되어 공정하고 객관적인 판단을 내릴 수 없다. 그래서 뇌물을 받는 것은 관리로서 가장 치명적인 결격 사유다. 그런데 공의휴는 자신이 뇌물을 받지 않았던 것은 욕심이 없는 순수한 고결함 때문이 아니라, 뇌물로 인해 자리를 잃게 될지도 모른다는 걱정 때문이라고 솔직히 밝힌다. 어떤 고결한 도덕 때문이 아니라 이해타산의 결과에 따라 행동했음을 공공연하게 고백한 것이다.

청렴함이 반드시 고결함에서 비롯될 필요는 없다. 청렴함이란 제도를 준수하고 원칙을 지킨다는 사회적 약속에서 실현되는 것이다. 사마천은 순리란 법이 정한 원칙을 따르는 것[循理]이라고 말한다.

관리가 자기 직분에 충실하고 법이 정한 원칙을 따르면 잘 다스려지는 것이지, 여기에 무슨 위엄과 권위가 필요하겠는가. 『사기』「순리열전」[5]

이광 장군을 추모하기 위해 사람들이 몰려들었던 이유는 무엇이었을까? 사마천은 그의 도덕적 소양이나 품성에 대해서는 별다른 설명을 하지 않았다. 다만 그의 평소 행동거지는 평범하고 행색은 촌사람 같았으며 말도 그리 유창하지 않았다고 했다. 이광 장군이 고결한 품성을 갖춘 사람이었는지는 모르겠지만, 정해진 법과 원칙을 넘어서지 않는 관리의 품격을 지켜낸 것만은 분명해 보인다.

고결함에 대한 집착

고결함에 대한 부채 의식은 우리 삶의 구석구석에도 숨어 있다. 소스타인 베블런(Thorstein Bunde Veblen)은 『유한계급론』에서 고결함과 순수함은 여유 있는 사람들만이 가질 수 있다고 설명했다. 유한계급은 생산적인 활동에 종사하지 않기에 이익에서 자유롭고 순수하게 정신적인 활동에만 전념할 수 있다는 것이다.

책을 읽다 굶어 죽을지언정 머리는 숙이지 않겠다는 지식인들의 절개는 당장 눈앞의 생계를 걱정해야 하는 사람 입장에서는 사치로 보일 수 있다. 베블런의 관점에서 본다면, 진중자의 고결함에 대한 집착은 귀족, 즉 유한계급의 정신적 활동에 불과하다. 하루하루 먹고살기 위해 노동에서 벗어나지 못하는 평범한 사람들의 눈에는 그것이 과연 목숨을 걸 만한 일인지 의아하기만 하다. 세상 사람들이 모두 한결같이 고결함만 추구하며 살지는 않는다.

그런데 어떤 사람들은 생의 마지막 순간까지도 고결함을 잃지 않으려 최선을 다한다.

증자가 병상에서 위독하였다. 침대 옆에는 제자들과 자식들이 앉아 임종을 지키고 있었고 동자 한 명이 방구석에서 촛불을 들고 있었다. 동자가 침대에 깔린 자리를 보더니 말했다.

"우와! 정말 화려하군요. 이것은 대부(大夫)가 사용하는 자리 아닌가요?"

옆에서 이 말을 들은 제자가 참지 못하고 말했다. "그만하거라!"

증자가 이 대화를 듣고는 한숨을 쉬었다.

동자가 다시 말했다. "정말 화려하네요. 대부가 사용하는 자리 맞지요?"

이제야 증자가 말했다. "그렇다. 이것은 계손씨(季孫氏)가 나에게 선물한 것이다. 내가 아직 다른 것으로 바꾸지 못했구나. 얘들아, 일어나서 자리를 바꾸거라."

아들 증원(曾元)이 말했다. "아버님의 병이 위중하여 움직이기도 어렵습니다. 내일 아침에 해가 뜨면 그때 바꾸어드리겠습니다."

이에 증자가 말했다. "네가 나를 위하는 마음이 저 아이만도 못하구나. 군자가 다른 사람을 아끼는 것은 덕으로 하고, 소인이 남을 아끼는 것은 구차하게 편안한 것만 살핀다. 내가 무엇을 바라겠느냐? 나는 바른 것을 얻고 죽겠다. 그것이면 충분하다."

이에 여러 사람이 증자를 부축해 일으키고 자리를 바꿨다. 증자는 새 자리에 다시 눕기도 전에 숨을 거두고 말았다. 『예기』「단궁 상(檀弓上)」[6]

위대한 스승의 임종을 앞둔 심각한 순간이지만, 순진한 아이의 눈에는 화려한 침대 장식만 들어왔다. 제자들은 분위기 파악 못 하는 철없는 동자의 지적에 야단을 쳤지만, 이를 지켜본 증자의 마음은 편치 않았다. 일부러 그런 것은 아니었지만, 자신의 침대 장식이 대부들만이 누릴 수 있는 장식임을 알게 된 것이다. 자신의 위치에 맞는 예절을 강조하며 살아왔던 평생의 원칙이 흔들린 순간이다. 증자는 병이 위급하여 움직이기 어려운 순간에도 예를 지키지 않는 상태를 견딜 수 없었다.

증자가 죽는 순간까지도 올바름의 기준을 잃지 않으려 노력한 사람이었던 것은 분명하다. 끝까지 고결함의 가치를 고수해온 이런 사람들 덕분에 인간이 금수와 다른 존재가 된 것 역시 분명하다.

우리 사회의 어떤 정치인은 작은 잘못이라도 스스로 책임지기 위해 비극적인 선택을 하기도 했다. 고결함을 지키는 것을 자신의 정치적 의무로 생각했던 그의 숭고한 선택을 우리는 존중한다. 하지만 평범한 사람들이 고결함에 몰두했던 진중자와 증자의 뒤를 따르기란 벅찬 일이다. 사람들이 향기를 맡고 몰려드는 배꽃과 복사꽃의 고결함과, 관직을 오래 유지하기 위해 뇌물을 받지 않았다는 솔직함, 그 사이 어딘가가 우리가 있을 자리가 아닐까? 고결함에 대한 집착, 이제는 놓아줄 때도 되지 않았을까.

안 될 줄 알면서도 하는

안 될 줄 알면서도 행하는 그 사람 말이군.
是知其不可而爲之者與?

포기할 줄 몰랐던 공자

공자는 안 될 줄 알면서도 포기하지 않고 행동하는 사람이었다. 천하를 주유하면서 자신이 생각하는 정치를 실현하기 위해 노력했지만 성공하지 못했다. 그럼에도 그는 멈추지 않았다. 이런 모습을 지켜본 사람들에게 공자는 번번이 실패하면서도 포기할 줄 모르는 사람으로 보였을 것이다.

> 자로가 석문(石門)에 묵었을 때 성문을 지키는 문지기가 어디에서 왔느냐고 물었다. 자로가 공자의 문하에서 왔다고 하자 문지기가 말했다. "아! 안 될 줄 알면서도 행하는 그 사람 말이군." 『논어』「헌문(憲問)」[1]

자로를 처음 본 성문의 문지기가 이렇게 이야기할 정도라면 그에 대한 평가는 같은 시대를 살았던 많은 이들의 공통된 생각이었을 것으로 보인다.

후대 주석가들은 새벽에 성문을 여는 사람이라는 뜻의 신문(晨門)에 대해 다음과 같이 추측했다. 새벽에 성문을 여닫는 문지기 가운데 자신을 드러내지 않는 은둔자들이 많았다. 은둔자들은 해봤자 안 된다는 것을 깨닫고 세상의 주목을 피해 살고 있었다. 은둔자로 추정되는 문지기의 비난에는 아마도 부러움과 비아냥거림이 섞여 있었을 것이다.

포기하지 않는 숭고함

안 되는 줄 알면서도 자신의 신념을 포기하지 않는 사람들의 행동은 위대하고 숭고한 비극으로 기억된다. 철학자 김상봉은 그리스 비극이 보여주는 정신의 위대함과 숭고함은 그것이 당함의 비극이 아니라 행함의 비극을 보여준다는 데 있다고 설명한다. 어찌할 수 없는 운명의 힘이나 폭력적인 정치권력 앞에서 무기력하게 파멸할 수밖에 없다는 것을 알면서도 자유로운 인간은 자신의 신념을 굽히지 않는다. 이런 사람들은 자기의 신념에 따라 자유로이 결단하고 행동한다. 바로 이 자유로운 결단과 행위가 비극을 낳는 것이다. 이런 의미에서 그리스 비극은 당함의 비극이 아니라 행함의 비극이라고 보아야 한다는 주장이다.[2]

인간 정신의 숭고한 아름다움이란 운명에 순응하여 당하는 것이 아니라, 운명을 거부하고 행동하는 데 있다. 이런 숭고한 비극은 현실에서의 보상으로 연결되지 않는 유교의 비극적 세계관과 유사하다. 공자의 사상에는 행위에 대한 인과응보의 보상 개념이 빠져 있다. 착한 일을 한다고 해서 다음 생이나 천국에서 보상받을 것이라는 기약은 없다. 공자에게 도덕은 스스로 부끄럽지 않아야 한다는 당위에 그칠 뿐, 보상을 바라지 않는 실천만이 중요했다. 그래서 그는 보상이 보장되지 않은 일에도 최선을 다했다.

'안 되는 줄 알면서도 행하는 그 사람'이라는 평가에서 누군가는 세상 물정 모르는 이상주의자의 모습을 읽기도 하고, 누군가는 보상 없는 순수한 실천만을 강조한 고집스러운 원칙주의자의 모습을 읽어내기도 할 것이다.

사마천은 자신이 왜 『사기』를 저술했는지 그 동기를 밝힌 글에서 다음과 같이 썼다. "내가 과거 역사 기록을 살펴보니 이런 비극의 주인공들이 한둘이 아니었다. 나는 이들의 이야기가 그냥 사라지는 것을 견딜 수 없었다. 내가 이 책을 쓴 이유는 이런 숭고한 이야기가 사람들의 기억에서 잊히지 않도록 하고 싶었기 때문이다."

사마천이 언급한 비극의 주인공 가운데 가장 대표적인 사람은 공자의 제자 안연(顔淵)이다. 『사기』「중니제자열전」에는 안연의 비극적 생애가 다음과 같이 기록되어 있다. "안연은 29세에 머리가 하얗게 세더니 젊은 나이에 죽었다. 공자는 제자의 죽음을 매우 슬퍼하고 가슴 아파하며 소리 내어 울면서 탄식했다." 안연의 부고를 듣고 슬퍼하는 공자의 모습은 『논어』에 더 생생히 담겨 있다.

> 안연이 죽었다. 공자가 꺼이꺼이 울면서 이렇게 소리쳤다.
> "하늘이 나를 망하게 한다, 하늘이 나를 망하게 한다."

顔淵死, 子曰噫, 天喪予, 天喪予. 『논어』「선진」

울음을 의미하는 한자 가운데 억(噫) 자는 가장 슬퍼하는, 꺼이꺼이 우는 모습을 나타낸다. 안연은 생활이 궁핍하여 굶어 죽었다고도 전해진다. 스승 공자 못지않게 세상이 알아주지 않은 비극의 주인공이었다. 자신과 처지가 비슷한 제자의 죽음 앞에서 소리 내어 우는 공자의 모습이 눈앞에 선하다.

이런 공자에게 해보지도 않고 포기하려는 제자의 변명은 용납할 수 없는 것이었다.

염구(冉求)가 말했다. "선생님의 도가 싫지는 않은데 제가 그것을 할 힘이 없네요."

공자가 말했다. "힘이 부족하다는 것은 실행하는 과정에서 그만두는 것인데, 너는 해보지도 않고 미리 마음의 선을 긋고 있구나."

冉求曰, 非不說子之道, 力不足也. 子曰, 力不足者, 中道而廢. 今女畫. 『논어』「옹야(雍也)」

여기서 화(畫) 자는 획(劃)의 의미로, 경계를 분명히 나눈다는 뜻이다. 갑골문 畫 자는 손에 붓을 들고 무언가를 그리는 모습이었다. 그런데 금문에서는 그 대상이 밭의 경계선으로 바뀌었고, 이때부터 '토지의 경계를 구분하다'라는 의미를 나타냈다. 농업 사회의 발전으로 인해 토지의 경계를 나누는 것이 중요해졌음을 보여주는 글자다. 나중에 날카로운 무언가로 경계를 표시했다는 의미에서 도(刀) 자가 추가된 劃 자가 생겨나 구획(區劃) 짓다는 의미를 나타내기 시작했다.

염구는 공자의 이상이 나쁘지 않다는 것을 머리로는 알고 있었다. 하지만 현실적으로 그것이 실현될 수 없을 것이라며 마음의 선을 확실하게 그었다. 안 되는 줄 알면서도 포기할 줄 몰랐던 공자에게 제자의 이런 태도는 실망스럽기 그지없었을 것이다.

우리도 살다 보면 비슷한 경험을 할 때가 있다. 가능성이 낮아 보이면 일찌감치 선을 긋고 나와는 상관없는 일이라며 냉정하게 돌아서는 사람들 때문에 절망하는 일이 생긴다. 그래서 우리는 체념하는 제자를 바라보는 공자의 안타까운 마음을 이해할 수 있다.

하지 않는 것과 할 수 없는 것

사람들은 대부분 가능성이 없어 보이는 일은 하지 못하겠다고 선을 긋는다. 하지만 하지 못하는 것 가운데 어떤 것들은 할 수 있음에도 불구하고 하지 않는 것일 수도 있다. 맹자는 하지 않는 것과 못 하는 것의 차이에 대해 자세히 설명한다.

> 누군가 왕에게 이렇게 말했다고 합시다. "백균(百鈞)의 무게를 거뜬히 들어 올릴 힘이 있지만 깃털 하나도 들지 못하고, 새로 돋아난 미세한 털도 분간할 수 있지만 수레 가득한 땔감은 보지 못합니다." 왕께서는 이 말을 인정하시겠습니까?
>
> 왕이 말했다. "그럴 수 없겠지요."
>
> "그렇다면 지금 왕의 은혜로운 마음이 짐승에게까지도 미

치는데, 막상 그 공이 백성에게까지 이르지 못한 것은 무슨 까닭입니까? 깃털 하나 들지 못한다는 것은 힘을 쓰지 않은 것이고, 수레 가득한 땔감을 보지 못하는 것은 사실은 눈을 쓰지 않은 것입니다. 백성들이 보호받지 못한 것은 그 은혜를 베풀지 않은 것입니다. 왕께서 진정한 왕으로 인정받지 못한 것은 하지 않은 것 때문이지, 할 수 없는 것 때문이 아닙니다." 『맹자』 「양혜왕 상(梁惠王上)」[3]

백균의 무게도 들 수 있는 사람이 깃털을 들지 못하는 것은, 못 하는 것이 아니라 힘을 쓰지 않은 것이다. 작은 털을 분간할 수 있는 시력을 가지고 있는데 수레 가득한 땔감을 못 보았다는 것 역시 못 하는 것이 아니라 보려고 하지 않은 것이다. 왕이 은혜를 베풀 수 있는 능력을 갖추고 있는데도 백성들이 은혜를 입지 못했다면, 그것은 왕이 못 한 것이 아니라 하지 않았기 때문이다.

맹자는 이렇게 하지 않은 것과 할 수 없는 것의 차이를 계속 이야기한다.

왕이 물었다. "하지 않은 것과 할 수 없는 것은 어떻게 다릅니까?"

"어떤 사람이 태산을 옆구리에 끼고 북해를 뛰어넘는 것을 '나는 할 수 없다'라고 말한다면, 이것은 정말로 할 수 없는 것입니다. 그런데 그가 만약 어른을 위해 허리를 굽혀 인사하는 것을 '나는 할 수 없다'라고 말한다면, 이것은 하지 않는 것이지 할 수 없는 것이 아닙니다.

지금 왕께서 진정한 왕이 되지 못한 것은 태산을 끼고 북해를 건너는 것처럼 '할 수 없는 것'이 아니라, 어른에게 허리를 굽혀 절하지 않는 것처럼 '하지 않는 것'입니다. 집안 어른을 공경하는 마음이 다른 집 어른에게까지 미치고, 집안 아이를 아끼는 마음이 다른 아이에게까지 미친다면, 천하를 손바닥 위에서 움직일 수 있을 것입니다." 『맹자』 「양혜왕 상」[4]

태산을 옆구리에 끼고 북해를 건너는 것은 누가 봐도 불가능한 일이다. 그것은 누구도 할 수 없는 일이다. 그러나 허리를 굽혀 어른에게 존경을 표하는 것은 누구나 쉽게 할 수 있다. 다만 귀찮아서 하지 않을 뿐이다. 어렵고 힘들어서 못 하는 것이 아니라, 작고 사소하며 쉬운 것이지만 사람들이 하지 않을 뿐이다.

세상의 어른들을 자기 부모처럼 대하고 세상의 아이들을 자기 자식처럼 생각하는 것은 누구나 할 수 있는 작고 사소한 실천이다. 대중 앞에서 거창한 구호를 외치거나 요란하게 선동할 필요 없이, 그저 내 일상생활 가까운 곳에서부터 조용히 실천할 수 있는 일이다.

맹자가 보기에 지금 왕이 제대로 역할을 하지 못하는 것은 무슨 대단한 성과를 내지 못했기 때문이 아니다. 지금 당장 할 수 있는 일부터 하지 않았기 때문이다. 사랑의 실천은 어렵고 멀리 있는 것이 아니다. 나와 가까운 곳부터 시작하는 것이다. 내가 지금 이곳에서 실천할 수 있는 작은 행동에서부터 비롯되는 것이다.

할 수 없는 일에 매달리는 것은 의지가 아니라 집착일 수 있다. 하지 않은 것 때문에 발생한 책임은 회피할 수 없지만, 할 수 없는 일을 못 했다고 비난할 수는 없다. 우리 삶을 돌아보면, 할 수 없는 것과 할 수 있음에도 하지 않는 것을 구분하기란 어렵지 않다. 하지만 많은 사람들은 이 경계선에서 머뭇거린다. 할 수 없다고 미리 선을 그어버린 염구처럼 말이다.

공자는 많은 사람들이 할 수 없는 일이라고 한 것도 포기할 줄 몰랐다. 그래서 사람들은 이렇게 말했다. "아! 공자, 그 사람? 안 될 줄 알면서도 하는 그 사람 말이군."

작은 것도 크게 쓸 줄 아는

여름벌레에게 얼음을 말해도 소용없는 것이다.
夏蟲不可以語於氷者, 篤於時也.

바다를 보고 탄식한 이유

『장자』「추수(秋水)」 편은 “가을이 되어 물이 불어나면 모든 강물이 다 황하로 흘러든다”라는 시적인 문구로 시작된다.

> 가을이 되어 물이 불어나면 모든 강물이 다 황하로 흘러든다. 이때 물줄기가 얼마나 큰지 강 건너편 언덕의 소와 말도 구분할 수 없을 정도다. 황하의 신 하백(河伯)은 자기가 세상에서 가장 아름다운 광경을 만들었다는 자부심에 이 풍경을 흐뭇하게 바라봤다. 그는 강물을 따라 동쪽으로 흘러 북해에 도착했다. 고개를 들어 먼 동쪽을 바라보니 바다의 끝이 보이지 않았다. 이때 하백은 자신의 보잘것없는 모습을 돌아보았다. 다시 고개를 들어 망망대해를 바라보며 북해의 약(若)에게 이렇게 말했다.
>
> “옛말에 겨우 백 번 도를 듣고 자기보다 뛰어난 사람은 없

다고 생각하는 사람이 있었다더니, 그게 바로 나를 두고 하는 말이었군요. 전에 누군가가 공자의 학문은 보잘것없고 백이의 절개는 가볍기 그지없다고 했는데 그때는 그 말을 믿지 않았지요. 그런데 지금 당신의 무궁무진함을 보고 나니 알겠습니다. 당신을 만나지 못했다면 큰일 날 뻔했네요. 두고두고 대가들의 웃음거리가 되었을 것입니다."

그러자 북해의 약이 말했다. "우물 속 개구리에게 바다를 이야기해봤자 소용이 없는 것은 공간에 갇혀 있기 때문이지요. 여름벌레에게 얼음에 대해 이야기해도 알아듣지 못하는 것은 시간의 제약을 받고 있기 때문입니다. 천박한 사람에게 고상한 도를 이야기해도 이해하지 못하는 것은 자신이 배운 것에 구속되기 때문입니다. 지금 그대는 강물에서 벗어나 큰 바다를 보자마자 바로 부족함을 알게 되었습니다. 그대에게는 큰 도리에 대해 이야기해도 좋겠습니다." 『장자』「추수」[1]

황하를 바라보며 자기가 세상에서 가장 뛰어난 존재라고 믿었던 하백은 바다를 보자마자 자신의 한계를 곧바로 인정했다. 북해의 약은 하백의 이런 태도를 높이 평가하여 그와 함께 큰 도를 이야기할 수 있겠다고 했다.

개구리는 공간에, 여름벌레는 시간에, 그리고 어설픈 지식인은 자기가 배운 것에 갇혀 있어서 보다 큰 세상이 있다는 것을 알지 못한다. 본인이 갇혀 있다는 사실도 자각하지 못한다. 그 안에서 자기가 최고라고 도취해 있다. 도취(陶醉)란 어떤 것에 마음이 쏠려 취한 것처럼 만족한 상태를 말한다. 마음의 위안을 얻기 위해 어떤 정서적 상태에 침잠하는 것을 말하기도 한다.

『장자』의 이 고사에서 '큰 바다를 바라보자 탄식이 나온다'라는 망양흥탄(望洋興嘆)이라는 성어가 만들어졌다. 다른 사람의 뛰어난 능력을 보고 자신의 부족함을 깨달아 탄식하는 경우 쓰인다.

큰 바다를 본 사람

우리는 수평선이 넓게 펼쳐진 광대한 바다를 처음 본 순간을 대부분 기억하고 있을 것이다. 맹자는 바다를 본 사람에게는 함부로 물에 대해 이야기하지 말라고 했다.

> 공자는 동산에 올라 노나라를 작다고 했고, 태산에 올라서는 천하를 작다고 했다. 그래서 바다를 본 사람에게는 함부로 물에 대해 말하지 말고, 성인의 문하에서 배운 사람과는 함부로 논쟁하지 말라고 했다.
>
> 孟子曰, 孔子登東山而小魯, 登太山而小天下. 故觀於海者難為水, 遊於聖人之門者難為言. 『맹자』「진심 상」

거대한 망망대해를 본 사람이라면 웬만한 물은 거들떠보지도 않을 것이다. 개구리에게 바다를 한번 보여주면 다시는 우물이 깊다는 말은 꺼내지 못할 것이다.

그런데 신영복 선생은 맹자가 이런 오만한 기상을 이야기할 리 없다며 '한번 바다를 본 사람은 그 뒤로는 물에 대해 함부로 이야기하지 않는다'라고 해석한다. 그러면 뒷 구절도 '성인에게 배운 사람은 말을 함부로 하지 않는다'라는 겸손한 태도로 읽어낼 수 있다. 그런데 이렇게 해석하면 태산에 올라 천하를 작게 여겼다는 앞 구절 속 공자의 활달한 기상과는 아무래도 잘 호응이 되지 않는다.

태산에 올라가보면 많은 사람들이 공자가 호연지기(浩然之氣)를 보였던 장소가 어디인지 수소문한다. 공자께서 태산에 올라 천하를 작게 여겼다면, 맹자께서는 바다를 한번 보고 세상을 하찮게 여겼다는 해석이 많은 사람의 상식이 되어버린 것이다.

바닷가에 사는 경우가 아니라면 현대인들은 바다를 한번 보려면 큰맘 먹어야 한다. 진시황도 바다를 보고 싶어 몇 번이나 동해를 찾았다. 고대 중국의 중원에 살던 사람들은 바다를 보기 쉽지 않았다. 거리도 멀었을뿐더러 고대 중국의 바닷가는 지금처럼 개발되지 않아서 사람들이 거의 살지 않았기 때문이다. 명(明)나라 때는 해적의 노략질에 지친 황제가 아예 바다로부터 일정 거리 이내에는 거주를 금지하기도 했다.

그래서인지 공자가 태산에 올라 노나라를 작게 여겼다는 이야기는 많은 사람에게 회자되었지만, 맹자의 바다 이야기는 잘 알려지지 않았다. 넓은 땅에 워낙 많은 것들이 있는[地大物博(지대물박)] 환경 덕분에 최근까지도 중국 문명은 바다에는 상대적으로 관심을 덜 두었다.

고대 중국인들에게는 황하가 그나마 큰 물로 여겨졌다. 황하의 신 하백은 황하라는 큰 물을 알고 있었기에 바다라는 거대한 물도 감당할 수 있었다. 하지만 우물 속 개구리나 여름벌레들은 너무 거대한 것을 마주하면 부담스러워 쉽게 감당할 엄두를 내지 못한다.

큰 것을 사용하는 데 서툰 사람

장자는 우리가 기존의 사고에 갇혀 있기 때문에 큰 것을 제대로 다루지 못한다고 설명한다. 발상을 조금만 전환하면 아무리 큰 것도 문제가 되지 않는데 말이다. 장자는 이런 생각의 전환이 가진 힘을, 우리 상식을 뛰어넘는 예측 불가의 흥미진진한 이야기로 전한다.

혜시(惠施)가 장자에게 말했다. "위나라 왕이 나에게 큰 박씨를 선물로 주었다네. 그것을 심어 열매가 열렸는데 크기가 너무나 크더군. 그 안에 물을 담았더니 너무 무거워서 들 수가 없고, 두 쪽으로 쪼개어 바가지를 만들자니 바닥이 낮아서 무얼 담을 수도 없었지. 쓸데없이 크기만 한 것이 아닌가? 나는 그만 화가 나서 부숴버리고 말았다네."

그러자 장자가 말했다. "자네는 참으로 큰 것을 쓸 줄 모르는군. 물일을 해도 손이 트지 않는 약을 만드는 송(宋)나라 사람 이야기를 해주지. 그는 그 특수한 약 덕분에 대대로 솜을 물에 빠는 일을 할 수 있었다네. 어느 날 한 나그네가 찾아와 백금을 줄 테니 그 비법을 팔라고 했다네. 송나라 사람은 고민 끝에 가족들을 불러놓고 이렇게 말했다네. '우리 가문은 대대로 옷을 세탁하는 일을 해왔지만, 그동안 푼돈밖에 벌지 못했네. 이제 그 비법을 팔면 하루아침에 백금을 얻게 되니 얼마나 좋은가?'

이에 가족들 모두 비법을 팔자고 했다네. 비법을 산 나그네는 곧바로 오(吳)나라 왕을 찾아가 유세를 했어. 월(越)나라와 전쟁 중이던 왕은 그를 장군으로 임명했고, 겨울 수전에서 대승을 거두었지. 왕은 그에게 영지까지 하사했다네. 손 트는 것을 방지하는 방법은 하나인데 누구는 그것으로 영지를 받았고, 누구는 옷 빠는 일을 면하지 못했으니 이것은 쓰는 법이 달랐기 때문이라네. 지금 자네는 커다란 박으로 큰 배를 만들어 강호에 띄울 생각을 못 하고 커서 쓸 데가 없다고 근심하고 있구먼. 꼬불꼬불한 쑥대처럼 쪼잔한 마음이 아니고 무엇이겠는가." 『장자』「소요유(逍遙遊)」[2]

이 고사에서는 큰 것을 사용하는 데 서툰 두 가지 차원의 이야기가 담겨 있다. 큰 박을 제대로 사용하지 못한 혜시와, 작은 비법을 국가 차원에서 활용하지 못한 세탁업자의 이야기다. 큰 박을 선물받은 혜시는 그것으로 큰 배를 만들 생각을 하지 못하고 쓸데없다고 여겨 부숴버렸다. 혜시의 마음은 크지 못해, 배를 만들어 강호에 띄운다는 발상의 전환을 하지 못했다.

겨울에도 손이 트지 않는 비법을 아는 세탁업자는 백금에 만족했다. 하지만 나그네는 그것으로 한 나라의 장군이 되어 수전을 지휘해 승리를 거두고 영지까지 받았다. 혜시와 세탁업자처럼 '크게 쓰는 방법에 서툰 태도'를 졸어용대(拙於用大)라고 한다. 졸어용대의 원인은 결국 기술이 없어서가 아니라 발상을 전환하지 못했기 때문이다. 혜시는 큰 것을 제대로 사용할 줄 몰랐고, 세탁업자는 작은 것을 크게 쓸 생각을 못 했다. 모두 생각의 틀을 벗어나지 못한 것이다.

눈앞에 아무리 큰 것이 막고 있더라도 굽히지 않고 자기가 생각한 바를 밀고 나가는 태도를 가리켜 '배포가 두둑하다'라고 한다. 큰 것을 쓸 줄 알려면 배포가 있어야 한다. 배포(排布)를 그대로 풀이하면 가지런하게 배열한다는 뜻이다. 여기서 머리를 써서 조리 있게 계획한다는 지금의 의미가 생겨났다. 배포가 있다는 것은 막무가내로 덤비는 것이 아니라 조리 있게 상황을 분석하고 체계적으로 배치한 다음 그것들을 창의적으로 재배치하는 것이다.

자신이 사는 공간이나 지금 이 순간에 도취되어 만족하는 개구리와 여름벌레에게는 배포가 없다. 바다를 보고도 두려워하지 않고 스스로를 돌아볼 줄 아는 배포를 가진 하백만이 발상의 전환을 통해 졸어용대에 빠지지 않았다.

장자는 인간의 인식과 세계관 같은 어렵고 거대한 이야기를 '가을 물'[秋水(추수)]이라는 사물을 통해 낭만적으로 풀어낸다. 우리 주위의 작고 사소한 것들도 크고 소중하게 사용할 줄 아는 용대(用大)한 사람이었던 것이다.

2부

관계의 날말들

진정한 자아라는 허상

조금 전에는 장자가 나비가 된 꿈을 꾸었고,
꿈에서 깬 지금은 나비가 장자가 된 꿈을 꾸고 있는지도 모른다.
不知周之夢爲蝴蝶與, 蝴蝶之夢爲周與.

사람들은 왜 이야기에 집착하는가

미술관에 들어서면 보통 조용한 분위기에 말을 삼가게 되지만 마음 한편은 전시된 작품에 담긴 의미를 찾느라 분주해진다. 평범한 사물을 볼 때마다 어떤 상징이나 의미를 찾지는 않지만 무슨 이유에선지 미술 작품 앞에만 서면 그것에 담긴 의미를 파악하려고 진지해지는 것이다. 작품 앞에 선 '나'는 왜 아무 생각 없이 그저 바라보지 못하는 걸까?

어렵게 찾아낸 의미가 몇 개의 단어에 불과할 때도 있다. 보통은 자연스러운 이야기로 구성할 수 있어야 만족스럽다. 정 모르겠을 때는 다른 사람이 만들어놓은 이야기라도 들어야 마음이 편하다. 그 작품과 관련된 그럴싸한 이야기가 내적 논리를 가지고 합당한 결론으로 끝을 맺으면 그제야 마음이 놓인다. 사람들이 이처럼 무지의 상태를 견디지 못하고 의미를 찾아내기 위해 어떻게든 이야기를 구성하려고 애쓰는 이유는 무엇일까? 최근에는 진화론적 관점에서 인간이 이야기에 집착하는 이유를 설명하기도 한다.

진화생물학의 영향을 받은 영문학자 조너선 갓셜(Jonathan Gottschall)은 호모사피엔스를 '스토리텔링 애니멀'이라고 칭했다. 인간은 아주 작은 일이라도 원인과 결과를 담은 이야기로 설명해내려고 애쓴다는 것이다. 아주 사소한 사건도 개별적으로 고립되어서는 안 되며 반드시 다른 사건들의 원인 혹은 결과 둘 중 하나에 속해야 한다.

진화심리학자들은 인간이 이렇게 이야기를 추구하는 것은 인지부조화를 줄이려는 강박에서 비롯된 것이라고 본다. 인간은 자신이 한 일과 자신에게 영향을 미치는 일에 의미를 부여하려 노력한다. 여기에 인간의 생존이 달려 있기 때문이다. 자신의 주변에서 발생한 사건을 적절하게 해석하지 못하는 사람은 생존을 장담할 수 없었다. 그래서 인간은 원인이 밝혀지지 않았거나 우연의 일치로 생겨난 사건들에 대해 불안감을 갖게 된다. 의미 있는 해석을 도출해내지 못한다면 억지로 지어내서라도 이야기를 만들어야 안심할 수 있었던 것이다.[1]

프리드리히 니체(Friedrich Nietzsche)는 『우상의 황혼』에서 모르는 것이 있을 때 인간은 불안함과 초조함을 느낀다고 설명한다. 모르는 무언가를 추적해 알게 되면 안도하고 만족하며, 그 순간 큰 힘을 가진 것처럼 든든한 느낌마저 든다. 모르면 불안하기에 무엇이 되었든 설명할 수 있는 것이 그러지 못하는 것보다 낫다고 여긴다. 불안함을 떨쳐내는 것이 중요하기 때문에 어떤 설명에 기대든 상관하지 않는다. 모르는 것이 아는 것으로 전환되는 바로 그 순간, 그것은 진실로 받아들

여지고 인간은 평온을 되찾는다. 인간이 느끼는 평온함은 설명의 옳고 그름과는 무관하다.[2]

사이비 종교가 어설프고 허점투성이인 논리로 구성된 것처럼 보이지만, 무지의 불안함을 견딜 수 없는 이들은 그 이야기 속에서 평화를 찾기도 한다. 그래서 첨단 과학이 발전한 지금도 수많은 유사종교에 신자들이 몰려드는 것이다. 우리가 난해한 미술 작품에서 이야기를 찾아내려 안간힘을 쓰는 것 역시 무지가 주는 불안함을 견디기 위함은 아닐까.

자아 정체성이라는 그럴싸한 이야기

사람들은 자기 자신에 대해서도 그럴싸한 이야기를 만들어야 한다는 강박에 시달린다. 그 결과가 바로 자아 정체성이라는 정체불명의 존재다. 미치오 가쿠는 『마음의 미래』에서 인간은 혼돈 속에서 질서를 찾고, 모든 것을 하나의 일관된 이야기로 엮으려는 경향이 있는데, 이 모든 것을 좌뇌가 관장한다고 설명한다. 하나로 통일된 '나'라는 느낌은 여기서 생겨난다. 의식 속에는 서로 경쟁하면서 종종 모순까지 일으키는 여러 경향이 혼재되어 있지만, 좌뇌는 모든 불일치를 무시하고 논리의 틈새를 어떻게든 메워서 '하나로 통일된 나'라는 느낌을 만들어낸다.

일관된 '나'라는 존재는 예측불허의 혼란스러운 세상을 견딜 수 있게 해준다. 타인을 이해할 때도 우리는 그들에게서 일관된 무언가를 찾고 싶어 한다. 특정 나이대의 사람들을 X세대, MZ세대로 구분하는 것은 일관된 몇 가지 특성만으로 그들을 손쉽게 이해하기 위한 분류법이다. 이런 효율적인 명명법은 아주 오래전부터 시작되었다.

> 공자가 말했다. "나는 열다섯 살에 학문에 뜻을 두었고, 서른에 정체성을 확립했고, 사십에는 그 어떤 유혹에도 넘어가지 않았으며, 오십에는 세상의 법칙을 알게 되었고, 육십이 되자 세상 사람들의 말을 거스르지 않고 따르게 되었고, 칠십에는 자기 하고 싶은 대로 하더라도 규칙에 어긋나지 않았다." 『논어』「위정」[3]

공자는 자신의 성장 스토리를 담담하게 이야기했을 뿐이지만 후대 사람들은 위대한 성인의 인생사에서 각 세대를 대표하는 명명법을 찾아냈다. 십 대에서 칠십 대까지의 나이를 십진법 단위로 잘라 지학(志學), 이립(而立), 불혹(不惑), 지천명(知天命), 이순(耳順), 종심(從心)과 같은 세대명을 만든 것이다.

지금도 어느 교실에서는 공부 안 하는 학생들이 공자님의 십 대 시절[志學]과 비교되며 핀잔을 듣고 있을지도 모른다. 춘추시대 한 남성의 일대기로 모든 시대의 세대별 정체성을 규정하는 것이 맞는지 모르겠지만, 이렇게 공식화된 인생 사이클은 현대인의 무의식 속에도 남아 있다. 학창 시절에는 공부에 전념해야 하고, 서른 즈음에는 인생의 목표를 세워야[而立] 한다고 여긴다. 마흔이 되어서는 유혹에 흔들리는[不惑] 자신이 부끄러워지고, 지천명(知天命)인 오십 대에는 세상 돌아가는 법칙 정도는 눈에 들어와야 할 것 같다. 자식들을 호통치고 난 뒤 육십이 되어서 귀가 순해졌다는[耳順] 공자의 겸허함에 얼굴이 화끈거린다. 〈서른 즈음에〉라는 노래가 유행하고, "마흔에 읽어야 할", "오십 대를 위한" 책들이 잘 팔리는 이유는 무엇일까. 그 나이쯤 되면 당연히 갖추어야 할 덕목이 있다는 함정에 빠져 있기 때문은 아닐까.

그런가 하면 상식에 어긋나는 행동을 하고 억지만 부리는 사람들 가운데도 정체성 신봉자들이 적지 않다. 공자는 칠십 대에 자기가 하고 싶은 대로 하더라도[從心] 자연의 법칙에 위배되지 않았다[不踰矩(불유구)]고 했다. 나이가 들어서 한 모든 행동은 세상의 이치에서 벗어나지 않았음을 강조한 것이다. 그런데 요즘은 이 대목에서 "하고 싶은 대로"만 잘라내 주변에 아랑곳하지 않고 억지만 부리는 자기 행동을 합리화하는 나이 든 사람들도 있다.

자아 정체성은 왜 필요한가

사람을 나이별로 유형화하거나 개인을 단일한 정체성으로 정의하려는 집착은 어디에서 비롯된 것일까? 진화생물학자 조지프 헨릭(Joseph Henrich)은 단일한 자아에 대한 집착을 사회화의 결과라고 주장한다. 대대로 친족들끼리 모여 살았던 집약적 친족 사회에서는 개인에게 각기 다른 정체성이 허용되었다. 반면 익명의 존재들이 함께 모여 사는 도시 사회로 변화하면서 개인은 일관된 모습을 가져야 했다. 비개인적 시장과 유동적 관계로 이루어진 세계는 다양한 분야에 전문화된 독특한 개인적 특성만이 아니라 맥락이나 관계와 상관없는 일관성 역시 선호한다. 서로 모르는 대상과 계약관계를 유지하기 위해서는 독특한 개성이 제거된, 단일하고 일관된 모습으로 신뢰를 보여야 하기 때문이다.

개인들은 어떤 상황에서도 일관되게 '자기 자신'이 되는 것을 추구했고, 다른 사람이 이런 일관성을 보이지 않으면 부정적으로 판단했다. 이때부터 어떤 사람의 행동을 평가할 때 맥락이나 관계와 상관없이 그 사람의 개인적 성향을 탓하고, 일관성이 없는 사람은 불편해하기 시작했다. 사람들은 끊임없이 '진정한 자아'를 찾고자 해왔다.[4]

결국 정체성이란 나 자신에 대한 호기심이 아니라, 다른 사람에게 단일한 모습을 보여야 한다는 필요성에서 비롯된 것이다. 서로를 잘 알고 지내는 가족 안에서도 나의 모습은 다양하다. 가령, 가족 내에서 '나'는 아버지 앞에서는 순종적이고, 어머니에게는 까칠하며, 형제에게는 못된 놈이라는 다양한 정체성을 갖는다. 하지만 가족 누구도 이런 다면적인 모습을 혼란스러워하지 않는다.

하지만 학교와 직장에서 여러 모습을 보인다면 사람들은 당황할 것이다. 입사 면접이나 중요한 계약을 앞두고 있을 때면 가급적 단일하고 일관된 나의 정체성을 만들어 보여주어야 한다. 자기소개서에 분열된 정체성을 서술한다고 생각해보라. 누가 이런 사람을 믿고 뽑아주겠는가. 계약서를 쓴 오늘의 '나'와 지불을 이행할 내일의 '나'가 다른 모습이라면, 누가 나를 믿고 계약서에 사인을 해주겠는가. 이런 사회적 경험들이 쌓이며 우리는 단일한 정체성을 하나의 이야기로 구성하기 위해 오늘도 고민하는 것이다.

자아 정체성이란 존재하는가

그런데 장자는 이런 단일한 자아 정체성이라는 개념에 의문을 던진다.

어느 날 장자는 꿈에 나비가 되었다. 유유자적 꽃 사이를 즐겁게 날아다니면서도 자신이 장자인지 몰랐다. 그러다 불현듯 꿈에서 깨어나 보니 자신은 나비가 아니라 장자인 게 아닌가? 장자는 생각에 잠겼다. 조금 전에는 장자가 나비가 된 꿈을 꾸었고, 꿈에서 깬 지금은 나비가 장자가 된 꿈을 꾸고 있는지도 모른다.

昔者莊周夢爲蝴蝶, 栩栩然蝴蝶也, 自喩適志與! 不知周也. 俄然覺, 則蘧蘧然周也. 不知周之夢爲蝴蝶與, 蝴蝶之夢爲周與? 『장자』「제물론(齊物論)」

장자는 단일한 자아 정체성이란 결국 허구에 불과한 것인지도 모른다고 이야기한다.

그런데 나라는 존재가 단일하게 유지된다는 물리적 근거는 없다. 물질적으로 과거의 나는 지금의 나와 완전히 다른 존재다. 우리 몸의 세포를 구성하는 물질들은 약 7년이 지나면 모두 새로운 원자로 교체되니, 물리적으로 보면 우리는 끊임없이 새로운 존재가 된다. 이렇게 매일같이 변화하는 나 자신을 연결해주는 유일한 요소는 기억이다. 즉, 과거의 나와 현재의 나를 하나의 나로 인식할 수 있는 것은 기억 덕분이다. 기억은 나의 정체성의 핵심에 자리를 잡고, 단일하고 연속적인 자아감을 제공해준다.

> 캘리포니아대학교 어바인캠퍼스의 제임스 맥거프 박사는 "기억의 목적은 미래를 시뮬레이션하는 것"이라고 했다. (…) 기억을 떠올리는 데 쓰이는 부위는 미래를 시뮬레이션할 때 활성화되는 부위와 거의 같다. 특히 미래의 일을 계획하거나 과거를 기억할 때에는 배외측 전전두피질(dorsolateral prefrontal cortex)과 해마를 연결하는 부위가 눈에 띄게 활성화된다. 우리의 뇌는 미래를 예측하기 위해 과거의 기억을 미래에 투영하므로, 어떤 면에서 보면 "미래를 기억한다"고도 할 수 있다.[5]

장자는 꿈에서 나비가 되었다. 이때 자신이 장자였다는 기억은 없었다. 그래서 아무런 걱정 없이 유유자적 날아다니며 즐길 뿐이었다. 나비는 이런 분열된 기억이 없었기에 행복하게 날며 삶을 즐길 수 있었다. 그런데 꿈에서 깨어보니 장자였다. 이때 자신이 꿈속에서 나비였다는 기억이 떠올랐다. 혼란스럽다. 나는 혹시 나비가 꿈꾸고 있는 장자라는 사람이 아닐까? 분열된 자아 정체성에 혼란을 느낀 장자는 자기가 장자인지 아니면 나비인지 모르겠다며 쓸데없는 걱정에 잠을 이루지 못한다. 지금의 나는 과연 진정한 장자인가? 아니면 나비가 꿈에서 장자로 변한 것인가? 분열된 상태로도 여유를 즐기는 나비와 달리 단일한 자아에 집착하는 인간의 안타까운 모습이다.

자아 정체성은 시간적 측면에서 연속성에 의존한다. 자신의 과거를 미래와 연결하여 단일하고 연속적인 자아의 느낌을 갖고자 한다. 정체성(整體性)이란 자아의 모든 측면을 아우르는 특징을 말하지만, 사실상 특정 순간마다 여러 정체성(停滯性)

들이 누적되면서 만들어진 가공의 것일 수 있다.

테세우스는 크레타섬의 미궁에서 괴물을 처치하고 돌아온 영웅이다. 아테네 사람들은 그의 영웅적인 행동을 기념하기 위해 그가 타고 다녔던 갤리선을 보존하기로 했다. 시간이 지나면서 배가 조금씩 파손되자 낡은 판자를 뜯어내고 새로운 것으로 교체했다. 훗날 배의 원래 판자들이 모두 새것으로 교체되었다. 그렇다면 이 배는 어느 시점까지 테세우스의 배라고 할 수 있을까? 판자가 모두 새것으로 교체된 뒤에도 테세우스의 배라고 부를 수 있는 것일까? 한편 어떤 수리공이 교체된 판자들을 기념으로 보관하다가 나중에 이것을 조립해 똑같은 배를 만들었다고 가정해보자. 똑같이 생긴 두 척의 배 가운데 어느 것이 테세우스의 배인가? 테세우스의 배는 시시각각 조금씩 변함에도 동일한 속성을 유지해야 한다는 인간 정체성의 역설을 잘 보여준다.

우리는 진정한 자아를 찾기 위해 여행을 떠나곤 한다. 변하지 않는 어떤 정체성이 있을 것이라는 믿음 때문이다. 가끔은 창밖의 풍경을 바라보다 과거의 순간이 떠올라 잊고 있었던 나의 정체성의 일부를 기억해내기도 한다. 그 기억을 안고 다시 일상에 복귀해도 새로운 정체성은 점차 희미해지곤 한다.

'나는 누구인가?'라는 질문에 대한 사람들의 답은 대부분 비슷하다. 자신의 성격이나 소속을 말한다. 자신이 가지고 있거나 속한 것을 핵심으로 여기는 것이다. 하지만 이 대답은 '나는 누구인가'가 아니라 '나는 무엇인가'에 대한 답에 가깝다.

꿈에서 나비가 되었지만 깨어보니 나비가 아니라는 것을 알게 된 장자는 '나'라는 존재의 불변성을 의심했다. 테세우스의 배는 실체로서 존재하지만, 그것의 정체성을 따져 물으면 아무도 쉽게 대답하지 못한다. 이 두 가지 이야기는 변하지 않는 정체성에 대한 집착을 내려놓으라는 충고일 것이다.

그렇다면 다시 물어보자. 나는 누구인가? 매끈하게 연결된 이야기로 구성되지 않는다고 불안해할 필요는 없다. 나에 대한 명쾌한 이야기란 알고 보면 다른 사람들의 수요가 만들어낸 허상일 수도 있다. 어쩌면 나를 찾는 여정은 앞뒤가 맞지 않는 혼란스러운 모습의 나를 받아들이는 것에서 시작하는지도 모른다.

인간의 본성, 꼭 알아야만 하는가?

사람이 짐승과 다른 점은 아주 미세한 차이에 불과하다.
사람들은 그 차이를 소홀히 여기지만, 군자는 지켜낸다.
人之所以異於禽於獸者幾希, 庶民去之, 君子存之.

우리는 왜 인간의 본성에 관심이 많을까?

인간은 선한 존재인가? 언젠가 착한 사람이라 철석같이 믿었던 사람에게 배신당했던 기억이 떠올라 인정할 수 없다. 그렇다면 태생적으로 악한 존재인가? 아장아장 걸어오는 아이의 순수한 표정을 보고 있으면 이것도 아닌 것 같다. 그런데 우리는 도대체 왜 인간은 선한 존재인지 악한 존재인지 결론을 내고 싶어 하는 것일까?

인간은 이기적인가 혹은 이타적인가라는 문제도 마찬가지다. 수업 시간에 인간의 이타적 본성에 관한 주제를 꺼내면 학생들은 나를 한가한 이상주의자로 바라본다. 치열한 입시 전쟁을 마치고 다시 학점과 스펙 경쟁에 시달리는 학생들 입장에선 인간은 이기적인 존재라고 믿는 편이 도움이 될 것이다.

인간의 본성에 대한 질문은 사실 본성 자체에 대한 궁금증보다는 현재 나의 삶을 견디게 해줄 명분 찾기에 가까울지도 모른다. 두 가지 가운데 하나를 선택하여 사람들에게 실망한 스스로를 위로하기도 하고, 반대로 배신한 사람들을 증오하는 자신을 합리화하기도 한다.

뉴스에 등장하는 끔찍한 사건들을 보면서도 우리는 이것이 인간의 본모습은 아닐 것이라고 믿고 싶어 한다. 한편, 국민만을 생각한다는 정치인의 자기희생과 헌신이 사실은 포장된 속임수라는 것도 잘 알고 있다.

인간 본성에 대한 관심은 과학계에서도 예외가 아니었다. 20세기 생물학계에서는 인간 본성에 대한 그릇된 진화론이 유행한 적이 있었다. 일명 '껍데기 이론(vaneer theory)'이라고 불리는 이 주장에 따르면, 인간은 공격적이고 이기적인 존재이며, 이런 본성을 가려주는 도덕과 문명이란 아주 가벼운 충격에도 깨질 수 있는 얇은 껍데기에 불과하다. 인간의 본성은 짐승과 크게 다르지 않다.

그러나 인간의 본성에서 공감 능력의 역할을 강조하는 네덜란드의 동물학자 프란스 드 발(Frans De Wall)은 이런 이기적인 인간본성론을 선도적으로 비판해왔다. 인간과 짐승 모두에게서 내재적 공감 능력, 이타성, 협동성의 증거들이 너무나 많이 드러났기 때문이다.[1]

사회학자 김상준은 신자유주의 시기에 등장한 사회과학의 합리적 선택이론(rational choice theory)이란 인간의 행동을 오직 하나의 동기, 이기심으로 환원시켜 설명한 것으로, 이 역시 도덕성을 위장(僞裝)에 불과한 것으로 보는 '껍데기 이론'에서 비롯되었다고 본다. 그는 학술적으로는 이미 깨진 이런 이론이 우리 사회에는 아직도 영향력을 미친다고 비판한다.

인간 본성에 대한 이런 '자기 비하'는 세상에 대한 냉소주의와 허무주의가 자라는 온상이 되어왔고, 우리 사회의 난폭한 정치세력이 활개 치는 심리적 근거가 되고 있다는 것이다.[2]

인간의 본성을 어떻게 볼 것이냐의 문제는 단순한 지적 호기심에 그치지 않고, 우리 삶에 결정적인 영향을 미친다.

인간이 짐승과 다른 점은?

인간을 연구해온 인문학자들은 인간을 짐승과 다른 고귀한 존재로 보아왔다. 그런데 맹자는 인간과 짐승은 크게 다르지 않다고 했다.

> 맹자가 말했다. "사람이 짐승과 다른 점은 아주 미세한 차이에 불과하다. 사람들은 그 차이를 소홀히 여기지만, 군자는 지켜 낸다."
>
> 孟子曰, 人之所以異於禽於獸者幾希, 庶民去之, 君子存之. 『맹자』 「이루 하(離婁下)」

원문을 좀 더 정확히 번역하면 사람이 짐승과 다른 점은 거의 없다[幾希(기희)]. 인문학자 맹자가 이렇게 이야기했다는 데 놀랄 필요는 없다. 맹자가 강조했던 것은 사람이 짐승과 같다는 뜻이 아니었다. 사람과 짐승의 차이는 아주 희박하여 보통 사람들은 그 차이를 깨닫지 못하거나 소홀히 여긴다. 하지만 군자는 이 작은 차이를 지켜내려고 노력하는 사람이다. 군자의 덕목이란 다름 아닌 짐승과 다른, 인간의 가치를 유지하는 것이다. 이에 대한 주자의 자세한 설명을 들어보자.

> 사람과 짐승은 태어날 때 모두 똑같이 천지의 이치를 얻어서 본성으로 삼고, 천지의 기운을 얻어서 형체를 이룬다. 서로 다른 점은 오직 인간만이 그 사이에서 형체와 기운의 올바름[正]을 얻어 본성을 완전하게 할 수 있다는 것인데, 사실 이것은 아주 미세한 차이[少異(소이)]에 불과하다. 작은 차이지만 사람과 짐승이 나누어지는 것은 여기에서 비롯된다.
>
> 일반 사람들은 이런 미세한 차이를 알지 못하고 무시하는데, 그래서 그들은 사람이라고 불리면서도 실제로는 짐승과 다를 바 없다. 군자는 이 차이를 알고 그것을 보존하려고 전전긍긍하며 조심하니, 마침내 자신이 부여받은 이치를 온전히 할 수 있는 것이다. 『맹자집주』[3]

주자의 설명에 의하면, 사람과 짐승은 모두 천지의 이치와 기운을 얻어서 생겨난다. 다만 사람만이 올바름이라는 가치를 가지고 있다. 이것은 아주 미세한 차이에 불과하다. 하지만 이 차이를 중요하게 생각하지 않고 쉽게 버리면 짐승과 다르지 않다. 그렇다면 사람만이 가지고 있다는 이 미세한 차이란 과연 무엇인가? 맹자가 가장 강조하는 것은 차마 어쩌지 못하는 마음, 즉 불인지심(不忍之心)이다.

> 사람마다 모두 불인지심을 가지고 있다는 건 이러한 뜻이다. 어떤 사람이 갑자기 우물로 기어가는 아이를 본다면 놀라고 안타까운 마음이 들 것이다. 그러나 이런 마음이 생긴 것은

> 그 아이의 부모와 친해지고 싶은 마음 때문도 아니고, 마을 사람들과 친구들의 칭찬을 기대해서도 아니며, 구해주지 않았다는 원성을 듣기 싫어서도 아니다. 『맹자』「공손추 상」[4]

아무것도 모르는 아이가 우물로 기어가는 모습을 보고 불편한 마음이 드는 것은 자연스러운 일이다. 아이를 구하려는 마음이 생겨나는 것은 누구에게 칭찬을 받거나 이익을 얻기 위해서가 아니다. 구해주지 않았다는 비난을 듣기 싫어서도 아니다. 나와 아무런 관계도 없는 아이가 위기에 처한 모습을 보고 행동에 옮기는 것은 사전에 계산된 일이 아니다. 그것은 우리의 전두엽에서 실행되는 이성적이고 종합적인 판단의 결과가 아니라, 그보다 심연에 숨어 있는 본능에 가깝다. 그렇다고 인간을 이타적인 존재라고 결론짓는 것은 단순한 생각이다.

인간본성론이라는 함정

우물에 빠진 아이를 놓고 인간 본성을 시험하는 이 이야기는 사실 『논어』에서 비롯되었다. 공자의 제자 재아(宰我)는 평소에도 교묘한 질문으로 스승을 시험하기 좋아했다. 공자도 이런 재아를 그리 좋아하지는 않았다.

> 재아가 물었다. "인자(仁者)는 누군가 우물에 빠졌다는 말을 들으면 따라 들어가 구하는 사람인가요?"
>
> 공자가 말했다. "그렇게 할 필요가 뭐 있겠느냐? 군자를 가까이 가게 할 수는 있겠지만 물에 빠지게 할 수는 없다. 그럴

싸한 말로 속일 수는 있지만 함정에 빠지게 할 수는 없다."

宰我問曰, 仁者, 雖告之曰, 井有仁焉. 其從之也? 子曰, 何為其然也? 君子可逝也, 不可陷也, 可欺也, 不可罔也. 『논어』「옹야」

주자는 재아가 인에 대해 확신하지 못했기에 이런 질문을 던진 것이라고 비난한다. 인자라면 당연히 사람을 구하러 몸을 던져야 하지 않겠느냐고 말이다. 하지만 공자는 재아가 무슨 답을 듣고 싶어 하는지 간파했기에 "그렇게 할 필요가 뭐 있겠느냐?"라고 냉담하게 대답했다.

공자와 맹자는 인간이 선한 존재라면 당연히 물에 들어가 사람을 구해야 한다는 답을 기대하는 질문자의 함정에 빠지지 않았다. 그들은 물에 빠지지 않은 것처럼 질문의 함정에도 빠지지 않았던 것이다. 그럴싸한 말로 속이려고 해도[可欺(가기)] 군자는 유도 심문의 함정에 빠지지 않는다[不可罔(불가망)]. 구해야겠다는 마음에 가까이 갈 수는 있겠지만[可逝(가서)] 자신도 같이 빠지는 것은 어리석은 일[不可陷(불가함)]임을 알면 자기 행동을 통제할 수 있다. 인간은 어떤 하나의 본능만으로 움직이는 존재가 아니라는 걸 그들은 알고 있었다.

재아는 과연 인간의 본성이 궁금해서 물은 것이었을까? 인간이란 이기적이고 계산적인 존재에 불과하다는 신념을 가진 사람들은 재아의 질문에 환호할 것이다. 하지만 공자와 맹자는 질문의 시작부터 이미 문제가 있다고 말한다. 인간다움이란 이런 극단적인 상황에서도 변하지 않는 굳건한 것이 아닐 수도 있다.

공맹의 원칙론에 비해 주자의 해설은 좀 더 실용적이다.

> 우물가에 가야 물에 빠진 사람을 구할 수 있다. 하지만 우물에 빠진 사람을 따라 들어가면 구해줄 수 없게 된다. 이런 이치는 매우 명확해서 일반 사람들도 다 알고 있다. 인자는 비록 사람을 구하는 것을 절실하게 여기고 자기 몸을 던질 수 있지만, 그렇다 하더라도 이렇게 어리석게 대응하지는 않는다. 『논어집주』[5]

재아는 어떠한 극단적인 상황에서도 변하지 않는 인간의 본성을 다그쳤다. 우리는 왜 이런 비정상적인 실험을 견뎌내는 굳건한 특성만을 본성이라고 여기는 것일까? 인간다움이란 반드시 이런 극단적 상황에서만 발현되는 것은 아닐 테다.

인간다움을 확인할 수 있는 일상적인 경우를 뒤로 하고 몇 가지 실험만으로 인간성을 판정하는 것이 얼마나 위험한지는, 현대 심리학의 왜곡된 실험 결과들이 잘 보여준다.

저널리스트이자 사상가인 뤼트허르 브레흐만(Rutger Bregman)은 『휴먼카인드』에서 공감하는 인류에 대한 믿음을 잃지 말자고 당부한다. 그는 인간의 잔인한 본성에 대해 경각심을 일깨워 주었던 20세기의 수많은 심리학 실험들 중 다수가 조작되었다는 사실을 폭로한다. 그 유명한 마시멜로 실험도 아이들을 대상으로 한 속임수에 불과했다. 그는 무인도에 표류한 아이들의 행동을 통해 인간의 잔인한 본성을 보여주었던 『파리대왕』과 같은 작품들은 인간에 대한 신뢰를 내려놓게 만드는 데 큰 영향을 주었다고 혹독하게 비판한다. 노벨 문학상을 받은 작품이라는 유명세를 통해 사람들에게 무의식적으로 각인시킨 것은 다름 아닌, 인간을 자연 상태에 방치하면 이렇듯 야만적인 본능이 나타난다는 주장이었다. 하지만 브레흐만은 이 소설 역시 불우한 환경에 처했던 저자의 개인적인 경험에서 비롯된 편견의 소산에 불과하다고 주장한다. 인간의 이기적이고 잔인한 본성을 확인했다고 알려진 심리학 실험 결과들은 알고 보면 이런 믿음을 확증하고 싶은 사람들이 의도적으로 설계해 찾아낸 왜곡된 결과들이었다.

인간이 착한 존재인지 악한 존재인지, 이기적인지 이타적인지 논쟁은 끝나지 않았다. 다만 지난 100여 년간의 기나긴 싸움을 지켜보면서 알게 된 것이 하나 있다. 인간을 특정한 하나의 본질로 규정하는 것은 얼마나 위험한 일인가. 그렇다면 문제의 시작으로 다시 돌아가보자. 인간의 본성, 꼭 알아야 하는 것일까?

본성이 아니라 단서

맹자는 사람은 모두 착한 심성을 가지고 있다고 보았다. 그러지 않으면 인간이 아닌 것이다. 그가 지향하는 이상적인 인간은 이런 순수한 심성을 잃지 않은 사람이다.

> 맹자가 말했다. "위대한 사람이란 갓난아기의 마음을 잃지 않는 사람이다."
>
> 孟子曰, 大人者, 不失其赤子之心者也. 『맹자』「이루 하」

그렇다고 그가 인간의 본성을 이타적이고 자기희생적이라고 여겼다는 것은 아니다. 이런 무의식적 본성은 우리가 행동하는 데 가장 기본적인 영향만 미치는 미미한 것에 불과하다. 그래서 맹자는 이것은 단서, 즉 실마리에 불과하다고 말한다. 우리에게 필요한 것은 이런 잠재적이고 미약한 단서를 살려내는 일이다. 맹자가 강조한 것은 인간 모두에게는 출발점으로서 선함이라는 실마리가 존재한다는 사실이다. 흔히 맹자가 성선설(性善說)을 주장했다고 알려져 있지만, 엄밀히 말해 인간의 본성이 선하다고 이야기한 것은 아니었다.

> 사람에게 사단(四端)이 있는 것은 사람 몸에 사지가 있는 것과 같다. 사단을 갖추고 있으면서도 스스로 할 수 없다고 여기는 것은 스스로를 해치는 일이다. 사단이 나에게 있다는 것은 이것을 넓히고 채울 줄도 안다는 뜻이다.
>
> 그것은 마치 불이 처음 타오르는 것과도 같고, 샘물이 막 시작하는 것과도 같다. 이것을 채워나갈 수 있다면 천하를 보존할 수 있게 되지만, 만약 이것을 넓히고 채우지 못한다면 부모를 모시는 데도 부족할 것이다. 『맹자』「공손추 상」[6]

샘물이 존재한다고 천하가 물로 가득 차지는 않는다. 스스로 물길을 만들어내지 않으면 금방 마르고 만다. 어린아이에게 선한 본성이 있다는 것은 분명하다. 하지만 이런 선한 본성만으로 좋은 세상이 올 거라고 주장하는 것은 공허하기 그지없다. 맹자는 "선하다는 것만으로는 좋은 정치를 할 수 없고, 단순히 법이 있다고 해서 그것이 저절로 작동하지 않는다"라고 했다.

사람들은 모두 선한 본성을 가지고 있으니 언젠가 좋은 정치가 이루어질 것이라고 믿는 것은 무책임한 일이다. 직선과 곡선을 표시하는 도구인 규(規)와 거(矩)를 쓰지 않으면 네모와 동그라미를 제대로 그릴 수 없는 것처럼, 적절한 제도를 갖추지 못하면 제대로 된 정치를 할 수 없다.

배병삼은 사람의 선한 본성이란 단서에 불과하고 아주 미약한 상태이기 때문에 그것을 옳게 회복하느냐 못 하느냐가 인생에 주어진 과업이라고 강조한다. 방만하고 태만하게 살다가는 짐승보다 못한 동물로 추락하게 된다는 공포가 맹자의 성선설 밑바탕에 깔려 있다는 것이다. 그래서 '인성의 본질이 무엇인가'라는 철학이 아니라 '희소하지만 선한 싹을 어떻게 확충할 것인가'라는 실천에 주안점을 두어야 한다고 강조한다.

> 『서경』의 표현인 도심유미(道心唯微), 곧 '사람다움 속에 희미하나마 신성이 깃들어 있다'라던 고대의 발견을 맹자가 성선설로 계승하는 셈이다. 그러나 맹자의 성선설을 사람이 통째로 선한 존재라는 식으로 오해해서는 안 된다. (…) 유교에는 상승의 약속은 없고, 외려 짐승으로 추락할 수 있다는 공포가 존재한다. 이를 두고 『서경』에서는 인심유위라, '사람의 마음은 타락할 수 있기에 내내 위태롭다'라고 경고했다. 이 경고를 맹자는 "사람이 짐승과 다른 까닭은 몹시 드문데"라고 잇는다. 사람의 타고난 신성은 아주 미약한 수준이다. 그것을 옳게 회복하느냐 못 하느냐가 인생에 주어진 과업이다.[7]

맹자보다 60년 뒤에 태어난 순자가 살던 시대는 전국시대 말기로, 잦은 전쟁으로 인해 사회적 혼란이 극심한 때였다. 가혹한 환경을 견뎌야 하는 순자에게 맹자의 주장은 한가하게 들렸을지도 모른다. 그래서 순자는 인간의 본성은 악하고 선이란 금방 깨질 수밖에 없는 취약한 것이라고 보았다. 2,000년 전에 등장했던 다른 버전의 껍데기 이론이다.

본성론이 감추고 있는 것들

인간은 모두 착한 존재로 태어난다는 식의 성선설은 세상에 대한 터무니없는 낙관을 토대로 인간을 태만하게 만들고, 반대로 모두가 악한 존재로 태어난다는 식의 껍데기 이론은 근거 없는 비관적인 태도로 세상을 보게 한다.

20세기에는 인간을 결정하는 것은 본성인가 혹은 그를 길러낸 환경인가에 관한 '본성 대 양육(nature vs nurture) 논쟁'이 있었다. 유전자의 영향을 강조하는 사람은 본성을, 환경과 사회의 역할을 강조하는 사람은 양육을 강조했다. 전자를 본질주의, 후자를 구성주의로 구분하기도 한다.

한때 본질주의자들은 키를 크게 하거나 선한 성품을 만드는 유전자가 있을 것이라고 믿기도 했다. 사실 유전자 하나가 혈우병 같은 병을 일으키기도 하고, 특정 유전자 하나가 빠져 있을 때 특정한 병이 발생하기도 한다. 그러나 사람의 키를 크게 하거나 선한 성품을 만드는 특정 유전자가 있는 것은 아니다. 키에 영향을 주는 유전자는 1,000개 이상 있다. 인간 대부분의 유전자는 서로 연결되어서 어떤 특성을 만들어내는데,

이것을 옴니제닉 모델(omnigenic model)이라고 한다. 특정 유전자가 단일한 본성을 결정하지 않는다.

본성 대 양육 논쟁의 최종 승자를 가리는 일을 따라가기는 벅차다. 다만, 인간을 결정짓는 단일한 소스 코드가 있다는 이러한 믿음 자체가 어떻게 우리를 길들이고 있는지 돌아봐야 할 때다.

리사 펠드먼 배럿(Lisa Feldman Barrett)은 인간이 유전자에 의해 결정된다는 본질주의는 사회적 신념의 형성에도 결정적인 영향을 끼친다고 강조한다. 본질주의는 사회에서 당신이 차지하는 위치가 유전자에 의해 좌우된다고 암시한다. 당신이 남보다 더 똑똑하거나 힘이 있다면 다른 사람과 달리 빨리 성공하는 것은 정당한 일이다. 사람들은 자격이 있는 만큼 얻고, 얻은 만큼 자격이 있다. 이것은 유전적으로 공정한 세계에 대한 신념이며, 이것을 뒷받침하는 것은 과학을 빙자한 이데올로기다.[8]

이런 본질주의는 20세기 초에도 일찍이 유행한 적이 있다. 환경에 잘 적응하는 형질이 선택되어 살아남는다는 다윈의 자연선택론은 강한 자만이 환경에 잘 적응하여 살아남는다는 약육강식의 사회진화론으로 변질되었다. 다윈의 적자생존론의 원인과 결과를 뒤집은 것이다. 자연에 적응한 존재가 살아남았다는 사실을, 강하니까 살아남았다는 주장으로 슬쩍 뒤바꾼 것이다.

이런 왜곡된 사회진화론은 강자의 번식은 장려하고 열등한 인간의 번식은 억제해야 한다는 차별을 정당화했다. 여기에서 서구 백인이 세계를 지배하는 것이 정당하다는 인종주의와 제국주의라는 거대한 폭력이 시작되었다. 이들이 바라보는 사회란 강한 자만이 살아남는 치열한 경쟁으로 가득한 사회다. 학교는 이런 경쟁에서 살아남는 법을 배우는 생존 훈련소에 불과하다.

본질이란 바탕에 불과하다

우리가 인간의 본성에 대해 관심을 갖는 것은 어쩌면 서구철학이 가지고 있는 본질에 대한 과도한 집착 때문인지도 모른다. 사실 고대 중국에서 본질이라는 개념은 낯선 것이었다.

질(質) 자의 기원을 따라가면 『설문해자』의 "물건을 저당잡히다"라는 설명을 만나게 된다. 돈을 갚지 않을 때 우선적으로 받아낼 수 있는 권리를 뜻하는 질권(質權)이라는 법률 용어는 여기서 비롯되었다. 신용의 상징으로 가족 가운데 한 명을 적에게 맡기는 것을 인질(人質)이라고 한다. 『춘추좌전(春秋左傳)』과 같은 고대 역사서에서 질(質) 자는 대부분 인질을 의미했다.

금문의 質 자는 정(鼎)에 날카로운 도구로 글자를 새기는 모습이다. 칙(則) 자도 마찬가지로 청동기에 글자를 새기는 모습을 의미한다. 여기서 한번 새겨진 글자는 절대 수정 불가하다는 의미에서 원칙(原則), 법칙(法則)과 같은 단어가 생겨났다. 質 자 역시 쇠에 새긴 글자처럼 상호 간의 굳건한 신뢰를 나타냈다. 고대 중국에서는 국가 간 신뢰를 확보하기 위해 왕족들을 인질로 교환했다.

금문 質　　　금문 則

『논어』에서 質 자는 바탕이라는 의미로 사용된다. 조약이나 맹세를 새겨 오랫동안 보존하기 위해서는 청동기라는 굳건한 바탕이 필요했다.

공자가 말했다. "바탕이 꾸밈보다 지나치면 촌스럽고, 꾸밈이 바탕보다 지나치면 내실이 없다. 바탕과 꾸밈이 적절하게 조화를 이루어야 군자라고 할 수 있다."
子曰, 質勝文則野, 文勝質則史. 文質彬彬, 然後君子. 『논어』「옹야」

논어 구절 가운데 함축적인 의미를 담고 있어 다양하게 해석되는 부분이다. 여기서 질(質)은 내재적인 본질, 문(文)은 외적으로 표현된 형식을 의미한다. 야(野)는 견문이 좁고 서툰 사람을 나타내고, 사(史)는 아는 것이 많지만 진지하지 않은 경박한 사람을 나타낸다. 승(勝)은 압도한다는 의미이며 빈빈(彬彬)은 두 가지가 알맞게 섞여 있는 모습을 나타낸다.

바탕이 그림을 압도하면[質勝文(질승문)] 흰 바탕이 채색을 흡수해버리는 형국이다. 반대로 그림이 바탕을 압도하면[文勝質(문승질)] 근본을 찾아볼 수 없게 된다. 그래서 주자는 꾸밈이 지나친 사람보다는 차라리 바탕이 지나친 사람이 낫다고 해설한다. 동아시아 전통 사회에서는 이상적인 군자의 모습을 표현할 때 문과 질이 조화롭게 어울리는 문질빈빈(文質彬彬)이라는 수식을 자주 사용했다. 그림과 바탕 둘 중 어느 것도 상대를 압도하지 않는 것처럼, 자신이 가지고 있는 내면의 덕성을 적절한 방식으로 표현할 수 있는 사람이 곧 군자였다.

우리는 보통 외적인 형식은 본질에 의해 규정된다고 생각한다. 하지만 공자는 바탕과 그림은 어느 하나가 주도하는 종속 관계라기보다는 상호 독립적인 관계라고 여겼다. 서구철학에서는 본질이 형식을 규정한다. 그러나 문질빈빈은 본질과 형식이 적절하게 조화를 이루는 모습을 강조한다. 이 둘은 서로를 침범하지 않고, 하나가 다른 것을 결정적으로 규정하지도 않는다.

인간본성론이란 질(質)이 문(文)을 규정하고 압도한다는 본질론의 연장선에 있다. 2,500년 전, 지중해 연안의 도시에 살던 철학자들은 본질을 고민하고 있었고, 동쪽 끝의 공자는 문질빈빈하는 이상적인 군자의 삶을 꿈꾸었다. 그런데 우리는 왜 아직도 지중해 철학자들의 질문 언저리를 벗어나지 못하고 있는가.

하늘은 사람을 불쌍히 여기지 않는다

천지는 어질지 않아 만물을 하찮은 것으로 여긴다.
天地不仁, 以萬物爲芻狗.

공자의 묵언 선언

어느 날 갑자기 공자가 묵언 선언을 하자 놀란 제자들이 그 이유를 물었다.

> 공자가 말했다. "나는 이제 말을 하지 않으려고 한다!"
> 제자 자공이 물었다. "선생님이 말을 안 하시면 우리가 어떻게 도를 전하겠습니까?"
> 공자가 말했다. "하늘이 무슨 말을 하더냐? 말이 없어도 사계절은 운행되고 만물은 생육되지 않는가? 하늘이 무슨 말을 하더냐?"
> 子曰, 予欲無言. 子貢曰, 子如不言, 則小子何述焉? 子曰, 天何言哉? 四時行焉, 百物生焉, 天何言哉? 『논어』「양화」

공자는 왜 갑자기 말을 하지 않겠다고 했을까? 스승의 돌발 선언에 제자 가운데 언어의 마술사로 불리던 자공이 당혹스러워한다. 말을 하지 않으면 어떻게 우리의 생각을 표현할 수 있단 말인가. 공자의 갑작스러운 행동을 주자는 다음과 같이 해설한다.

> 자연의 원리는 사람이 말로 표현하기 전에 이미 실행되고 있다. 부질없이 말로 표현된 것만 기다리고 있다가는 그것이 생겨난 원리를 이해하지 못할 수 있다.
>
> 사계절이 바뀌고 만물이 생겨나는 것 가운데 자연의 원리가 실행되지 않은 것이 없으니, 이런 모든 것들은 말로 표현되지 않아도 볼 수 있다.
>
> 공자가 말하고자 하는 바는 해와 별이 움직이는 것처럼 분명한데, 제자들이 이 점을 제대로 이해하지 못하는 것 같다. 그래서 공자는 "나는 이제 말을 하지 않으려고 한다"라고 했던 것이다. 『논어집주』[1]

계절이 바뀌고 만물이 생겼다 사라지는 것은 자연이 스스로 알아서 한 것이다. 이것을 법칙으로 설명하는 일은 자연의 원리가 먼저 있고 나중에 언어로 기술한 것에 불과하다. 하지만 사람들은 언어로 표현되지 않은 것은 잘 믿지 않는다. 공자는 침묵 선언을 통해 알고 보면 당연한 이런 이치를 보여주려 했다. 자연계의 원리는 내가 먼저 말을 하지 않더라도 스스로 알아서 이미 존재하고 있음을 인정하겠다는 뜻이다.

자연은 알아서 움직인다

자연의 운행에 인간이 개입할 여지는 없다. 인간이 언어로 표현된 법칙을 만들지 않더라도 자연은 스스로 알아서 운행한다. 공자가 말을 하지 않겠다는 것은, 자연법칙이 인간의 의지와 무관하게 존재한다는 엄연한 사실을 인정하라는 말이다. 노자 역시 자연의 법칙이란 인간과 무관하다는 점을 강조했다.

> 천지는 어질지 않아 만물을 추구(芻狗)로 삼는다. 성인은 어질지 않아 백성을 추구로 삼는다. 하늘과 땅 사이는 마치 풀무와 같지 않겠는가? 풀무는 틀이 변하지 않고 안은 텅 비어 있으나, 풀무 안의 피스톤을 움직일수록 더욱더 바람이 많이 나온다. 이것을 표현하려고 말을 많이 할수록 막히게 될 것이니, 차라리 중(中)을 지키는 것만 못할 것이다.
>
> 天地不仁, 以萬物為芻狗; 聖人不仁, 以百姓為芻狗. 天地之間, 其猶橐籥乎? 虛而不屈, 動而愈出. 多言數窮, 不如守中. 『도덕경』 제5장

고대 중국에서는 제사를 지낼 때 살아 있는 사람을 제사상에 눕혔다. 고인을 상징할 마땅한 대체물이 없었기 때문이다. 처음에는 고인의 직계 자손들이 올라갔는데, 주로 나이 어린 손주들이 제단에 올라가 누웠다. 죽은 사람의 시신을 의미하는 시체 시(尸) 자의 갑골문은 제사상에 누운, 살아 있는 사람의 모습을 표현한 것이다.

문자가 보편화되고 이름을 쓴 위패가 고인을 대체하면서 이런 습속은 점차 사라졌다. 고인을 상징하는 살아 있는 후손이 나중에 위패로 대체된 것처럼, 살아 있는 사람을 순장하는

대신 추구(芻狗)와 같은 짚 인형을 만들어 분신으로 삼고 함께 묻었다. '추구'는 쉽게 버려도 아깝지 않은 하찮은 물건을 뜻한다.

그렇다면 천지는 어질지 않아서 만물을 추구와 같이 하찮은 것으로 여기고, 성인은 어질지 않아서 백성을 추구로 삼는다는 것은 무슨 의미일까? 천지는 사사로운 감정을 가지고 세상을 대하지 않는다. 천지를 요즘의 개념으로 설명하면 자연계를 운행하는 과학적인 원리라고 할 수 있다. 자연계에 존재하는 법칙은 대상을 가리지 않고 모든 사물에 가차(假借) 없이 적용된다. 가차 없다는 말은 상대의 사정을 봐주거나 용서하지 않는다는 의미다.

폭풍우는 가난한 사람들이 불쌍하다고 그들을 피해 가지 않는다. 번개는 못된 부자들의 집을 태워버리려고 번쩍이는 것이 아니다. 자연은 사심을 가지고 자기를 실현하는 존재가 아니다. 그러니 그 자연에 용서를 빌고 선처를 구하는 건 얼마나 어리석은 짓인가? 자연의 냉혹함을 깨달은 성인은 백성들에게 인자함[仁]을 구걸하지 말라고 충고한다.

자연은 연민하지 않는다

"하늘과 땅 사이는 풀무와 같지 않겠는가"[天地之間, 其猶橐籥乎(천지지간, 기유탁약호)]라는 구절은 잘 해석되지 않는 난해한 내용이었다. 하지만 이 구절을 구체적인 동작으로 풀이하면 의외로 쉽게 이해된다.

풀무는 가마의 화력을 높이기 위해 바람을 불어넣는 기구다. 탁(橐)은 풀무의 외곽 상자를 말하고, 약(籥)은 풀무 안으로 바람을 넣는 관이다. 화덕에 공기를 불어넣는 풀무의 외곽 상자는 틀을 그대로 유지한 상태로 안이 텅 비어 있지만, 그 안의 피스톤을 자꾸 움직이면 그만큼 바람이 많이 나온다. 텅 빈 상자와 피스톤 동작이 비유하는 바는 분명하다. 자연은 하늘과 땅 사이에 텅 비어 있는 것처럼 보이지만 그 안에는 분명히 법칙이 존재한다는 뜻이다. 자연의 법칙은 눈에 보이지는 않지만 움직임에 비례하여 바람이 만들어지는 것처럼 원인과 결과 역시 명백하다.

이런 무자비한 자연에 용서를 구하는 것은 부질없는 짓이다. 여기에 신의 용서를 받으면 과거의 잘못을 지울 수 있다는 믿음이 설 자리는 없다. 중세 교황청의 부패한 성직자들은 악행을 저지른 사람도 면벌부를 구매하면 죽어서도 지옥에 가지 않을 거라며 선동했다. 신의 대리인을 통한 관대한 처분만으로도 이미 발생한 일을 없던 일로 만들 수 있다고 주장한 것이다. 그러나 자연법칙은 사람을 연민하지 않는다.

대표적으로 1986년 챌린저호 폭발 사건은 사람들이 자연법칙보다 자신들의 주관적인 바람을 우선시했을 때 발생할 수 있는 비극을 보여주었다. 연이은 우주왕복선 발사 성공으로 고무되었던 나사(NASA)는 1986년 최초로 일반인을 선발하여 우주로 보낼 계획에 들떠 있었다. 세상의 기대와 관심 속에서 1월 22일 발사가 계획되었지만, 갑자기 추워진 날씨 때문에 연기할 수밖에 없었다. 며칠이 지났지만 날씨는 회복되지 않았고, 세상의 재촉을 더 이상 견디지 못한 나사 행정가들은 1월 28일 발사를 강행했다. 결국 발사 73초 만에 챌린저호는 공중에서 폭발하고 말았다.

사고 조사 위원이었던 리처드 파인만(Richard Feynman)은 챌린저호에 사용된 고무로 만든 'O' 링이 기온이 낮아지면서 급격히 수축하여 문제를 일으킨 것이라고 밝혔다. 사실 나사의 기술자들이 이런 위험성을 이미 몇 번이나 경고했지만, 성과를 내기 다급했던 행정가들은 자연법칙의 경고를 무시하고 발사를 강행했다. 더 이상 미룰 수 없다는 성급함과 조바심이 자연법칙을 앞지른 것이다. "기술이 성공하려면 현실이 홍보에 우선해야 한다. 자연은 속지 않기 때문이다." 청문회에서 리처드 파인만이 남긴 유명한 말이다. 자연은 사람들의 바람과 원망과는 상관없이 자신만의 원리로 움직인다.

자연의 지배자가 되어버린 인간

1859년 다윈이 진화론을 발표했을 때 사람들이 차마 받아들이지 못했던 것은 인간이 필연적인 존재가 아닐 수 있다는 사실이었다. 인간은 우연히 진화했을 뿐, 자연 세계의 목적과는 상관없는 존재였다. 르네상스가 열어준 인본주의라는 자만심에 한껏 부풀어 있던 인간들은 이 세계가 자신만을 위해 존재하는 것이고 마음껏 이용할 권리가 있다고 생각해왔다. 그런데 진화론은 이 세계에 인간이 반드시 존재해야 할 이유가 없고, 앞으로 인간이 멸종하지 말아야 할 이유도 없다는 사실을 알려주었다.

이렇듯 자연의 일부에 불과한 인간은 그동안 지구에 돌이킬 수 없는 흔적을 남겼다. 20세기 들어 지구 시스템 과학자들은 인간의 활동이 이미 '자연의 거대한 힘'이 되었으며, 현재 지구의 모습과 미래에 인간의 책임이 있다는 '인류세'라는 새로운 지질학적 연대를 제안했다. 인류세는 대체로 1950년 이후부터 본격적으로 시작된 것으로 본다. 원폭 실험에 따른 플루토늄이 축적된 시점이다. 2014년 옥스퍼드 영어사전은 인류세를 정식 단어로 등재하면서 "현재의 지질학적 시대, 인간의 활동이 기후와 환경에 지배적인 영향을 미쳤다고 간주되는 시대"로 정의했다. 어느새 인간은 지구의 운명을 좌우하는 존재가 되었다.

공자와 노자는 2,000년 전에 인간 없이 존재하는 자연에 대해 말했다. 인간과 무관하게 스스로[自] 존재[然]하기에 자연이라고 부른 것이었다. 그런데 문명의 발전으로 자연은 점점 인간에게 종속되기 시작했다. 급기야 더 이상 자연이라고 부를 수 없고 인류세라고 불러야 할 정도로.

자연에 새겨진 인간의 흔적

우리는 인간의 관점에서 자연을 바라보는 데 익숙하다. 세상을 의인화해서 보는 언어적 습관 때문이기도 하다. 심지어 사람이 만들어낸 기계와 같은 사물에도 인간의 흔적은 예외 없이 남아 있다. 최근 급격히 부상하고 있는 인공지능과 머신러닝과 같은 단어에는 인간중심주의의 흔적이 농후하다.

중국계 미국인 SF작가 테드 창(Ted Chiang)은 인공지능이라는 단어에 문제를 제기했다. 방대한 텍스트에 기반한 통계분석으로 정보를 뽑아낼 수 있다는 건 놀라운 일이지만, 알고

리즘에 지능이 있다는 표현은 부적절하다는 것이다. 그에 따르면 사람들은 기계가 의식이 없다는 사실을 간과하고 인공지능(artificial intelligence)이라고 부르지만, 엄밀히는 응용통계학(applied statistics)이라고 부르는 것이 정확하다. 챗지피티(ChatGPT)와 같은 챗봇에 '배우다(learn)', '이해하다(understand)', '알다(know)'와 같은 의인화된 언어를 쓰는 것 역시 적절치 않으며 잘못된 착각을 불러일으킬 수 있다.

이는 공자와 노자가 이미 경고한 내용이기도 하다. 인공지능(人工知能)이라는 단어는 기계에 인간의 속성을 부여한 것으로 여기에는 지능을 가진 기계에 갖는 기대와 함께 두려움이 숨어 있다. 테드 창의 주장은 새로운 문물에 어울리는 새로운 단어를 만들자는 것은 아닐 테다. 그는 의인화된 표현이 기계가 마치 사람을 연민하거나 증오한다는 오해를 줄 수 있다고 지적했다.

공자는 누구에게 기도했을까?

자연과학 법칙을 찾아내는 일은 자연에서 인간의 흔적을 지우는 과정이라고도 할 수 있다. 자연이 무서워 용서를 빌던 시절에는 법칙이란 없었다. 그런데 자연이 인간을 연민하지 않는다는 것을 알아낸 뒤부터 인간은 그 안에서 법칙을 찾기 시작했다.

> 공자가 말했다. "그렇지 않습니다. 하늘에 죄를 지으면 빌 곳이 없습니다."

子曰, 不然, 獲罪於天, 無所禱也. 『논어』「팔일(八佾)」

이 구절은 『논어』 가운데 해석이 까다로운 대표적인 질문에 대한 공자의 대답이다. 공자가 이렇게 말하게 된 배경은 다음과 같다.

위나라에는 왕보다 힘이 센 실질적인 권력자 왕손가(王孫賈)가 있었다. 그가 공자에게 물었다. "'집을 지키는 신보다는 부엌신에게 기대는 것이 좋을 것'이라는 이야기가 있는데 이게 무슨 뜻인가?"

왕손가는 당시 무속 신앙을 근거로 왕보다 권력이 센 자에게 아첨하는 것이 좋을 거라며 공자를 압박한 것이다. 이에 공자는 왕과 신하의 상하 관계는 자연법칙처럼 공고하기에 이런 요구는 절대로 용납될 수 없다며 앞의 인용문처럼 대답했다. 하늘[天]에 죄를 지으면 빌어도 소용이 없다. 하늘은 아무리 용서를 빈다고 한들 들어주지 않는 엄격한 법칙일 뿐이다. 하늘이 누군가를 불쌍히 여겨 법칙을 바꾸는 일은 절대 일어나지 않으니 기대하지도 말라.

하늘[天]이라는 단어에서 사람들은 인격신 하느님의 흔적을 지우지 못한다. 그래서 이 구절에 대한 역대의 해석은 제각각이다. 그런데 공자가 여기에서 말하는 하늘에 자연법칙을 대입하면 그 의미가 명확해진다. 왕과 신하의 위치는 자연법칙처럼 정해진 것이다. 그것을 사람 마음대로 바꾸는 것은 법칙을 무시하는 것과 같다.

상(商)나라는 인격신에게 의지하는 사회였다. 이때 기록된 갑골문은 대부분 신에 대한 신탁과 주술의 흔적이다. 이런 상나라를 무너뜨린 주(周)나라는 인격신 대신 자연의 원리인 천(天)을 내세웠다. 천은 현재의 관점으로 보면 자연법칙에 가깝다. 공자가 살았던 주나라 후기 춘추전국시대에 이르면 인격신의 개념은 더욱 약해진다.

> 한번은 공자가 병이 들었는데 그의 제자인 자로가 기도를 드리자고 했다. 공자가 기도하는 것이 효과가 있느냐고 물었다. 자로가 옛날 기도문에 그런 구절이 있다고 대답했다. 공자가 그런 기도라면 나는 기도한 지 이미 오래되었다고 말했다.
> 『논어』「술이」[2]

공자 자신은 이미 오래전부터 기도를 해왔다고 고백했다. 이 구절을 통해 공자 역시 하늘[天]을 전지전능한 인격신으로 생각하던 관념에서 자유롭지 못했다고 해석하는 사람도 있다. 자신의 병을 낫게 해준다면 하늘에 기도할 수 있다는 식의 해석이다.

이와 정반대의 해석도 있다. 공자 자신은 모든 일을 자연의 법칙에 맞추어 살아왔으니, 지금 병이 들었다고 특별히 누구에게 기도할 필요가 없다고 봐야 한다는 것이다. 이렇듯 해석은 결국 하늘[天]을 어떻게 보느냐에 따라 극단적으로 달라진다.

철학자 풍우란(馮友蘭)은 『중국철학사』에서 공자의 기도를 하늘에 부끄럽지 않으려고 자신의 도리를 다해 예에 맞게 행동하고, 하늘의 뜻을 살펴 따르는 태도를 강조한 것이라고 설명한다. 자기 내면의 참된 목소리를 속이지 않는다는 의미의 해석이다. 이렇듯 풍우란은 하늘에 대한 인식의 문제를 주체의 태도 문제로 바꾸어놓았다.

공자 역시 인간인지라, 몸이 아프고 힘들 때 전능한 신에게 의지하고 싶은 생각이 없지 않았을 것이다. 공자는 신의 존재를 명확히 부인하지는 않았으나 강조하지도 않았다.

> 자로가 공자에게 귀신은 어떻게 모셔야 하는지 묻자 다음과 같이 답했다. "사람 모시는 것도 잘 못하는데 귀신 모시는 것은 어찌 잘하겠는가?"
>
> 자로가 주저하다 용기를 내 이번에는 죽음에 대해 묻자 공자가 답했다. "삶도 잘 모르는데, 어찌 죽음을 알겠느냐?" 『논어』 「선진」[3]

공자는 평소 하늘에 대해 자주 이야기했다. 가장 총애했던 제자 안회가 죽었을 때도 "아아! 하늘이 나를 버리는구나! 하늘이 나를 버리는구나!" 하면서 목 놓아 울었다.

한번은 공자가 행실이 좋지 않은 여자를 만나고 온 것을 알게 된 제자 자로가 불같이 화를 냈다. 그러자 공자가 "내게 잘못이 있었다면 하늘이 증오할 것이다! 하늘이 증오할 것이다!"라고 손사래를 치며 변명하기도 했다. 이런 표현에는 여전히 인격신에 대한 실망과 두려움의 흔적이 남아 있다.

하지만 공자는 일생 동안 인격신을 자연의 법칙인 천(天)으로 대체하려 노력했다. 그가 보기에 자연은 알아서 움직이는 것이 분명했다. 그의 묵언 선언은 스스로 움직이는 자연을 인간의 언어로 다 설명할 수 없음을 인정하겠다는 뜻이었다. 내가 말하지 않더라도 자연은 스스로 작용한다.

그런데 우리는 아직도 자연에 연민을 구하고 있다. 인간은 자연뿐 아니라 기계에도 의인법을 적용하며 두려워한다. 우리는 과연 미지의 자연에 인격을 부여하면서 자비를 갈구하는 고대 인류의 두려움에서 몇 보나 나아간 것일까? 공자는 하늘이 무슨 말을 하는지 반문했고, 노자는 천지는 만물을 추구로 여긴다고 했다. 이미 2,000년 전에 말이다.

순수함과 이해관계 사이에서

진심으로 조언하여 잘 이끌어주되, 안 되면 그만두는 것이다.
忠告而善道之, 不可則止.

우정은 순수해야만 하는가

우정이란 사람들 사이의 순수한 마음에 해당하는 것일까, 잘 숨겨진 이해관계에 불과한 것일까? 공자의 제자들은 친구와의 관계에 대해 자주 질문했다. 가족의 보호에서 벗어나 익명의 타자들과 섞여 사는 사회생활의 첫 출발은 우정에서 시작되기 때문이다. 그런데 『논어』에서 우정은 의외로 다정하거나 헌신적인 관계가 아니라 다소 계산적인 것으로 묘사된다.

> 자공이 친구 사귐에 대해 묻자 공자가 말했다. "진심으로 조언하여 잘 이끌어주되, 안 되면 그만두는 것이다. 여기서 자신을 힘들게 할 필요는 없다."
> 子貢問友. 子曰, 忠告而善道之, 不可則止, 無自辱焉. 『논어』「안연」

주자는 『논어집주』에서 친구 사이는 의리로 맺어진 사이이기 때문에 말이 통하지 않으면 그만두는 것이라고 단호하게 선을 긋는다. 내 말을 듣지도 않는 친구에게 자꾸 충고를 하면 오히려 관계가 멀어지고, 이것은 결국 나 자신을 힘들게 한다. 이런 경고는 『논어』에 여러 번 등장한다.

> 친구 사이에 충고가 잦으면 서로 멀어진다.
> 朋友數, 斯疏矣. 『논어』「이인(里仁)」

생각이 다른 친구를 억지로 설득하려 애쓰지 말라는 것이다. 심지어 자기와 생각이 다른 사람은 친구로 사귀지 말라고까지 한다.

> 자기보다 부족한 사람을 친구로 사귀려고 하지 말라. 친구가 잘못하면 곧바로 고쳐주는 것을 주저하지 말라.
> 無友不如己者, 過則勿憚改. 『논어』「학이」

인자하신 공자께서 자기보다 능력이 떨어지는 친구를 사귀지 말라고 한 것이 쉽게 이해되지 않는다. 부족한 친구라도 포기하지 않고 함께해야 하는 것 아닌가?

공자가 살던 시대에는 친구란 무슨 일이 있어도 포기할 수 없는 숭고한 존재가 아니었다. 부모와 자식 그리고 형제 사이의 관계는 내가 싫다고 끊을 수 있는 것이 아니다. 하늘이 선택해준 천륜이기 때문이다. 하지만 왕과 신하의 관계, 친구 사이, 심지어 부부 사이는 싫으면 그만두면 되는 것이다. 내가 선택한 인륜이기 때문이다. 천륜은 나의 의지로 부정할 수 없지만, 인륜은 의지만 있으면 그만둘 수도 있는 계약관계다. 계약관계는 서로 기대했던 조건이 맞지 않으면 갈라서는 사이다. 너와 나의 우정이 얼마나 순수한 것인지 따질 필요도 없다. 우리는 어차피 이익을 위해 만난 사이임을 인정한다면 오히려 마음이 편해질 수도 있다.

그런데 우리는 왜 여전히 순수한 우정에 집착하는 것일까? 우정이란 이익을 위한 계약관계에 지나지 않는다는 이야기를 들으면 마음이 편하지 않다. 우리는 여전히 헌신적이고 믿음직한 친구를 절실히 원한다. 공자는 뜻이 다르면 친구를 그만두면 된다고 했지만, 우리는 어렵게 사귄 친구와의 우정을 지키기 위해 자존심도 버릴 준비가 되어 있다.

나보다 못한 사람을 친구로 사귈 생각을 하지 말라는 공자님의 말씀에 반기를 들어보자. 어렵게 사귄 친구가 설령 나보다 능력이 떨어지더라도 그건 중요하지 않다. 우리 사회에서 친구라는 존재는 무언가 배우는 대상이 아니라 서로 의지하는 존재이기 때문이다. 친구가 없으면 나도 없다. 부족한 친구라도 그와의 관계를 소중히 유지하기 위해서는 무슨 짓이라도 해야 한다.

순수한 우정의 결정체, 관포지교

우정을 순수한 것으로 여기게 된 배경에는 어린 시절부터 받아온 교육의 영향도 없지 않을 것이다. 학창 시절 등교할 때 부모님이 당부하신 말씀은 늘 한결같았다. 선생님 말씀 잘 듣고 친구랑 싸우지 말아라. 우리 사회의 교육철학과 사회적 처세술의 핵심이 담긴 말씀이다. 진리란 선생님이 내려주는 것이니 조용히 잘 들어야 하고, 우정이란 서로를 존중하고 싸우지 않는 것이어야 했다. 교실에서 격정적인 토론과 치열한 논쟁은 어색한 일이었다. 이런 분위기에 익숙해지면 약간 부당한 일이라도 친구 사이에는 감춰주는 것도 나쁘지 않겠다는 생각이 든다.

이런 우정관을 전하는 데 옛날이야기만큼 효과적인 것은 없다. 대표적인 것이 바로 관포지교(管鮑之交)의 주인공 관중(管仲)과 포숙아(鮑叔牙)의 이야기다(관중과 포숙아의 이야기는 뒤의 〈대소〉 편에서도 자세히 다룬다).

관중이 포숙아를 떠올리며 다음과 같이 말했다.

"내가 가난했던 시절 포숙아와 함께 장사를 한 적이 있었다. 이익금을 나눌 때 내가 조금 더 가져올 때가 있었는데, 포숙아는 내가 욕심을 부린다고 생각하지 않고 가난해서 그런 것이라고 이해해주었다. 한번은 포숙아에게 사업을 제안했는데 잘못되어 망하고 말았다. 포숙아는 내가 어리석다고 생각하지 않고, 좋은 때가 있으면 나쁜 때도 있을 뿐이라고 말해주었다. 내가 관직에 지원했지만, 그때마다 쫓겨났다. 포숙아는 내가 부족해서 그런 것이 아니라 때를 잘못 만나서 그런 것이라고 위로해주었다. 한번은 같이 전쟁에 나간 적이 있는데 나는 도망하기에 급급했다. 포숙아는 내가 겁쟁이라서 그런 것이 아니라, 다만 집에 연로하신 노모가 있어서 그런 것이라고 다른 사람들에게 말해주었다. 공자 규(糾)를 돕다가 실패해서 죽을 위기에 몰렸는데, 함께했던 소홀(召忽)은 스스로 목숨을 끊었지만 나는 살아남는 치욕을 감내했다. 포숙아는 내가 부끄러움을 몰라서 그런 것이 아니라, 작은 공명심 때문에 죽음을 선택하는 것보다는 천하에 공적을 세우지 못하는 것을 부끄러워했음을 알아주었다. 나를 낳아주신 분은 부모지만, 나를 알아준 이는 포숙아였다." 『사기』 「관안열전(管晏列傳)」[1]

순수한 우정의 상징이었던 두 사람의 이야기는 당(唐)나라 시인 두보(杜甫)의 '가난한 시절의 우정'이라는 〈빈교행(貧交行)〉이라는 시에서 관포지교라는 성어가 되어 지금까지 전해진다.

손바닥 한번 뒤집으니 구름이 생기더니, 다시 엎으니 비가 내린다.
바람에 잎사귀 날리듯 경박한 사람들 셀 수나 있을까?
그대는 아는가, 관중과 포숙아의 가난한 시절의 우정을.
요즘 사람들은 이것을 그냥 땅바닥에 버리는구나.
翻手作雲覆手雨, 紛紛輕薄何須數. 君不見管鮑貧時交, 此道今人棄如土. 두보, 〈빈교행〉

손바닥을 앞뒤로 뒤집는 그 짧은 순간에 구름이 생겨났다가 금방 다시 비가 내리는 것처럼, 세상의 인심은 각박해지고 사람들 사이의 우정도 순식간에 돌변한다. 앞에서는 웃다가 돌아서면 배신하는 비정한 시절을 견뎌야 했던 가난한 시인 두보에게 관중과 포숙아의 가난한 시절의 우정[管鮑貧時交

(관포빈시교)]은 그 무엇보다 소중해 보였을 것이다.

순수한 우정에 대한 이야기

그런데 『사기』를 자세히 읽어보면 예상치 못한 곳에서 이런 우정 이야기를 또 만날 수 있다.

합종연횡의 주인공으로 유명한 소진(蘇秦)과 장의(張儀)는 귀곡자(鬼谷子)라는 스승에게서 배운 친구 사이다. 합종연횡이란 전국시대의 가장 강력한 국가인 진(秦)나라에 대항하기 위해 나머지 여섯 나라가 채택한 정반대의 외교술을 말한다. 소진은 강대국 진을 제외한 나머지 여섯 나라가 서로 연합해야 한다는 합종책을, 장의는 여섯 나라가 각각 진과 우호적으로 연대해야 한다는 연횡책을 제시했다. 물론 이 두 가지 외교 전략은 서로 공존할 수 없었고 하나만 선택해야 했다. 『사기』는 합종연횡의 방대한 스토리를 「소진열전(蘇秦列傳)」과 「장의열전(張儀列傳)」 두 편의 열전으로 나누어 상세히 기록하고 있다. 그런데 춘추전국시대를 마감하는 치열한 외교전 속에 두 사람의 남다른 우정이 숨어 있다.

장의는 위나라 사람이다. 그는 소진과 함께 귀곡자에게 동문수학한 사이였다. 그는 늘 소진보다 자신이 부족하다고 생각했다. 당시 소진은 합종책을 주장하며 진나라에 맞서는 여섯 나라의 재상을 동시에 역임하는 막강한 실권자가 되었다.

장의는 옛 친구 소진의 성공을 축하하고자 몸소 찾아갔다. 그런데 장의가 도착했다는 것을 알면서도 소진은 만나주지 않았다. 며칠을 기다린 끝에 소진이 나타났지만, 친구에게 노비들이 먹는 음식을 내놓으며 냉담한 표정으로 대했다. 심지어는 장의의 면전에서 그의 부족한 점들을 열거하며 자신에게 청탁할 생각 말라고 매정하게 대했다. 옛 친구를 축하할 마음으로 찾아갔다가 졸지에 수모를 당한 장의는 분한 마음을 꾹 참고 그곳을 떠났다.

그런데 소진은 비밀리에 자신의 부하를 시켜 장의의 뒤를 봐주도록 했다. 그러고는 이렇게 당부했다. "나는 장의가 작은 이익 때문에 큰일을 이루지 못할까 걱정되어 그를 박대한 것이다. 너는 장의가 눈치채지 못하도록 몰래 도와주도록 해라."

소진의 부하는 명령대로 비밀리에 재물과 연줄을 동원하여 장의가 진나라에 등용될 때까지 힘을 써주었다.

사실 장의는 너스레가 남달랐던 사람이다. 언젠가 초(楚)나라 재상의 술자리에 초대받았는데 그 집의 보물을 훔친 도둑으로 몰린 적이 있었다. 아니라고 부인했지만 곤장 수십 대를 맞고 겨우 풀려났다. 성한 곳이 없을 정도로 망가진 그의 몸을 보고 걱정하는 아내에게 장의가 처음으로 한 말은 이것이었다.

"아직 내 혀는 살아 있으니 문제없을 것이오."

이처럼 여유 넘치는 장의의 태도가 소진이 보기에는 불안했을 것이다. 자잘한 인정에 휩쓸리고 쓸데없는 호기를 부리다가 자기 재능을 제대로 펼치지 못할 것이라 걱정한 것이다.

시간이 지나, 소진이 겉으로는 박대했지만 몰래 자신을 후원하고 있었다는 사실을 알게 된 장의가 이렇게 탄식했다고 한다. "나는 먼 앞날을 내다보는 소진의 지혜에 미치지 못하는구나. 그가 살아 있는 동안 내가 무슨 말을 할 수 있고, 무슨 일을 할 수 있겠는가?"

소진의 은혜에 보답하고자 그의 정책에 반대하지 않겠다고 선언했지만, 보은의 각오에도 불구하고 당시 냉정한 외교의 현실에서 장의의 연횡책은 소진의 합종책과 충돌할 수밖에 없었다. 결국 장의의 연횡책을 채택한 진나라에 의해 소진의 합종책을 따랐던 육국은 차례로 멸망하게 된다.

소진과 장의의 우정 이야기는 서로 잘되기를 바라는 순수한 마음과 살벌한 이해타산 사이를 아슬아슬하게 오간다. 하지만 사마천이 이야기를 풀어가는 전반적인 기조는 철없는 친구 장의를 뒤에서 몰래 보살펴준 소진의 순수한 우정에 초점을 맞추고 있다.

숭고한 우정이라는 신화에 감춰진 것

그런데 성공한 사람 뒤에는 언제나 좋은 친구가 있었다는 앞의 이야기에 순수한 희생만 담겨 있는 것은 아니다. 좋은 친구들이 헌신했던 데에는 또 다른 이유가 있었다.

포숙아는 자신의 주군 환공(桓公)에게 친구 관중을 추천한 이유에 대해 다음과 같이 말한다.

> 저(포숙아)는 다행히 공을 따랐는데 마침내 즉위하셨습니다. 저는 이제 더 이상 공의 존엄함에 보탤 것이 없습니다. 공께서 제나라만 다스리려 하시면 저로 충분할 것입니다. 그러나 패자가 되고자 한다면 관중을 등용하지 않으면 안 됩니다. 관중이 머무는 나라는 반드시 강해질 것이니 그를 놓쳐서는 안 됩니다. 『사기』 「제태공세가(齊太公世家)」[2]

포숙아가 제환공에게 관중의 사면을 건의한 것은 관중만이 천하의 대의를 실현할 수 있다고 믿었기 때문이다. 장의에 대한 소진의 헌신은 결국 연횡책을 통해 천하가 통일될 수 있는 바탕을 제공했다. 사마천이 포숙아와 소진의 우정을 부각한 것은 우정 그 자체의 순수함을 강조하기 위해서만은 아니었다. 영웅이 세상을 구하려면 누군가의 희생이 불가피함을 보여준 것이다. 우리가 『사기』를 읽으면서 관포지교의 순수한 희생과 헌신을 보며 경건한 마음이 들기보다는 뭔가 비현실적이라는 느낌에 마음이 무거워지는 이유는 이것 때문이다.

순수한 우정에 집착하면 다음과 같은 문제도 생긴다. 어느 누구도 우리에게 포숙아처럼 묵묵히 희생하는 사람이 되라고 강요하지 않지만, 이 정도가 아니면 진정한 우정이 아니라는 생각이 마음 한구석에 자리 잡기도 한다. 거리의 불량배들도 조직을 위해 일부러 죄를 뒤집어쓰는 희생자를 의리와 우정이라는 이름으로 떠받들어준다. 모두 우정에 대한 기준점을 과도하게 설정한 결과다.

순수하지 않으면 어때서?

이익이 있을 때 잠시 친구가 되는 것은 거짓이다.
當其同利時, 暫相黨引以爲朋者, 僞也.

朋 자의 기원

멀리서 찾아오는 친구가 있다면 행복하지 않을까?
有朋自遠方來, 不亦樂乎? 『논어』 「학이」

논어의 첫 구절 속 붕(朋) 자는 보통 친구로 해석된다. 친구(親舊)는 가까이[親] 지낸 지 오래된[舊] 사람을 의미하며, 친고(親故)라고도 했다. 붕(朋) 자의 갑골문은 그 당시 화폐로 사용되던 조개를 묶은 다발을 표현한 것이다. 돈다발을 나타내던 이 글자가 어떻게 친구라는 의미를 갖게 되었을까? 조개가 나란히 늘어선 모습에서 동등한 수준의 사람들이 모인 모습을 나타내게 되었고, 여기서 생각을 함께 나눈 친구라는 의미가 생겨났다.

갑골문 朋　　설문해자의 朋

갑골문의 존재를 몰랐던 허신(許愼)은 『설문해자』에서 朋 자의 유래에 대해 좀 더 과감한 상상력을 발휘했다. 그는 朋 자의 옛날 글자는 鳳 자와 같다고 주장했다. 봉황새[鳳]가 한 번 날아오르면 수만 마리 새가 그 뒤를 따랐다. 그래서 견해가 비슷한 사람들끼리 모인 집단을 붕당(朋黨)이라고 불렀다. 붕당이란 유력한 정치인을 중심으로 많은 당원이 뒤를 따르는 정당(政黨)을 말한다. 조개 다발이든 붕새를 따라 날아가는 새 무리의 모습이든, 朋 자는 서로 비슷한 사람들끼리 모여 있는 모습을 나타냈기에 친구라는 의미를 갖게 된 것이다.

사람들의 모임, 붕당의 탄생

생각이 비슷한 사람들이 붕당을 만드는 것은 본능에 가까운 자연스러운 현상이다. 그런데 송나라의 구양수(歐陽脩)는 이런 붕당에도 질적인 차이가 있다고 강조한다.

> 붕당(朋黨)이라는 말은 오래전부터 있었습니다. 다만 왕께서는 군자와 소인(小人)의 붕당을 분별하기를 바랄 뿐입니다. 군자는 도의(道義)를 중심으로 붕당을 이루지만, 소인들은 서로 이익을 같이할 때 붕당을 결성하니, 이는 자연스러운

이치입니다.

그래서 신은 소인(小人)에게는 붕당이 없고 오직 군자에게만 있다고 생각하는데, 이는 무슨 까닭이겠습니까? 소인이 좋아하는 것은 이익과 녹봉이며 탐내는 것은 재화입니다. 그 이익을 같이할 때는 잠시 서로 끌어들여 당을 만들고 무리를 짓지만 이는 거짓에 불과합니다. 이익을 보면 먼저 쟁취하려 하고, 이익이 될 만한 것이 모두 사라지면 교류가 소원해지면서 서로 해치려고 합니다. 이런 지경이 되면 비록 형제, 친척이라도 서로를 보호해줄 수 없습니다. 그래서 신은 소인에게는 붕당이 없고, 그들이 잠시 붕당을 만드는 것도 거짓이라고 하는 것입니다.

군자는 그러지 아니합니다. 그들이 지키는 바는 도의(道義)이고, 행하는 것은 충성과 신의이며, 아끼는 것은 명예와 절조입니다. 이런 마음으로 자신을 닦으면 도가 일치되어 서로 도움이 되며, 이로써 나라를 다스리면 일치된 마음으로 한결같이 서로를 도울 수 있습니다. 이것이 바로 군자의 붕당입니다. 그러므로 임금이라면 당연히 소인의 거짓된 붕당을 물리치고 군자의 참된 붕당을 중용해야만 천하를 제대로 다스릴 수 있을 것입니다. 구양수, 「붕당론(朋黨論)」[1]

인간은 본능적으로 붕당을 만든다. 다만 자기 이익을 위해 만드는지, 사회적 정의와 가치를 실현하기 위해 만드는지 그 목적이 다를 뿐이다. 구양수는 문명인이라면 이익만 앞세우는 소인의 붕당이 아니라 공공의 보편적인 가치를 위한 공당(公黨)을 만들 것을 강조했다.

개인의 이익보다 공적인 도의를 앞세워야 한다는 규범을 두고 인간의 솔직한 본능을 감추는 위선에 불과하다고 비판하는 사람도 있다. 심지어 동아시아에서 시장경제가 조기에 정착되지 못한 것을 이런 위선적인 태도 때문이라고 여기기도 한다.

조지프 헨릭은 서구 사회가 동아시아보다 먼저 근대사회로 진입할 수 있었던 핵심적인 이유를 친족 기반 사회에서 익명의 존재들 간의 이익을 보장해주는 시장 사회로 빨리 전환되었기 때문이라고 본다. 그의 설명대로라면 동아시아 사회는 순수한 이타적 관계인 가족애와 우정에만 몰두한 나머지, 이기적 동기를 가진 익명의 존재들 간의 신뢰를 보장해줄 수 있는 시장경제의 규범을 만들지 못했다. 순수한 우정이라는 허상에 붙잡혀 익명의 타자들끼리 서로 신뢰할 수 있는 사회적 제도를 만드는 데 적극적이지 못한 것이다.

서구의 근대 시장경제 상인조합은 무엇보다 사적 이익을 최우선으로 한다. 하지만 모두가 공적 영역을 무시하고 사익만을 우선한다면 그 사회는 통제할 수 없는 무한경쟁의 늪에 빠질 수 있다. 그래서 상호 관계나 유대가 거의 없는 익명의 사람들끼리 이익을 거래하는 공간에도 나름의 규범이 생겨났다. 시장에서 거래하려면 아는 사람은 물론 낯선 사람들에게까지 공정하고 정직하다는 평판을 쌓아야 한다. 낯선 사람에게도 친밀한 모습을 보여주어야 한다. 유럽의 계몽주의 사상가들이 말한 '부드러운 상업'이라는 개념은 여기에서 비롯되었다. 상업이 낯선 사람들 사이의 상호작용을 매끄럽고 부드럽게 만들며 사람들을 길들였다.[2]

그에 따르면 서구 사회는 부드러운 상업을 통해 이익을 앞세우는 낯선 사람들 사이에 질서와 규칙을 정해주었다. 반면 동아시아 사회는 이익관계를 경시하고 도의(道義)를 앞세운 나머지, 다수의 소인을 무시하고 소수의 군자를 위한 위선적인 사회제도를 유지하는 데 골몰했다. 구양수와 같은 엘리트들은 이익 앞에서 잠시 친구가 되는 것은 거짓이라고 비판할 뿐, 이익관계로 모인 사람들끼리 서로 신뢰할 수 있는 제도와 절차를 만드는 데는 관심이 없었다.

계약에서 시작된 우정

서구 역사에서 우정이라는 단어는 특정한 시기에만 부상한다고 한다. 주로 생존이 절박한 상황에서 의지할 수 있는 대상을 찾는 때다. 역사학자 브렌던 매키(Brendan Mackie)는 14세기 대기근과 흑사병의 유행으로 인구의 절반 이상이 숨졌을 때, 우정이라는 단어가 자주 등장했다고 설명한다. 가족을 잃은 사람들은 의지할 대체 관계를 찾는 데 절박했다. 이때 본격적으로 친구와 서신을 나누고, 교회에서 우정을 맹세했으며, 반지를 교환하면서 죽은 뒤 합장될 것을 소원하기도 했다. 이 시기 문헌에는 우정이라는 단어가 자주 등장한다. 산업혁명 시기에는 농촌 사회를 떠나온 사람들이 도시로 몰려들면서 의지할 관계를 찾기 시작했고, 그들은 공연장을 찾거나 카페에 돈을 내고 앉아 커피를 마시면서 친밀한 관계를 찾아 헤맸다.

20세기에는 새로운 형태의 우정이 등장했다. 20세기 중반 도시를 떠나 교외로 이주한 서구 중산층들은 개인적인 공간에서 고립된 소비생활을 즐겼다. 그들은 라디오나 텔레비전 프로그램을 친구로 삼았다. 가까운 거리에 텔레비전을 설치한 시청자들은 마치 친밀한 공간에서 친구와 대화하듯 텔레비전 속 출연자들과 소통하는 느낌을 갖게 되었다. 최근의 경제 위기는 또 다른 친구를 찾게 했다. 아이를 더 적게 낳고 결혼까지 포기한 사람들은 이제 인터넷이나 소셜 미디어 공간에서 친구를 찾으며, 유튜브 채널 속 대상에게 친밀감을 느낀다. 화면 너머 진행자들의 수다와 웃음소리를 듣고 즐기지만, 이들이 우리가 진정 의지할 수 있는 친구가 되기에는 역부족이다. 그들은 나의 웃음소리를 들을 수 없기 때문이다. 친구 사이에 이루어져야 할 기본적인 상호작용이 결여된 관계다.[3]

고립되고 외로운 상황에 처하면 의지할 대상을 찾는 것은 인간의 본능에 가깝다. 다른 사람을 그리워할 때 뇌에서 활성화되는 부분은 식욕을 담당하는 뇌 영역과 같다. 우리의 뇌는 누군가와 함께 있고 싶다는 욕구를 배가 고플 때 음식을 갈망하는 것과 동일하게 인식한다. 즉, 사회적 상호작용에 대한 갈망은 식욕처럼 기본적인 욕구다.

우정이란 우리 삶에 덤으로 주어진 사치스러운 관계가 아니라 생존과 직결되는 문제이기도 했다. 니컬러스 A. 크리스타키스(Nicholas A. Christakis)는 『블루프린트』에서 인간이 문명의 진화를 이룰 수 있었던 것은 우정이라는 감정이 생기면서부터였다고 주장한다.

우리의 수렵채집인 조상은 가장 필요한 순간에 오히려 남들로부터 도움을 받지 못할 것이라는 두려움 때문에 우정을 개발했다. 도움을 못 받으면 죽을 수도 있는, 생존이 위협받는 상황에서 친족에게만 의지하는 것은 한계가 있었다. 큰 먹이를 사냥하고 지역을 안전하게 돌아다니는 일 같은 집단 과제는 친족끼리 해결하기 어려워 더 큰 규모의 집단이 필요했다. 또한 직계가족 내에서는 특정한 상황 대처에 필요한 기술이나 지식을 넓은 범위로 접할 수 없었다. 이런 상황에서 자신에게 헌신하는 친구를 사귀는 것은 좋은 전략이었다. 우정을 통한 비친족 연결이야말로 새로운 착상이나 다른 자원을 접할 수 있는 유일한 방법이었을 것이다. 따라서 우정과 같은 비친족 연결은 우리 종의 문화를 창조하고 유지하는 능력의 출현에 특히 중요한 역할을 했다. 우리는 친구와 집단이라는 사회적 껍데기로 보호됨으로써 놀라울 만치 다양한 상황에서 생존할 수 있었다.[4]

더 이상 소진이나 포숙아와 같은 순수한 우정을 갖지 못했다고 부끄러워할 필요는 없다. 더 이상 순수한 우정의 포로가 되어서는 안 된다. 순수함에 대한 과도한 기대치가 오히려 우정이 시작된 근본적인 조건마저 잊게 만들 수 있기 때문이다. 우정이란 우리 삶에 덤으로 주어진 사치스러운 것이 아니라 생존을 위한 선택이었고, 그렇기 때문에 서로의 이해관계가 일치하지 않으면 그만둘 수도 있는 자연스러운 관계다. 괜히 자신을 힘들게 할 필요는 없다[不可則止, 無自辱焉(불가즉지, 무자욕언)]. 공자의 말씀이다.

순수함과 이익 관계의 사이에서

『장자』에는 라이벌 혜시가 중요한 인물로 자주 등장한다. 장자와는 생각의 결이 정반대였던 혜시 덕분에 장자의 생각이 도드라진다. 그런 혜시가 장자보다 먼저 죽었다.

어느 날 장자는 혜시가 묻혀 있는 묘를 지나게 되었다. 묘를 한참 바라보다가 옆의 시종에게 나직이 말했다.

"옛날 영(郢)이라는 곳에 한 사람이 있었다네. 그 사람은 자기 코끝에 파리 날개만큼 얇게 흰 가루를 바르고는 친구 장석에게 도끼를 휘둘러 흰 가루만 벗겨내는 묘기를 보여달라 했다지. 장석의 도끼가 바람을 가르는 소리가 나면서 흰 가루는 깨끗하게 벗겨졌지만 친구의 코는 하나도 다치지 않았지. 심지어 자리에서 움직이지도 않고 얼굴빛 하나 변하지 않았다네.

송나라 원군이 소문을 듣고 장석을 불러 자기에게도 똑같이 시범을 보여달라고 했다네. 그러자 장석이 이렇게 말했다더군. '제가 도끼를 다룰 수는 있지만 그 친구가 죽고 없습니다.'

혜시 그대가 죽은 뒤로 나 역시 단짝을 잃고 말았으니, 이제는 더 이상 함께 논쟁할 사람도 없겠구나." 『장자』「서무귀(徐無鬼)」[5]

장석에게는 눈 하나 깜짝하지 않고 그 자리에 서 있어줄 친구가 있었기에 코끝의 얇은 흰 가루를 도끼로 쳐내는, 아슬아슬한 묘기를 부릴 수 있었다. 장자에게는 혜시가 바로 그런 친구였다. 친구 혜시가 없다면 독창적인 지성의 소유자 장자도 없는 것이다.

『장자』에는 생각이 전혀 다른 두 사람의 논쟁이 많이 등장한다. 주인공은 대부분 장자와 혜시다. 장자에게 혜시는 자신을 도드라지게 해주는, 자신의 존재 이유이기도 했다.

장자는 자기 부인이 죽었을 때도 사람이란 자연에서 와서 자연으로 돌아가는 존재니 슬퍼할 것 없다며 춤추고 노래했던 사람이다. 그런 그가 친구 혜시의 죽음 앞에서는 무기력하게 낙담한 모습을 드러냈다. 그리운 친구에 대한 순수한 상실감과 그의 부재가 가져올 손해에 대한 걱정이 교차했기 때문이었을까?

이익 때문에 생긴 우정

구양수는 이익을 염두에 두고 친구가 되는 것은 소인배들이나 하는 짓이라고 비난했다. 하지만 평범한 우리들은 대부분 특정한 이해관계 때문에 누군가를 만나고, 또 그 과정을 통해 우정을 쌓는다. 이익을 같이할 때 서로 모이지만 이익이 사라지면 서로 멀어지는 것은 크게 이상한 일이 아니다.

한나라의 적공(翟公)이 정위(廷尉)라는 벼슬에 올랐을 때 찾아오는 손님들로 대문 밖이 가득했다. 그러나 누명을 쓰면서 관직에서 물러나자 대문 밖에 참새를 잡는 그물을 쳐도 될 정도로 찾는 사람이 없었다. 적공이 다시 복권되어 정위에 오르자 다시 사람들로 북적거렸다. 이 모습을 본 적공이 분을 이기지 못하고 대문에 이런 글귀를 큼지막하게 써 붙였다고 한다.

> 한 번 죽다 살아나니 우정이 무엇인지 알게 되었고, 가난했다가 다시 부자가 되니 우정의 진짜 모습을 알게 되었다. 귀했

다가 천해져야만 우정이 무엇인지 드러날 것이다.

一死一生, 乃知交情. 一貧一富, 乃知交態. 一貴一賤, 交情乃見.

『사기』「급정열전(汲鄭列傳)」

구양수는 눈앞의 이해관계 때문에 모임을 만드는 것은 군자의 붕당이 아니라 소인의 거짓된 붕당이라고 비난했다. 반면 적공은 결국 이해관계 때문에 사람들이 모이고 흩어진다는 것을 인정했다. 사람들이 나와 친하게 지내고 싶어 하는 것은 나를 통해 어떤 이익을 얻고 싶기 때문이다. 이런 당연한 사실을 모른 체하면서 그들에게 진정한 우정을 기대하는 것은 과한 욕심이다. 그래서 공자는 친구 사이에 너무 자주 충고하지 말라고 경고했다. 언제 헤어질지 모르는 사이에 너무 다그치면 서로 서먹해질 것이기 때문이다[朋友數, 斯疏矣(붕우삭, 사소의)]. 너무 따지지 않기로 하자, 친구 사이에는. 그러면 작은 선의에도 감사하게 될 것이다.

함부로 사람의 미래를 말하지 말라

과거의 잘못을 추궁하지 말고 장래의 악행을 예측하지 말라.
不追其既往, 不逆其將來.

공자 학단의 입학 거부 사건

어느 날 공자의 제자들이 한 학생의 입학 여부를 놓고 불만을 제기했다.

호향(互鄕)이라는 마을은 험악한 곳으로 그 마을 사람들과는 말이 잘 통하지 않았다. 어느 날 그 마을의 한 소년이 공자를 만나고 싶어 했다. 이 소식을 들은 제자들이 어찌할 바를 몰랐다. 이런 모습을 보고 공자가 제자들에게 말했다.

"변화하려고 노력하는 사람을 받아들이는 것이지, 이 자리를 벗어나 행할 것으로 예측되는 것까지 따질 필요가 있겠느냐? 그렇게 심하게 할 필요가 있겠느냐? 사람이 깨끗한 마음으로 다가오면 그 깨끗함을 받아들이면 되는 것이지 그의 과거까지 마음에 담아둘 것은 없지 않겠느냐?"

互鄕難與言, 童子見, 門人惑. 子曰, 與其進也, 不與其退也, 唯何

甚. 人潔己以進, 與其潔也, 不保其往也. 『논어』「술이」

호향은 풍속이 거칠기로 유명한 곳이었다. 한 학생이 공자에게 배우고 싶어 했지만 제자들은 이 마을 출신이라는 이유로 입학을 반대했다. 요즘 세상의 기준으로 보면 명백한 차별이다. 당시는 신분제 사회였기에 누구도 문제 삼지 않았다. 그런데 공자는 그 시대와는 어울리지 않는 의외의 말을 한다. 그렇게 심하게 굴지 말라며 제자들을 나무란 것이다. 배우고자 하는 자세로 찾아온다면 그 사람의 과거를 문제 삼지 말고 미래 역시 미리 단정하지 말라는 말씀이다.

공자는 출신지와 과거 행동이 현재와 미래까지 규정한다고 생각하지 않았다. 사람은 교육을 통해 개선될 수 있다고 믿었다. 주자는 이 구절에 나온 공자의 열린 마음을 다음과 같이 해설한다.

그가 자신을 깨끗이 하고 찾아오면 스스로 자정(自淨)할 수 있다는 것을 인정하고 받아들이는 것이지, 과거의 선악까지 염두에 둘 필요는 없다.

그가 만남을 요청하였으니 허락한 것이지 그가 이 자리에서 물러나 나중에 악을 행할 것까지 허락한 것은 아니다. 공자의 이런 태도는 과거의 잘못을 추궁하지 않고 장래의 악행을 예측하지 않는다. 배우고자 하는 마음가짐을 가지고 왔으니 받아들이면 되는 것이다. 『논어집주』[1]

과거의 행실은 그 사람을 이해하는 기초 자료가 될 수는 있지만, 그것만으로 미래를 단정하는 것은 부당하다. 공자는 사람의 개선 가능성을 믿었다. 그가 배움을 그토록 강조했던 이유다.

선제적 조치라는 폭력

인류가 과거를 회상하고 학습하는 이유는 유사한 사태가 재발하지 않도록 선제(先制)적인 조치를 취할 수 있기 때문이다. 선제(先制)란 상황이 발생하기 전 사태를 미리 파악해 능동적으로 문제를 제압하는 것을 말한다. 그런데 최근에는 아예 문제의 뿌리가 생겨나기도 전에 뽑아버리고 근원을 봉쇄해버린다는 발본색원(拔本塞源)을 주장하는 사람들이 있다. 예측에 근거해 유해한 것을 미리 제거해버리는 이런 폭력적인 방식을 선제(先除)라고 한다.

영화 〈마이너리티 리포트〉는 이런 선제(先除)의 위험성을 보여준다. 영화는 미래를 볼 수 있는 영매의 힘을 빌려 범죄를 저지를 것으로 예상되는 사람을 사전에 색출해 제거하는 이야기다. 미래를 보는 사람이라는 영화적 설정 때문에 당시에는 정말로 이런 일이 생길 것이라 걱정하는 사람은 많지 않았다. 그런데 시간이 지나면서 이런 일이 가능할지도 모른다는 생각이 들기 시작했다. 빅데이터를 근거로 인공지능이 예측해놓은 것들이 놀랍도록 정확하다는 사실이 드러나면서 사람들은 어쩌면 이 영화가 현실이 될 수도 있겠다고 여기게 되었다.

제러미 리프킨은 통계에 의지해 사람의 행동을 예측하여 공공안전에 위협이 되는 잠재적 범죄자를 미리 제거하고, 사회운동이 발생하기 전에 미리 억압해버리는 암울한 미래를 이야기한다. 빅데이터가 선제(先制)를 넘어 선제적(先除的) 결정을 가능하게 할 수 있다.

그런데 한 사람을 위험한 존재로 분류하는 기준은 알고리즘을 짜는 분석가에 좌우될 가능성이 높다. 또한 개인은 빅데이터에 의해 수집된 자신의 정보에 대해서 자기 의견을 피력하거나 대응할 방법이 없다. 이렇게 되면 미리 정해진 기준에 의해 개인의 미래는 결정되어버리고[先制], 개인은 주체적으로 대응할 수 없는 상태로 봉쇄되어 심지어 사회에서 제거되는[先除] 불행한 상태에 처할 수도 있다.[2]

이런 무시무시한 이야기까지는 아니더라도 기계가 만들어낸 통계 수치가 우리 삶을 지배하는 영역이 늘어나고 있다는 사실은 모두가 느낄 수 있다. 그렇지만 우리는 가끔 이런 통계 수치를 거부하기도 한다. 2022년 11월 카타르월드컵 본선에서 한국이 포르투갈을 이길 확률은 19퍼센트에 불과했다. 빅데이터 분석에 근거한 신뢰할 만한 수치라고 했다. 19퍼센트라는 확률에 굴복한 사람들은 일찍 잠자리에 들었다. 하지만 어떤 사람들은 선수들의 투지에 힘입어 이길 수도 있을 것이라 믿고 새벽에 일어나 응원을 보냈다. 결국 한국은 포르투갈을 상대로 극적인 역전승을 거두었다.

통계를 전적으로 신뢰한다면 새벽에 일어나 경기를 보는 것은 어리석은 일이다. 하지만 인간의 의지가 통계의 벽을 넘을 수 있다고 믿는 사람들은 새벽 일찍 일어나 그 가능성에 희망을 걸었다.

과거 행적만으로 그 사람의 미래를 섣불리 예단하지 말라는 공자의 인간에 대한 믿음은, 나도 모르게 위험인물로 선제될지도 모른다는 공포를 마주한 현대인에게 남다르게 다가온다. 단 한 번의 잘못으로 미래의 가능성까지 봉쇄될 수 있는 빅데이터의 무자비한 진실 앞에 선 외로운 현대인에게, 1퍼센트의 가능성일지언정 의지로 극복할 수 있다는 공자의 인간에 대한 믿음은 그 어느 때보다 다정하게 느껴진다.

다수를 따르겠지만, 조건이 있다

공자가 인간이 가진 의지만 절대시한 것은 아니었다. 그 역시 많은 사람이 선택한 데는 타당한 이유가 있으며 합리적인 판단일 가능성이 높다고 생각했다. 하지만 다수라는 숫자에만 현혹되어서는 안 되고 반드시 특정한 기준을 충족해야 한다고 강조한다.

> 검은 베로 만든 관을 쓰는 것이 예(禮)이지만 지금 사람들은 생사로 짠 것을 쓴다. 검소하기 때문이다. 나는 사람들을 따르겠다. 당 아래에서 절하는 것이 예이지만 지금 사람들은 당 위에서 한다. 이것은 교만에서 비롯된 것이다. 나는 사람들을 따르지 않고 아래에서 절을 하겠다. 『논어』「자한」[3]

어떤 관을 쓰고 어떻게 절을 하는 것이 예(禮)에 부합하는지 논쟁하는 내용이다. 검은 물을 들인 베로 관을 만들려면 가는 실을 촘촘하게 엮어야 해서 비용이 많이 든다. 하지만 생사로 대신하면 훨씬 편하게 만들 수 있고 경제적이기도 하다. 손이 많이 가는 재료로 힘들게 만든 관을 쓰는 것이 예이지만 실제로 많은 사람들은 생사로 만든 검소한 관을 쓴다. 전통적인 예는 아니지만 공자는 대중을 따르겠다고 한다.

제사를 지낼 때 많은 사람들은 당 위에서 절을 한다. 그것이 편하기 때문이다. 공자는 이것은 예가 아니며 교만한 게으름에서 비롯된 것이라고 보았다. 다수가 이렇게 행동하지만 공자는 이런 방식을 따르지 않는다. 대중의 선택을 무조건 따르는 것이 아니라 공자 스스로 제시한 기준에 합당할 경우에만 따르겠다는 것이다.

주자의 자세한 해설을 들어보자. 대중의 선택을 따라 생사로 만든 관을 쓰겠다는 것은 단순히 경제적인 이유 때문만은 아니었다. 생사로 만든 관을 쓰는 것은 망자에 대한 존중이라는 예의 근본을 해치지 않았다. 하지만 당 위에서 편하게 절하겠다는 것은 게으름에서 비롯된 행동이다. 이것은 예의 근본을 해친 것이다. 군자는 어떤 행동이 의를 해치지 않으면 대중을 따르는 것도 좋지만, 의를 해치는 것이라면 따르지 않는다. 공자는 실용주의와 원칙주의 중 어느 한쪽으로도 기울지 않았다.

공자는 반드시 의로움이라는 최소한의 기준을 충족해야 대중의 의견을 따르겠다고 했다. 많고 적음의 문제가 아니라 그 안에 타당한 가치가 있어야 한다는 의미다. 다수의 결정에 무조건 따르지 않고 그 안에 담긴 인간의 의지도 함께 살펴야 한다는 공자의 의연한 태도는 큰 숫자라면 의심하지 않고 맹신하는 현대인의 나태함을 다시 돌아보게 한다.

하지만 빅데이터는 인간이 의지로 뛰어넘을 수 있는 가능성의 영역을 갈수록 무력화시키고 있다. 1퍼센트의 가능성만 있어도 의지로 극복할 수 있다던 인간의 신념은 대량의 통계 수치 앞에서 점점 자신감을 잃어가고 있다.

공자는 작은 수치로 나타난 가능성 속에서도 인간이 개선될 여지가 있다고 믿었다. 또한 다수의 결정을 존중하면서도 자신의 가치 기준을 잃지 않았다. 작든 크든 그 숫자의 규모에 상관없이 자신의 판단을 신뢰했던 것이다. 과거의 이력만으로 그 사람의 미래를 함부로 예단(豫斷)하지 말라고 했던 공자의 포용력은 이런 자신감에서 비롯된 것이 아니었을까?

다수는 언제나 옳은가

어리석은 사람은 일이 완성되었어도 알지 못하고,
지혜로운 사람은 아직 이루어지지 않은 것도 미리 볼 수 있다.
愚者闇成事, 智者睹未形.

신하들의 말을 듣지 않는 고집스러운 왕

춘추전국시대를 대표하는 개혁 군주 가운데 조(趙)나라 무령왕(武靈王)이 있었다. 그는 야만인으로 간주되던 북방 유목민의 기마 전술을 전격 채택하여 북벌에 성공하면서 나라를 강대국의 반열에 올려놓았다. 당시 중원지역의 복식(服飾)은 한 벌로 된 긴 옷을 가운처럼 입는 형식이었지만, 북방 유목민족의 복식은 상하의가 분리된 것이었다. 말을 타는 데는 바지가 편했기 때문이다. 중원의 관리들은 긴 옷의 한가운데를 두른 허리띠의 모양으로 관직의 등급을 구별했다.

기마술을 도입하기 위해서는 바지를 입는 야만인들의 복식을 따라 해야 했다. 또한 말을 탈 때 상의 옷자락이 풀어지지 않도록 왼쪽 옷고름을 오른쪽 안으로 여미는 좌임(左衽)으로 바꾸어야 했다. 옷고름의 방향은 당시 중원 민족이 주변 민족과 자신을 구별하는 가장 중요한 문화적 특징이었다. 공자는 제나라의 명재상 관중의 탁월한 업적을 칭찬하면서 다음과 같이 말했다. 만약 관중이 오랑캐를 물리치지 않았다면 아마도 우리는 머리를 풀어 헤치고 옷고름을 왼쪽으로 여미고[被髮左衽(피발좌임)] 있을지도 모른다고. 우임(右衽)이야말로 중원문화의 자존심을 상징하는 것이었다.

풍속을 바꾸라는 명령에는 분명히 반발이 따를 것이다. 이런 상황에서 무령왕과 신하 비의(肥義)가 나누었던 대화가 『사기』에 생생하게 기록되어 있다.

> "탁월한 업적을 이룩하려는 사람은 세상의 풍속을 저버렸다는 비난을 감내해야 하고, 자신만의 창의적인 생각을 견지하려는 사람은 세상 사람들을 업신여긴다는 원망을 각오해야 한다. 지금 내가 백성들에게 오랑캐의 풍속을 가르치려고 하는데, 세상 사람들은 틀림없이 나에 대해 이러쿵저러쿵 말이 많을 것이다. 어떡하면 좋은가?"
>
> 비의가 대답했다. "일에 대해 의심하면 공(功)이 이루어지지 않고 행동을 의심하면 명성이 세워지지 않습니다. 왕께서 이미 세상의 풍속을 저버렸다는 비난을 감내하기로 하셨으니 앞으로는 세상 사람들의 평가를 돌아보지 마십시오. 지극한 덕을 실현하려는 사람은 세속과 화합하지 않고, 큰 업적을 이루려는 사람은 대중과 상의하지 않습니다. 어리석은 사람은 일이 완성되었어도 알지 못하고, 지혜로운 사람은 아직 이루어지지 않은 것도 미리 볼 수 있습니다[愚者闇成事, 智者睹未形(우자암성사, 지자도미형)]. 왕께서는 무엇을 의심하십니까?" 『사기』 「조세가(趙世家)」[1]

생활 습속을 바꾸라는 명령은 결국 큰 저항을 불러왔다. 무령왕은 이런 풍속의 변화에 대해 앞장서 반대하던 태자까지 폐위시키면서 결국 호복(胡服)을 관철시켰다. 조나라의 부흥을 이끈 개혁은 이런 과감한 선택이 있었기에 가능했다.

바지를 입고 좌임의 상의를 걸치는 것은 실용적인 목적 때문이었다. 기록에 의하면 무령왕은 유목민 특유의 털모자와 황금 장식까지 착용했다고 한다. 무령왕은 자신의 개혁정책이 처음부터 환영받지 않을 것은 물론 커다란 저항에 직면할 것임을 예감하고 있었다. 그래서 그는 "탁월한 업적을 이룩하려는 사람은 세상의 풍속을 저버렸다는 비난을 감내해야 하고, 창의적인 생각을 견지하려는 사람은 세상 사람들을 업신여긴다는 원망을 각오해야 한다"라는 비장한 각오를 내비쳤다.

사실 무령왕이 신하들의 주장에 반대했던 것은 그들이 기득권자의 욕망에만 충실하다는 사실을 알았기 때문이다. 무령왕은 신하들로 제한된 집단지성을 믿지 않았다.

춘추시대의 전쟁은 중원의 평야지대에서 펼쳐진 귀족 중심 전차전으로, 일종의 보여주기식 전투였다. 살상 무기를 사용해 상대 병사들을 살육하기보다는, 양 진영의 귀족들이 화려한 전차를 타고 돌면서 상대의 기세를 꺾으려는 심리전 위주였다. 그런데 전국시대에 영토가 확장되자 전투 공간도 주변 산악 지형으로 이동하게 되어 새로운 기마 전술의 도입이 필요해졌다. 과거 전차전 위주의 전술에서 업적을 쌓았던 귀족들은 새로운 전술을 도입할 경우 자신의 부대가 예전과 같은 대우를 받지 못할까 걱정했다. 새로운 전술이 도입되면 귀족들의 전차부대 역할은 줄어들 것이기 때문이다. 자신들의 위상이 위태로워진 것이다. 귀족들은 자신들만의 기득권에 충실했다.

대중의 눈치를 보며 머뭇거리는 왕

개혁을 시도했지만 대중의 반발에 직면했던 또 한 명의 군주가 있다.

전국시대 진나라 효공(孝公)은 자신의 과감한 개혁이 대중의 반발에 직면하자 머뭇거린다. 『사기』에는 효공이 이 문제로 상앙(商鞅)과 나눈 대화가 마치 옆에서 들은 것처럼 자세히 기록되어 있다. 효공은 개혁을 시도하면서도 백성들이 자신을 비난할 것을 걱정했다. 그러자 상앙이 다음과 같이 왕을 달랬다.

행동에 의심이 남아 있으면 명성을 이룰 수 없고, 일에 의심을 가지면 성취가 없게 됩니다. 원래 고상한 행동을 하는 사람은 세상 사람들의 비난을 받기 마련이며, 혼자만의 독특한 생각을 가진 사람은 오만하다는 평가를 받는 것이 다반사입니다. 어리석은 사람은 이미 이루어진 것도 모르고 지나가지만, 현명한 사람은 아직 시작되지 않은 것도 알 수 있습니다[愚者闇於成事, 知者見於未萌(우자암어성사, 지자견어미맹)].

일을 처음 시작할 때 백성들은 함께할 대상이 못 되지만 나중에 함께 일을 완수할 수는 있습니다. 지극한 덕을 논하는 사람은 세상과 타협하지 않으며, 큰 공을 이루는 사람은 대중

> 과 상의하지 않습니다. 그래서 성인은 나라를 강하게 만들 수 있다면 옛 제도에 얽매이지 않으며, 백성들에게 이익이 될 수 있다면 지나간 법도에 연연하지 않는 것입니다. 『사기』「상군열전(商君列傳)」[2]

새로운 개혁을 시도할 때 대중의 호응과 환호를 기대해서는 안 된다. 그들은 이미 기존의 제도에 익숙해져 있기 때문이다. 그들은 일을 함께 시작할 대상은 아니지만, 일이 성공리에 마무리되면 그들 역시 즐거워할 것이다. 비범한 생각을 하는 사람은 세상의 비난을 받게 마련이다. 혼자만의 독특한 생각을 갖고 있는 사람이 오만해 보이는 것은 당연하다. 이런 상앙의 거침없는 설득에 효공은 대중의 반발을 뒤로하고 과감한 개혁정책을 단행한다.

대중은 변화보다는 기존의 상태가 유지되는 것을 선호한다. 사람들이 새로운 것은 불편해하고 익숙한 것을 선호하는 이유는 인간 뇌의 구조적인 특징에서 비롯된다고 한다.

인간의 뇌는 몸무게의 50분의 1에 불과하지만, 산소 소비량의 5분의 1을 차지하는 에너지 과소비 기관이다. 단 몇 분만 산소 공급이 중단되어도 회복 불가능한 치명적 손상을 입는다. 그래서 뇌는 안정적인 에너지 공급과 함께 항상 백업 가능한 여유 자원을 확보하려 한다. 우회로가 있거나 자동화할 방법이 있으면 그 경로를 통해 뇌에 가해지는 부하를 최대한 줄이고 여유 자원을 확보한다. 그래서 인간의 뇌는 매번 깊이 생각하거나 비판적으로 숙고하는 대신 고정관념이나 기존의 경험, 심지어 비과학적 인지 편향에 쉽게 빠진다. 새로운 정보로 인해 불편한 상황이 되면 이성을 동원해 객관적이고 합리적인 사실을 수용하는 것이 아니라, 뇌를 속여 기존 신념과 일치하는 방식으로 정보를 왜곡해 받아들이기도 한다. 알면서도 안다는 것을 의도적으로 회피하고자 할 때 느끼는 이런 불편함을 인지부조화(cognitive dissonance)라고 한다.[3]

사마천은 앞의 두 글에서 현명한 사람의 외로운 결단을 표현하는 데 동일한 문구를 반복적으로 사용한다. 「조세가」의 "愚者闇成事, 智者睹未形"과 「상군열전」의 "愚者闇於成事, 知者見於未萌"은 모두 '어리석은 사람은 일이 완성되어도 알지 못하고, 지혜로운 사람은 아직 이루어지지 않은 것도 미리 볼 수 있다'라는 의미다. 현장의 대화를 사실대로 기록한 것처럼 보이지만 사실은 사마천의 주관이 반영된 허구적 이야기임을 짐작할 수 있다.

기존의 제도가 주는 고정관념이라는 편안함에 빠져 있는 대중은 새로운 정책이 옳다는 것을 알면서도 선뜻 그것을 받아들이지 않고 일부러 외면한다. 그래서 그들은 이미 이루어진 것도 모른 체한다. 현명한 지도자는 인지부조화 상태에 빠져 허우적거리는 대중의 눈치는 아랑곳하지 않고, 이제 막 자라기 시작한 맹아에서도 미래를 볼 수 있다.

집단지성을 따르지 않는 이유

조나라 무령왕과 진나라 효공은 대중의 반발에도 불구하고 자신의 정책을 그대로 추진했다. 다수의 결정을 따르지 않은 것이다. 다수의 선택을 최선으로 간주하는 현대 민주주의 사회에서 이런 태도는 독재자의 독선이라고 비난받을 것이다. 이들은 과연 집단지성의 위대한 힘을 무시한 것이었을까?

다수의 의견은 집단지성을 구성하기도 한다. 하지만 집단지성이 성립되기 위해서는 전제가 필요하다. 단순히 다수의 의견이 모였다는 양적인 집적만으로는 부족하다. 집단을 구성하는 다수가 기존의 기득권이나 편견으로부터 자유로울 수 있는 환경이 먼저 조성되어야 한다. 그래서 집단지성은 유대가 강한 집단보다는 느슨하게 연결되어 있거나 아예 연결되지 않은 구성원들 간의 조합에서 더 효율적으로 발휘된다.

집단지성이라는 개념은 20세기 초 미국의 곤충학자 모턴 휠러(William Morton Wheeler)가 개미를 관찰한 결과를 발표한 것에서 유래했다. 그는 개체로서는 미약한 개미가 집단생활을 통해 상당히 높은 지능 체계를 구성한다고 보았다. 심지어 여러 개체가 모여 만들어낸 지적 활동의 결과가 그 개체들 중 가장 우수한 개체의 것보다 뛰어나다는 사례가 발견되기도 했다.

개체들의 결합이 늘 예상치 못한 결과를 보여주는 것은 개체의 집합 그 자체로 새로운 힘이 생겨나기 때문이다. 부분에는 없지만 전체가 되었을 때 드러나는 것이 있다. 이처럼 부분의 단순한 합과 구별되는, 전체가 가지는 힘을 창발성(創發性)이라 한다.

> 탄소 원자들을 특정한 방식으로 연결하면 흑연이 된다. (…) 그러나 같은 탄소 원자들을 다른 식으로 연결하면 보석을 만들기에 알맞은 단단하면서 투명하고 멋진 다이아몬드가 된

> 다. 여기서 핵심은 두 가지다. 첫째, 부드러움과 검음, 단단함과 투명함이라는 속성들이 탄소 원자의 속성이 아니라는 것이다. 이것들은 탄소 원자 집단의 속성이다. 둘째, 이 속성들은 탄소 원자들이 연결되는 방식에 따라 정해진다는 것이다. (…) 각 부분에는 없는 특성을 전체가 지니는 이 현상을 "창발(emergence)"이라고 하며, 이런 특성을 "창발성(emergent property)"이라고 한다.[4]

무령왕과 진효공의 개혁은 다수의 주장을 따르지 않은 고독한 선택의 결과였다. 그들은 귀족과 다수의 신하 집단의 선택을 믿지 않았다. 그 당시는 집단지성이 구현될 여건이 갖춰지지 않았다. 군주제에서는 집단을 구성하는 다수가 기존의 기득권과 편견에서 자유로울 수 없었기 때문이다. 두 군주의 개혁은 다수의 압박에 굴복하지 않는 소수의 전복적인 사고에서 비롯되었다.

현대 사회에서는 집단지성을 통해 구현되는 창발성의 가치가 강조된다. 민주적 제도와 절차가 완비된 시민 사회에서는 집단지성을 통해 성과를 낼 수 있는 조건이 갖추어져 있기 때문이다. 탄소 원자들은 결합되는 방식에 따라 흑연이 될 수도 있고 다이아몬드가 될 수도 있다. 이 과정에서 원래 개체에는 없던 속성이 처음으로 등장한다. 창발(創發)이란 창조(創造)적인 방식으로 새로운 것이 발생(發生)하는 것을 말한다. 시민 개개인의 힘은 미약하지만 그들을 어떻게 결합하느냐에 따라 생각지 못한 위대한 능력이 발휘될 수 있다.

그런데 우리 시대의 지도자 가운데는 집단의 요구와는 상관없이 자기 생각만 무리하게 앞세우는 사람들이 있다. 이들은 무령왕과 진효공의 고독한 결단을 흉내 내면서 자신이 마치 개혁 군주가 되었다고 착각한다.

역사를 제대로 읽지 못하는 어리석은 지도자는 과거의 사건에서도 그 맥락과 배경을 이해하지 못하고, 앞으로 벌어질 일에도 제대로 대처하지 못한다. 현명한 지도자는 아직 오지 않은 미래에 미리 대처할 줄 아는 사람이다. 역사를 제대로 읽을 줄 아는 사람이다.

나도 모르게 휩쓸리는 이유는?

음악이 이렇게 아름다운 것인지 생각도 못 했구나.
不圖爲樂之至於斯也.

음악과 함께 공부하다

공자의 교육 현장에는 늘 음악이 있었다. 공자는 행단(杏壇)이라는 곳에서 제자들을 가르치면서 거문고를 타고 음악을 즐겼다고 한다. 이 현장을 보통 행단예악(杏壇禮樂) 혹은 행단고슬(杏壇鼓瑟)이라고 부른다. 행단의 행(杏) 자는 은행나무로 알려져 있지만, 최근에는 살구나무라는 주장도 맞선다. 우리나라에는 성균관을 비롯한 공자 관련 사당에 대부분 은행나무가 심어져 있다.

은행나무 아래에서 공부하며 음악을 즐겼다는 낭만적인 정경은 『논어』나 『맹자』와 같은 유가 계열의 문헌에는 나타나지 않고 『장자』에 등장한다.

> 공자가 어느 날 치유(緇帷)의 숲을 거닐다가 행단 위에서 휴식을 취하고 제자들과 책을 읽고 금을 타며 노래를 불렀다.

『장자』「어부(漁父)」[1]

공자를 탐탁지 않게 생각했던 『장자』에 나온 묘사이지만, 공자의 후손들은 공자의 사당 앞에 단을 만들고 주위에 은행나무를 심어 행단이라 이름 붙였다. 이때부터 '행단고슬'은 공자 학단이 학습하는 복합 문화공간을 일컫는 단어로 사용되었고, 일반적인 교육 공간을 나타내기도 했다.

공자가 제자들과 공부하는 현장에서 거문고를 연주했는지 확인할 방법은 없지만 그가 음악을 좋아했다는 것은 『논어』에서도 확인된다. 공자는 당시 문화적 선진국이었던 제나라에 가서 소(韶)라는 음악을 듣고 충격에 빠져 석 달 동안 고기 맛도 알지 못했다고 한다.

> 공자께서 제나라에 계실 때 '소(韶)'라는 음악을 듣고 석 달 동안 고기 맛을 알지 못했다. 말씀하시기를 음악을 짓는 게 이런 경지까지 이를 줄은 생각지도 못했다고 하셨다.
>
> 子在齊聞韶, 三月不知肉味, 曰不圖爲樂之至於斯也. 『논어』「술이」

공부만 열심히 하셨을 것 같은 공자님이 음악에 이렇게 심취했다는 사실에 놀라는 사람들도 있을 것이다. 소(韶)는 옛날 순임금이 만들었다고 전해지는 음악이다. 당시 제나라의 수도 부근이었던 지금의 산둥성 소원촌(韶院村)에는 공자가 소 음악을 들었던 곳이라는 의미의 공자문소처(孔子聞韶處)라는 비석이 남아 있다. 공자가 이처럼 음악을 좋아했다는 소문이 있었기에 장자는 행단고슬이라는 낭만적인 정경을 상상

했을 것이다.

인간이 춤과 음악에 심취하는 이유는

그런데 고기 맛도 모를 정도로 심취했다는 스승의 유별난 취미를 제자들이 기록한 이유는 무엇일까?

사실 당시의 음악은 지금처럼 분위기를 살리기 위해 가볍게 틀어놓거나 단순한 감상용으로 연주되는 것이 아니었다. 음악은 제사나 국가 행사와 같은 특정 의례에서 춤을 출 때 연주되었다. 음악과 춤이 별도의 장르가 아니라 서로 뗄 수 없는 한 몸이었던 것이다.

고대 인류는 음악과 춤을 통해 동일한 정서를 공유했다. 조지프 헨릭은 원시 부족 사회에서 의례를 중시했던 것은 구성원들의 동조성을 확보하기 위한 것이었다고 본다. 그들은 의례를 통해 구성원 개인 간의 유대를 다지고, 집단의 유대를 향상하고자 했다. 이런 공동체 의례는 주로 동조성, 목표지향적 협력, 리드미컬한 음악이라는 세 요소로 구성된다.

동조성(synchrony)이란 다른 사람의 움직임을 따라하고 예측하기 위해 자신의 신경 메커니즘을 조율하는 것을 말한다. 다른 사람과 보조를 맞추면 행동이 하나로 수렴되면서 나와 다른 사람들과의 구분은 점점 흐려진다. 결국 다른 사람들을 자신과 비슷하게 인식하게 되며, 더 나아가 타인을 자신의 확장된 존재로 지각하기도 한다.[2]

공연장에 말없이 앉아 감상하는 클래식 음악은 유럽이라는 독특한 문화적 환경에서 발생한 예외적 장르일 뿐이다. 인류

역사에서 대부분의 음악은 공동체 구성원들을 하나로 묶는 역동적인 현장이었다.

인류에게 춤과 음악이 생겨난 것은 생각보다 오래되었다. 캐럴라인 윌리엄스(Caroline Williams)는 호모사피엔스가 나무에서 내려와 타인과의 협업을 통해 생존을 모색하던 시절부터 춤과 음악이 시작되었다고 주장한다. 인간은 보통 1초에 두 번 떨리는 진동인 2헤르츠의 주파수 박자에 맞춰 춤을 춘다. 나무에서 내려와 두 발로 걷기 시작하면서 몸통에 달린 두 다리가 진자처럼 흔들리는 새로운 박자에 적응하게 되었다. 현대의 댄스 음악의 박자도 대부분 분당 120박, 즉 2헤르츠에 맞춰져 있다.

함께 춤을 추는 것은 나의 몸이 가지고 있는 고유한 수용 감각 정보가 다른 사람의 행동을 감각하면서 혼합되는 과정으로, 자아와 타인의 경계선이 흐려지는 일이다. 춤을 추면서 생각이 다른 사람들과 하나가 될 수 있다. 이런 육체적 유대는 공동체, 종교, 문화의 중요한 원동력이었다. 군대에서 집단으로 경례하는 것도 이런 동기화를 통해 본능적인 유대감을 느끼기 위한 것이다.[3]

공자가 소(韶)를 듣고 세 달 동안 고기 맛도 모르게 된 것은 취향에 맞는 음악을 만나서가 아니라, 춤과 음악이 어우러지는 장엄한 광경을 목도했기 때문이었을 것이다. 다른 사람의 행동을 따라 하면서 공동체의 유대를 형성하는 움직임의 과학이 실현되는 현장을 만난 것이다. 『논어』에는 음악과 관련된 내용이 자주 등장한다.

공자는 다른 사람과 노래를 부를 때, 잘 부르면 반드시 다시 부르게 하여 그 사람과 화음을 이루었다.
子與人歌而善, 必使反之, 而後和之. 『논어』「술이」

후대 학자들은 이 구절을 통해 노래 부르기 같은 하찮은 일도 공자께서 정성을 다하신 거라고 해석한다. 음악의 가치를 이해하지 못하는 사람들로서는 왜 그렇게 음악 이야기가 자주 언급되는지 의아했을 것이다. 잘 부르면 한 번 더 부르게 하고[必使反之(필사반지)], 그와 화음을 맞추려고 했다[而後和之(이후화지)]는 것은 공자에게 음악은 수동적으로 듣는 것이 아니라 적극적으로 호응하는 일이었음을 보여준다.

경쟁에 지친 현대의 젊은이들이 대학가 앞 클럽에 가서 몸을 흔들고 싶어 하는 데에는 다 이유가 있었던 것이다. 다른 사람들과 함께 숨 쉬고 있음을 확인하고자 하는 본능적인 이끌림, 즉 동조에 대한 욕망을 가지고 있기 때문이다.

지나친 동조가 불러오는 문제

인류가 공동체를 유지하는 데 춤과 음악을 통한 동조는 필수 요소였다. 하지만 최근에는 동조에 대한 경계의 목소리도 들려온다. 현대인 대부분이 의식하지 못한 채로 동조에 빠져들고 있다는 것이다. 제니 오델(Jenny Odell)은 《뉴욕타임스》 칼럼에서 한쪽이 다른 쪽의 주기를 따라가게 되는 동조(entrainment)라는 개념을 이용해 소셜 미디어의 문제점을 폭로했다.

소셜 미디어에서는 새로운 사건이 끊임없이 발생하고 분노가 빠르게 증폭된다. 이런 빠른 리듬을 따라가다 보면 우리는 자신의 자연스러운 리듬을 잃게 된다. 오델은 심지어 자신이 트위터를 한창 하던 시기에 그 속에서 시간이 더 빨리 흐르는 것 같았으며, 그만큼 현실 시간에 적응하기 어려웠다고 말한다. 특히 기후변화와 같이 진행이 느리거나 선정성이 떨어지는 일에 집중하는 것은 더 어려웠다고 고백한다.[4]

현대인들은 소셜 미디어가 빠른 속도로 제공해주는 자질구레한 뉴스들에 휘말려 자신만의 시간의 흐름을 상실하고 있다. 누군가 던져놓은 선정적인 이야기가 많은 사람들의 입에 오르내리면서 하나의 흐름을 형성하고, 무심코 지켜보는 사람들도 동조되어 끌려다니게 된다. 눈에 잘 드러나지 않지만 우리가 반드시 고민해야 할 진지한 문제들은 관심에서 멀어진다.

현대인들이 동조의 사슬에서 벗어나지 못하는 것은 삶의 환경이 바뀌었기 때문이다. 과거에는 다른 사람들과 상호작용하는 과정 속에서 인지 편향이 상쇄되기도 했다. 부족, 마을, 사회 구성원들과 함께 일하며 살아가야 했기 때문에 접촉하는 과정에서 서로의 생각을 주고받을 수 있었다. 하지만 아이러니하게도 미디어가 범람하는 현대에는 자신의 생각과 상반되는 생각으로부터 스스로를 고립시키기가 훨씬 더 쉬워졌다.[5]

작은 규모의 공동체에서 살아갈 때는 대화가 필수였다. 대면으로 이야기를 나눌 수밖에 없는 환경에서는 자연스레 나와 다른 생각을 접할 수밖에 없다. 하지만 소셜 미디어만으로 소통하는 현대인은 내 생각과 다른 불편한 이야기가 들려오면 경로를 차단해버린다. 듣기 싫은 소리는 듣지 않을 수 있고 한쪽의 입장만 들을 수 있는 환경에서의 동조는 공동체의 유대감 형성과는 거리가 먼 일이다.

리 매킨타이어(Lee Mcintyre)는 최근 가짜 뉴스가 갈수록 늘어가는 배경에는 이런 동조 현상이 있다고 지적한다. 소셜 미디어를 통해 특정한 정치적 신념에 동조된 사람들은 여기에 감정적인 애착까지 갖는다. 이쯤되면 자신이 틀렸다는 것을 인정하기란 불가능에 가깝다. 전문가들이 제시하는 사실도 동조에 의해 형성된 직감 앞에서는 힘을 쓰지 못한다.[6]

과거 인류는 자신이 속한 공동체와의 유대감을 형성하기 위해 춤과 노래가 어우러지는 동조의 공간을 만들었다. 하지만 공동체를 벗어나 고립된 삶을 살고 있는 현대인에게 소셜 미디어는 인지 편향이라는 반쪽의 동조만 제공할 위험이 있다.

동조보다는 조화

공자는 동조보다 조화를 강조했다. 조화는 서로 다른 것들이 공존하는 상태이지만, 동조란 우월한 것에 이끌려 그것으로 단일화되는 과정이다. 현대사회에서 동조(同調)가 문제가 되는 이유는 다수에 끌려다니거나 특정한 주장에 이끌리는, 즉 동일(同一)한 상태로 조정(調整)된다는 데 있다.

> 군자는 조화로움을 추구하지 모두 같아지는 것을 추구하지 않는다. 소인은 모두 같아지는 것을 추구하지 조화로움을 추구하지 않는다.
>
> 君子和而不同, 小人同而不和. 『논어』「자로」

공자가 말한 동이불화(同而不和)란 '모두 같은 것으로 통일되어야 한다'라는 동조를 말한다. 이는 조화롭게 어울리면 될 뿐 서로 달라도 된다는 화이부동(和而不同)의 반대편에 있다. 동(同)과 화(和)의 차이이다.

일본 사회를 설명하는 개념 가운데 동조화(同調化) 또는 동조 압력(同調壓力)이라는 용어가 있다. 다른 견해를 가진 소수의 사람들에게 암묵적으로 다수 의견에 따르도록 압력을 넣는 것을 말한다. 일본어로 '공기를 읽는다'라는 말은 이럴 때 개인이 어떠한 선택을 해야 할지를 알려주는 기준이 된다. 이런 현상은 전시 상황을 경험했던 일본 사회의 특수한 역사와도 무관하지 않다. 전쟁과 같은 비상사태에서는 암묵적 묵인을 통해서라도 모두의 의견을 한목소리로 통일하는 것이 절대적으로 중요했다.

무언가를 결정하기 전에 다수의 분위기를 파악해야 한다는 동조에 대한 압력은 네마와시[根回し]라는 독특한 문화를 만들어냈다. 중요한 의사결정을 내리기 전에 관련자들을 미리 만나 의견을 조율하고 공감대를 형성해 사전에 합의를 도출하는 관례를 말한다. 이 단어는 원래 나무를 다른 곳에 옮겨 심기 전에 새로운 땅에 적응할 수 있도록 잔뿌리를 다듬고 뿌리 전체를 밧줄로 감아주는 작업을 가리키는 용어였다. 일본에서는 네마와시라는 독특한 문화를 모른 채 사전에 의견을 조율하지 않고 회의 석상에서 불쑥 자기 의견을 말했다가 낭패를 당하는 경우가 많다고 한다.

이런 동조 압력은 우리 사회에서도 찾아볼 수 있다. '눈치껏 해라' 혹은 '분위기 파악 좀 해라'라는 말은 적당히 다수 의견에 동조하라는 암묵의 강요다.

개인 일정을 이유로 회식에 불참을 통보하는 젊은 직원의 태도를 불편하게 바라보는 사람들이 있다. 다른 사람들 다 참석하는데 눈치도 없이 분위기를 파악하지 못하는 사회 초년생의 철없는 행동으로 여긴다. 하지만 그들의 이런 당당함은 어쩌면 합리적 시스템에 대한 믿음에서 비롯된 것인지도 모른다. 회식에 참여하지 않더라도 인사상 불이익을 받지 않을 것이라 믿기에 당당하게 거절 의사를 밝히는 건 아닐까? 공적인 신뢰가 무너지고 만인에 의한 만인의 투쟁이 벌어지던 이전 시대에 만연했던 불안 심리가 이제는 사라졌다는 긍정적인 신호로 해석해볼 수도 있지 않을까?

사적인 연줄만으로 생존을 모색하던 불신의 시대에는 조직의 상하 관계에 순응해야 했다. 상관에게는 공손하고 부하에게는 친절한 모습을 보여야 했다. 그러나 이제는 합리적 시스템에 대한 믿음이 생겼다. 그래서 더 이상 무조건적으로 순응하고 억지로 미소 지으며 동조하는 척하지 않아도 된다고 여기는 것이다. 젊은이들의 사소한 불복종을 바라보는 불편한 시선에도 동조 압력이라는 사회적 관행이 숨어 있다.

군자는 조화를 추구하고, 소인은 모두 동일해지는 것을 추구한다. 동조를 핑계로 눈치만 보는 사람을 소인이라고 하고, 상대를 압박하는 사람을 꼰대라고 부른다. 공자는 이제는 우리가 서로 다르다는 것을 인정할 때도 되지 않았느냐고[和而不同] 말한다.

어디까지 믿어야 하는 걸까?

병이 생기기도 전에 치료해주는 의사는 유명해지지 않는다.
未有形而除之, 故名不出於家.

소문의 진상

과거에는 직접 입어보고 옷을 골랐고, 선도를 눈으로 확인한 후 신선 식품을 구입했다. 그런데 온라인 쇼핑이 등장하면서 물건을 눈으로 직접 보거나 손으로 만져보지 않고도 구매할 수 있게 되었다. 코로나 시절에는 온라인에 올라온 사진만 보고 음식을 주문하기도 했다. 이때 제품의 품질은 다른 사용자의 평가에 의존할 수밖에 없었다. 다른 사람들이 전하는 소문을 전적으로 따르는 세상이 열린 것이다. 이제 우리는 무슨 일이 있을 때마다 습관적으로 스마트폰을 열고 세상의 소문을 확인한다.

그런데 가끔은 잘못된 정보가 섞인 거짓 소문 때문에 낭패를 당하기도 한다. 소문이 진짜인지 아닌지 어떻게 확인할 수 있을까? 춘추전국시대 유명한 재상이었던 안자도 소문 때문에 울고 웃었던 경험이 있다.

전국시대 제나라가 강국의 반열에 오를 수 있었던 데는 재상 안자의 역할이 작지 않았다. 제나라 왕은 처음에는 안자를 믿지 못해 동아(東阿)라는 조그마한 마을의 재상으로 임명하여 능력을 시험해보았다. 임명 후 3년이 지나자 그를 비방하는 소문만 들려왔다. 왕이 불쾌히 여겨 그를 소환하여 면직하려고 했다. 이때 안자가 말했다.

"저는 제 과오가 무엇인지 알고 있습니다. 다시 3년만 더 다스리도록 허락해주십시오. 3년이 지나면 틀림없이 좋은 소문을 들을 수 있을 것입니다."

왕이 어쩔 수 없어 다시 안자에게 그곳을 다스리게 했다. 그런데 3년이 지나자 어쩐 일인지 이번에는 좋은 소문만 들려왔다. 왕이 기뻐하며 그에게 상을 내리면서 그 이유를 물었다. 그런데 안자는 사양하며 다음과 같이 말했다.

"지난번 제가 그곳을 다스렸을 때, 사악한 무리의 길을 막고 백성을 위한 정책을 시행했습니다. 그러자 음탕한 자들이 저를 미워했습니다. 검소함을 장려하고 효도와 우애를 강조하며 게으르고 도둑질하는 자를 처벌하자, 나태한 사람들이 저를 미워했습니다. 재판을 할 때 공정을 우선으로 하자 귀하고 강한 자들이 저를 미워했습니다. 좌우의 측근들이 원하는 것들 가운데 법에 맞으면 들어주고 법에 맞지 않으면 들어주지 않았더니 그들이 저를 미워했습니다. 귀인들을 섬길 때도 정해진 의전(儀典)을 벗어나지 않으니 귀인들이 저를 미워했습니다. 이런 까닭에 안팎으로 비방하는 말이 넘쳐나 결국 3년 만에 왕의 귀에까지 들리게 된 것입니다.

그런데 왕께 질책을 받은 다음에는 모두 반대로 해보았습니다. 사악한 무리들이 가는 길을 막지 않고, 백성들을 위한 정책을 시행하지 않자 부패한 자들이 좋아했습니다. 검소함과 효성과 우애를 강조하지 않으며 도둑질한 자를 처벌하지 않자 나태한 자들이 기뻐했습니다. 재판을 할 때 귀하고 힘있는 자들에게 아부하자 그들이 좋아했습니다. 측근들이 원하는 것들이라면 무엇이든 허락하자 그들이 좋아했습니다. 정해진 의전에 따르지 않고 귀한 사람들을 접대하자 그들이 좋아했습니다. 이렇게 사악한 자들이 밖에서 저를 칭송하고 아부하는 자들이 안에서 저를 칭송하자, 3년이 지나 그 소문이 왕의 귀에까지 들리게 된 것입니다. 지난날 제가 벌을 받았던 것은 사실은 상을 받아야 할 것이며, 지금 제가 상을 받은 것은 사실은 벌을 받아야 할 것이니, 제가 감히 오늘 상을 받지 못하겠다는 것입니다."

왕이 그제야 그의 현명함을 깨닫고 재상으로 임명해 국가의 대사를 맡겼다. 3년이 지나 제나라는 크게 발전했다. 『안자춘추』「잡편(雜篇)」[1]

들려오는 소문에는 다 이유가 있었다. 당시에는 소문을 주도하는 사람들은 주로 권력과 가까운 이들이었고, 일반 백성들은 여론을 주도할 능력이 없었다. 그래서 앞선 3년 동안 힘없는 백성들을 위한 정책에는 좋지 않은 소문이, 후반 3년 동안 권력자들의 입맛에 맞는 정책에는 좋은 소식만 들려왔던 것이다. 후반 3년 동안 착하고 성실하지만 힘없는 백성들의 이야기는 왕에게까지 전해지지 않았다. 안자는 소문의 출처가 어디인지 확인해야만 그 진상을 제대로 파악할 수 있음을 보여주었다.

한편 이 고사에는 성과만을 우선하는 실용주의자의 비정함이 숨어 있기도 하다. 안자는 후반 3년 동안 자신의 능력을 증명할 목적으로 백성들의 고통을 외면했고, 왕에게 소문의 불확실성을 깨우쳐준다는 명분으로 부당한 처사들도 일부러 방관했다. 수업 시간에 한 학생이 제기한 지적인데, 이런 냉정하고 계산적인 모습 때문에 안자가 유가 사상가들에게 환영을 받지 못한 것도 사실이다.

소문에 대한 이중적 태도

안자는 공자와 같은 시대를 살았다. 언젠가 공자가 제나라를 방문하자 왕이 직접 면접을 보겠다며 공자를 불렀다. 왕이 만나서 이야기를 들어보니 공자는 과연 출중한 사람이었다. 제나라 왕은 공자를 제나라 관직에 초빙하고 싶어 했다. 그런데 『사기』의 「공자세가(孔子世家)」에 의하면 당시 제나라 재상이었던 안자는 반대했다. 공자는 지나치게 복잡한 예의나 도덕만을 중시하는 이상주의자라는 이유 때문이었다.

제나라의 최고 권력자 안자가 소국 출신의 삼십 대 중반의 젊은 공자를 어떻게 검증했는지는 확인할 수 없다. 언론 매체가 없던 시절이라 주로 소문을 근거로 삼았을 것이다. 안자가 과연 자신의 아픈 경험을 되살려 들려오는 소문의 출처를 객관적으로 확인하려 했는지는 알 수 없지만, 설령 좋은 소문을 들었더라도 자신과는 다른 정치적 태도를 가진 공자를 추천하고 싶은 마음은 없었을 것이다.

아무튼 공자는 최고 강대국 제나라에 등용될 수 있는 기회를 놓치고 말았다. 낙담한 공자는 소(韶)라는 음악만 실컷 듣고 왔다고 전해진다. 이후로도 고위직에 등용될 기회는 찾아오지 않았다. 제나라 최고 권력자의 부정적인 평가가 무시 못할 영향력을 끼쳤을 것이다.

안자는 자신에 대한 나쁜 소문은 그 출처를 다시 확인해보라며 3년 동안 백성들을 볼모로 자신의 결백을 증명해 보였다. 누가 퍼뜨리는가에 따라 정반대의 소문이 돈다는 점을 알고 있었던 것이다. 하지만 안자는 자신과 정치적 견해가 다른 공자에 대한 부정적인 소문은 재차 검증할 의지가 없었다. 소문을 선택적으로만 검증한 것이다. 제국의 재상으로 혁혁한 공을 세우고 『안자춘추』라는 저술까지 남겼지만, 안자의 사상이 동아시아 지식인 사회의 주류 담론으로 주목받지 못했던 것은 이렇듯 실리만을 앞세운 편의적 발상 때문이었을 것이다.

좋지 않은 소문만 전해지는 이유

그런데 왜 좋지 않은 이야기들만 주로 전해지는 것일까? 현대사회의 소문의 집합소라 할 수 있는 뉴스는 부정적인 이야기로 가득하다. 전 국민적 관심을 끄는 포털의 주요 뉴스를 보고 있으면 이내 마음이 불편해진다. 우리는 자극적인 뉴스를 그만 보겠다고 다짐하지만 어느새 다시 뉴스를 찾아 읽는 스스로를 발견하곤 한다. 이렇게 뉴스를 열심히 보는 사람들은 자신도 모르게 세상을 냉소, 염세, 비관적으로 바라보게 되는데,

이를 잔혹한 세계 증후군(mean world syndrome)이라고 한다.

인간이 부정적인 사건에 더 관심을 가지는 것을 심리학자들은 '부정 편향' 때문이라고 설명한다. 인간은 자기 주변의 위험 요소로부터 스스로를 보호하도록 진화했다. 다른 사람의 장점보다 단점에 주목하는 이유는 이런 보이지 않는 보호 본능에서 비롯한다. 나를 보호하기 위해서는 상대의 악의적인 의도를 간파하는 것이 중요하다. 그래서 우리는 주로 나쁜 소문에 관심을 갖는다.

과거 수렵채집 사회에서는 독거미나 뱀을 보면 겁을 먹고 피하는 것이 무서워하지 않는 것보다 백 배는 더 나았을 것이다. 지나치게 두려워한다고 해서 죽지는 않지만, 두려움을 느끼지 않고 안일하게 대처하면 틀림없이 죽게 될 것이다. 그래서 인간은 본능적으로 긍정적인 것보다 부정적인 것에 더 많이 이끌린다.

부정적인 것에 더욱 주목하는 또 다른 이유는 뉴스라는 매체가 가진 속성 때문이기도 하다. 뉴스는 평범하고 긍정적인 이야기에 관심이 없다. 예외적이고 자극적인 이야기를 생산해야 주목을 받기 때문이다. 한 연구팀이 범죄나 테러와 관련된 뉴스 항목 데이터베이스 분석을 통해 이민이나 폭력이 감소하는 시기에 오히려 이 문제에 대한 신문 보도가 더 많았다는 사실을 밝혀냈다. 이 연구팀은 뉴스와 현실은 서로 관련이 없거나 심지어 역상관관계가 성립하는 것으로 보인다고 결론내렸다.[2]

2014년 러시아의 한 인터넷 언론사가 하루 동안 긍정적인 뉴스만 보도했다. 그 결과 하루 방문한 독자 수가 평소의 3분의 1로 줄었다. 과학소설가 아서 C. 클라크(Arthur C. Clarke)의 "천국의 신문은 지루하기 짝이 없다"라는 말이 떠오른다. 사람들의 주목을 끌기 위해서 뉴스는 갈수록 나쁜 소식들로 가득 차야 한다. 그렇다면 우리 역시 뉴스만 보고 세상이 다 끝난 것처럼 절망할 필요도 없다. 세상에 미담이 없는 것이 아니라 뉴스가 미담을 싫어할 뿐이니까.

소문이 감추고 있는 것들

한편 소문은 유명인을 만들어내기도 한다. 미담이든 악담이든 소문이 널리 퍼지지 않는다면 유명인도 없다.

고대 중국에서 유명한 사람 가운데 편작(扁鵲)이라는 의사가 있었다. 편작은 중국의 히포크라테스로 불리는 유명인이지만, 그의 삼형제 모두가 의사였다는 사실을 아는 사람은 많지 않다.

> 한번은 왕이 삼형제 가운데 누가 가장 뛰어난 의사인지 물어보았다. 편작은 의외로 큰형이 가장 뛰어나고 그다음이 둘째 형, 그다음이 자신이라고 답했다. 편작은 당대 소문난 명의였지만 두 형은 이름도 들어보지 못한 사람이었기에 왕이 그 이유를 물었다. 편작이 대답했다.
>
> "큰형은 병이 생기는 원인을 기가 막히게 파악합니다[視神(시신)]. 병이 생기기도 전에 병을 제거해버리지요. 그래서 그의 명성이 집 밖으로 나가지 않은 것입니다. 둘째 형은 병이 이제 막 생겨나는 순간 제거해버립니다. 그래서 명성이

> 동네를 벗어나지 않은 것입니다. 저는 혈맥을 침으로 찌르고 독한 약을 투약하며 피부를 찢어서 환부를 도려냅니다. 이러니 명성이 나라 밖으로 널리 퍼져나간 것이지요." 『할관자(鶡冠子)』「세현(世賢)」[3]

『할관자』는 다소 생소한 책이다. 전통적으로 위서(僞書)로 취급되었으나 20세기 후반 출토 문헌의 발견을 계기로 전국시대에서 진한시대에 쓰인 도가 계열의 문헌으로 인정받고 있다.

편작은 이미 생겨난 병을 치료했기 때문에 유명한 의사가 될 수 있었다. 큰형은 병의 근원을 차단해 아예 병이 생기지 않도록 했고, 둘째 형은 병의 초기 증세를 간파해 더 이상 악화되지 않도록 했다. 예방의학의 차원에서 볼 때 이 두 사람이야말로 최고의 명의라고 할 수 있지만, 사람들은 그 진가를 알지 못한다. 크게 다치고 아픈 다음에야 치료의 효과가 눈에 보이기 때문이다. 침을 놓고 독한 약을 투약하며 환부를 도려내는 편작의 자극적인 의술만이 세상 사람들의 주목을 받은 것이다.

큰형과 둘째 형의 미담은 널리 퍼지지 않았다. 하지만 편작의 치료술은 이야기로 가공되어 소문을 타고 멀리까지 퍼져 그를 유명인으로 만들어주었다. 이렇듯 주로 자극적인 소문들만 널리 퍼진다. 사람들은 소문에 관심이 많으면서도 그 자세한 내막에 대해서는 잘 알려고 하지 않는다. 유명인이 만들어지는 것은 이런 선택적 무관심 덕이기도 하다.

소문으로 탄생한 유명인은 성공 스토리의 주인공이 되기도 하지만 혹독한 대가를 치르기도 한다. 유명세(有名稅)란 원래 유명인이 되기 위해 치러야 할 대가 혹은 유명인이 된 이후 겪게 되는 고충을 말한다. 그런데 요즘 사람들은 유명인이 되면 누릴 수 있는 힘과 권력이라는 의미의 유명세(有名勢)를 마냥 부러워한다. 유명해지기까지 어떤 유명세(有名稅)를 치렀는지에는 별 관심이 없다. 소문으로 유명해진 사람에게는 남들이 모르는 고충이 있다. 대중이 좋아하는 것 빼고 나머지 대부분은 감추어야 하기 때문이다. 유명인이 되려면 소문 나지 않은 숨겨둔 사실이 드러날까 항상 불안해하며 유명세(有名稅)를 감당해야 한다.

눈에 보이는 것만 믿어서는 안 되는 이유

사람들은 눈에 보이는 결과만 보고 사건의 원인을 잘못 판단하는 경우가 많다. 제2차 세계대전 시기, 미군은 유럽 상공에서 교전을 마치고 돌아온 전투기에 박힌 총알 자국을 분석하여 취약한 부분에 철갑을 둘러 보호하기로 했다. 확인해보니 총알이 주로 박힌 부분은 동체 부분이고 엔진에 총알이 박힌 경우는 드물었다. 군 당국은 무사히 돌아온 비행기들의 사례만 고려하여 동체에 철갑을 둘러 보호하기로 했다.

그런데 한 수학자가 갑옷은 동체가 아니라 엔진에 둘러야 한다고 문제를 제기했다. 엔진에 총알을 맞은 비행기들은 바로 격추되어 돌아오지 못했고, 동체에 맞은 것들만 겨우 생환한 것이기 때문이다. 돌아온 비행기들의 모습만 보고 전투 상황을 추측하는 것이 얼마나 잘못되었는지를 잘 보여준다. 이처럼 성공한 사례들만 고려하고 나머지 실패 사례들은 무시하면서 전체 상황을 객관적으로 바라보지 못하는 귀인 오류를 생존자 편향(survivorship bias) 현상이라고 한다.

일부 선택된 사례만으로 전체를 규정하는 오류는 일상생활에서도 자주 발견된다. 징크스나 불길한 징조도 그 가운데 하나다. 아침에 일어나 물을 마시려다 컵을 깨뜨리면, 잘못된 일이 일어날 것 같은 불길한 징조처럼 느껴진다. 만약 우연히도 그날 무언가 좋지 않은 일이 발생하면 아침의 사건이 다시 떠오를 것이다.

하지만 아침에 컵을 깨뜨린 수천 명 모두에게 불길한 일이 일어날 확률은 높지 않고, 이 둘 사이의 객관적인 인과관계를 찾는 것은 불가능에 가깝다. 컵을 깨뜨렸지만 그날 별다른 사건이 발생하지 않은 절대다수에게 이 사례는 모두 잊힌다. 하지만 우연히 그날 나쁜 일이 생겨난 몇 명에게는 징크스로 남는다. 강렬한 극소수의 사례로 인해 나쁜 사건의 징조로 일반화되는 것이다.

우리가 매일 보는 뉴스도 다르지 않다. 우리는 세상이 어떻게 돌아가는지 알기 위해 뉴스를 보지만, 어쩐 일인지 뉴스를 열심히 본다고 세상을 더 잘 알게 되는 것 같지는 않다. 뉴스를 보고 있으면 가끔 세상이 금방이라도 끝날 것 같다. 하지만 다음 날 아침에 일어나 보면 어김없이 어제와 같은 하루가 시작되고 있다. 어떻게 된 일일까?

사실 세상은 뉴스에 나오지 않는 수많은 사건으로 가득하다. 그 가운데 언론사가 좋아하는 몇 가지 자극적인 사건들만 뉴스가 될 뿐이다. 우리가 보는 뉴스 대부분은 선별된 예외들이다. 특정한 누군가가 골라낸 예외들로 세상을 일반화하는 것은 성급한 일이다.

어차피 뉴스가 세상을 다 보여주지 못한다면 너무 열심히 읽지는 말자. 그렇지 않아도 내 삶은 충분히 복잡하기 때문이다.

3부

가치의 날말들

현실보다 이론에 집착하는

나는 법칙은 믿지만 나 자신은 믿지 못합니다.
寧信度, 無自信也.

과거에 집착하는 사람들

과거의 경험에 집착하면서 벗어나지 못하는 사람, 시절은 변하고 사람 역시 달라졌지만 여전히 똑같은 원칙만을 고집하는 사람을 '보수'라고 한다. 보수(保守)는 원래 재산이나 영토 등을 지켜낸다는 의미였다. 나중에는 오래된 원칙에 집착하는 태도, 즉 수구(守舊)를 지칭하는 의미로 변화했다.

초나라의 어떤 사람이 배를 타고 강을 건너다가 그만 자신의 칼을 강물에 빠뜨리고 말았다. 그는 곧바로 칼을 빠뜨린 곳을 배 위에 표시했다. 배가 멈추자 표시해둔 곳 아래로 들어가 칼을 찾았다. 그러나 배는 이미 흘러가버렸고 칼은 빠뜨린 그 자리에 있을 것이니, 이런 방식으로 칼을 찾는 것은 뭔가 이상하지 않은가? 옛날 법으로 나라를 다스리는 것도 이와 다르지 않다. 시간은 이미 흘러갔지만, 법은 원래 그 자리에 머물러 있는 것이니, 이런 방식으로 나라를 다스린다면 문제가 있지 않겠는가? 『여씨춘추(呂氏春秋)』「찰금(察今)」[1]

물길을 따라 흘러가는 배는 시간의 흐름에 따라 변화하는 현실을 뜻한다. 칼이 빠진 자리를 표시해놓은 자국은 어느 한 순간 머물렀던 곳에 지나지 않는다. 그곳에 칼이 여전히 있을 거라고 여기는 건 그 순간이 영원할 것이라는 착각이다. 그렇게 본다면 지나간 시절을 잊지 못해 집착하는 사람을 시간적인 의미에서 보수주의자라 할 수 있다. 이들은 눈앞의 구체적인 현실보다는 익숙하고 체계화된 법칙에 집착한다.

각주구검(刻舟求劍)이라는 성어로 유명해진 이 이야기는 『여씨춘추』에 실려 있다. 『여씨춘추』는 전국시대 최고의 상인 여불위(呂不韋)가 막대한 자본을 투자해 만든 백과사전이다. 그는 세상의 모든 지식은 여기 다 수록되어 있다고 자부했다. 여기에 추가하거나 뺄 내용이 있다면 한 글자당 천금을 주겠다고[一字千金(일자천금)] 공언할 정도였다. 여불위는 기존의 생각 틀에서 벗어난 과감한 투자로 진시황을 황제로 만든 장본인이기도 하다. 그는 진나라 왕위 계승 서열 말단에 있어 아무도 관심을 갖지 않았던 왕자 자초(子楚)를 후원하여 권력의 중심에 올려놓았다. 자초의 아들 영정(嬴政)은 나중에 황제가 되어 여불위의 선택이 정확했음을 입증해주었다. 우리는 그를 진시황제라고 부른다.

상식을 깨는 과감한 투자로 많은 돈을 벌었던 거상 여불위는 낡은 관습에 얽매여 변화된 현실을 돌아보지 못하는 답답한 보수주의자의 모습을 이 고사를 통해 비판하고 있다. 진시황은 여불위처럼 현실주의적 태도를 가진 일군의 그룹과 함께 전국을 통일했다. 사람들은 그들을 법가(法家)라고 불렀다. 그들은 고전의 기록에 구애받지 않고 현재의 인간 생활에 기반을 둔 법칙을 끌어내고자 했다. 법에 의한 통치를 강조해서 법가라고 불렸지만, 사실 엄격한 현실주의자였다. 법가 사상가들은 과거부터 내려온 규칙에 구속되는 보수적 태도를 거부하고, 지금 이 순간 적용될 수 있는 법칙을 찾으려 애썼다. 그들이 수단으로 채택했던 법은 화석화된 법 그 자체가 아니라 현실에 맞게 적용된 변법(變法)이었다. 법가의 사상을 체계화한 사람이 바로 한비자(韓非子)다.

실제보다 이론이 좋은 사람들

지나간 시절 이야기만 자꾸 하는 사람은 변화하는 현실을 간과하고 추상적인 법칙에만 집착하는 경향이 있다. 『한비자』에는 이런 사람들이 자주 등장한다.

> 정(鄭)나라의 어떤 사람이 신발이 떨어져 새로 사야겠다고 생각했다. 그는 집에서 먼저 발 치수를 재보았다. 그런데 시장에 갈 때 치수를 쟀던 막대기를 챙기지 못했다. 신발가게에 도착해서야 그 사실을 깨닫고는 집으로 돌아와 다시 막대기를 챙겨 도착하니 가게는 이미 문을 닫은 뒤였다.
>
> 신발을 사지 못해 낙담한 그에게 어떤 사람이 말했다. "신발을 직접 신어보면 될 것인데 왜 굳이 치수 잰 것을 가지러 간 것이오?"

그가 말했다. "나는 치수 잰 것은 믿지만 나 자신은 믿지 못합니다."[寧信度, 無自信也(영신탁, 무자신야)] 『한비자』「외저설 좌상(外儲說左上)」[2]

발 치수를 잰 막대기는 발 크기를 보여주는 수단에 불과하다. 그러나 이 사람은 자기 발이 눈앞에 있음에도 그것을 측정하는 수단을 더 신뢰하고 말았다.

한비자의 고향 한나라는 작고 약한 나라였다. 당시 한나라 왕은 훌륭한 인재를 등용해 나라를 부강하게 할 생각은 하지 않고 실속 없는 명분과 절차만 내세우는 유명인들에게만 관심을 가졌다. 한비자는 변화하는 시대를 따라잡지 못하는 왕을 일깨우고 싶었다. 이런 왕을 설득하고자 쉽게 이해할 수 있는 이야기 위주로 서술한 책이 『한비자』다. 저설(儲說)이란 여러 이야기를 모아놓았다는 뜻이다.

현실을 마주할 자신이 없는 사람들

법칙과 이론은 우리가 살아가는 사회를 이해할 수 있도록 도와주는 수단이다. 그런데 추상적인 원리에 기반한 법칙과 이론을 앞세우며 정작 변화무쌍한 현실에는 눈을 감아버리는 사람들이 있다.

섭공(葉公)은 용을 아주 좋아했다. 그는 집 안 구석구석을 모두 용 그림으로 장식했다. 소문을 듣고 용이 하늘에서 직접 내려왔다. 창문으로 머리를 밀어넣고 들어오자 꼬리가 거실을 가득 채웠다. 섭공은 이것을 보고 놀라 얼이 빠져 도망가고 말았다. 『신서(新序)』[3]

섭공은 자신이 정말로 용을 좋아한다고 생각했다. 집 안을 모두 용 그림으로 장식할 정도로 용 마니아였다. 용에 대해서라면 모르는 것이 없는 전문가였지만, 막상 살아 있는 용이 모습을 드러내자 혼비백산 도망가고 말았다.

섭공은 실제 용이 아니라 용이라는 허상을 좋아했던 것이다. 용에 대한 지식은 해박하지만 정작 살아 있는 구체적인 용을 보고는 도망가버린 가짜 전문가였다. 현실을 감당하지 못한 이론가의 무기력한 모습이다.

춘추시대 공자의 제자였던 자장(子張)은 노나라 애공(哀公)이 선비를 좋아한다는 소문을 듣고 그를 찾아갔다. 그런데 애공은 소문과 달리 선비들을 예의로 대하지 않았다. 실망한 자장은 당신은 선비를 좋아하는 것이 아니라 선비처럼 생긴 것을 좋아할 뿐이라며 이 섭공호룡(葉公好龍) 이야기를 들려주었다고 한다.

보수주의 편향

신발을 사려 했던 정나라 사람과 섭공은 이론에 집착하여 살아 있는 현실을 보지 못했다. 구체적인 현실보다 원리를 앞세우는 이런 태도가 지나치면 주위 사람을 곤경에 빠뜨릴 수도 있다.

송양공은 홍수(泓水)에서 초나라 군대와 싸우게 되었다. 송나라 군대는 전열을 정비했지만 초나라 군대는 아직 강을 건너지도 못했다. 이때 재상 사마(司馬)가 말했다.

"적은 숫자가 많고 우리는 적으니 강을 건너기 전에 공격해야 합니다."

송양공이 그럴 수 없다고 했다. 적이 강을 건너 아직 전열을 정비하지 못했을 때 사마가 이제는 정말 공격해야 한다고 다시 간청했다.

송양공은 아직도 아니라고 했다. 적이 전열을 다 정비했을 때 왕은 그제야 공격을 승인했다. 하지만 크게 패하고 말았다. 송양공은 이 전투에서 다리에 부상을 입고 얼마 지나지 않아 죽고 말았다. 『좌전(左傳)』「희공 22년(僖公二十二年)」[4]

송나라 군대가 초나라 대군과 맞서 이길 수 있는 유일한 방법은 적군이 전열을 정비하기 전에 기습하는 것뿐이었다. 그러나 송양공은 이런 비겁한 짓은 군자의 행동이 아니라며 만류했다. 충분한 대응 능력을 갖추지 못했으면서 주위의 충고를 무시하고 오로지 인정을 베푸는 군자의 영웅적인 태도에만 집착한 것이다. 그는 상대에게 예의를 갖추는 것이야말로 군자가 가져야 할 기본적인 태도라는 명분과 허세에 빠져 결국 자기 병사들을 사지로 내몰았다. 이처럼 주변 현실을 돌아보지 않고 원칙만 앞세우는 태도를 송양지인(宋襄之仁)이라고 한다.

이렇게 현실과 동떨어진 원칙이나 공허한 구호에 집착하는 사람을 요즘에는 보수라고 일컫기도 한다. 시절은 변하고 사람 역시 달라졌지만, 이들은 여전히 예전의 원칙만을 고집한다. 새로운 것을 받아들이기 불편해하는 보수주의 편향(conservatism bias)은 인간이 가진 인지 편향 가운데 대표적인 것이다.

나이 많은 사람이 보수적으로 변하는 이유

사람들은 나이가 많아질수록 보수적으로 변하는 경향이 있다. 자꾸만 과거의 좋았던 시절을 상기하거나 작금의 현실이 엉망이라며 개탄한다. 세대 간의 갈등은 대부분 여기서 비롯된다. 그런데 최근 뇌과학 분야에서 나이 많은 사람들이 과거에 집착하는 이유에 대해 새로운 가설을 내놓았다.

노인들은 과거 젊은 시절만큼 단기 기억 체계가 원활히 작동하지 않는다. 기억에는 장기 기억과 단기 기억이 있다. 6시간 이내의 기억인 단기 기억은 뇌의 시냅스 강화로 일어나며, 6시간 이상의 장기 기억은 저장하는 데 새로운 단백질이 필요하다. 그런데 나이를 먹은 뇌는 시냅스 연결이 탄력적이지 않아서 젊을 때만큼 단기 기억이 생성되지 않는다. 그래서 방금 들었던 이야기도 금방 까먹게 된다. 그러다 보니 자꾸만 장기 기억 속에 축적된 것들을 기웃거리면서 옛날 타령만 하게 되는 것이다. 지금 이 순간에 주목하지 않고 오래된 원칙에만 집착하는 노인들의 모습은 그들의 완고한 기질 때문만은 아닐지도 모른다.

인간의 뇌는 젊은 사람과 나이 든 사람이 각각 다른 역할을 할 수 있도록 진화해왔다. 장기 기억이 보존하고 있던 원칙 가운데는 그 사회가 오랜 시간 축적해놓은 문명의 유산들이 적지 않다. 노인들은 이런 오래된 유산의 가치를 몰라보는 젊은이들을 야속하게 바라본다. 반면 젊은이들은 원칙 타령하면서 개혁에 인색한 노인들을 못마땅해한다. 이런 현상은 인간의 역사에서 끊임없이 반복되어왔다. 누구나 한때 젊은 시절이 있었고, 누구나 언젠가는 나이를 먹게 된다.

뇌과학이 세대 간의 차이를 설명해준 마당에 이제는 서로 각자의 역할이 있음을 인정하는 여유를 갖는 것도 나쁘지 않을 것이다. 유사 이래 어른들의 잔소리는 멈춘 적이 없었고 이를 못마땅하게 여기는 젊은이들의 푸념도 마찬가지였다.

그렇지만 양보할 수 없는 것도 있다. 힘과 권력을 가진 자들이 철 지난 원칙에 집착하면서 현실을 외면하는 것은 용납할 수 없다. 신발 하나를 사는 데도 정해진 원칙을 벗어나지 못하는 답답한 원칙주의자나 섭공의 독특한 기호는 개인의 문제로 이해할 수 있지만, 현실을 파악하지 못하고 자기 고집만 앞세우는 송양공 같은 최고 권력자의 독선은 우리 삶을 파국으로 몰아갈 수도 있기 때문이다.

기계적 중립이라는 위선

둘 다 먹을 수 없다면 생선은 포기하고 곰 발바닥을 먹겠다.
二者不可得兼, 舍魚而取熊掌者也.

나서지 말라는 노자의 충고

공자는 젊은 시절 당시 최고의 지성이었던 노자를 만나러 갔다. 둘이 만나 무슨 이야기를 나누었는지 자세한 내용은 알려지지 않았지만, 노자가 공자를 전송(餞送)하며 마지막으로 남긴 말은 다음과 같이 전해진다.

> 총명하고 깊이 관찰하는 사람에게는 죽음의 위험이 따르는데, 이는 남을 잘 비판하기 때문이요, 지식이 많고 재능이 뛰어난 사람은 그 몸이 위태로운데, 남의 결점을 잘 지적하기 때문이오. 『사기』 「공자세가」[1]

> 뛰어난 장사꾼은 물건을 깊이 숨겨두어 겉으로는 아무것도 없는 듯이 보이고, 군자는 훌륭한 덕을 간직하고 있으나 외모는 어리석어 보인다고 들었소. 그대의 교만과 탐욕, 허세와

지나친 욕망을 버리도록 하시오. 이러한 것들 모두가 그대에게 아무런 도움이 되지 않을 것이오. 내가 그대에게 말할 것은 단지 이뿐이오. 『사기』「노자한비열전(老子韓非列傳)」[2]

같은 현장에 대한 묘사인데 「공자세가」와 「노자한비열전」의 분위기가 조금씩 다르다. 공자가 주인공인 「공자세가」에는 그렇게 위험하게 살지 말라는 노자의 직설적인 비판이 가감없이 수록되어 있다. 당신의 문제는 남과 다투기 좋아하는 데 있고, 그렇게 과격하게 살다가는 오래 살지 못할 것이라고 경고한 것이다. 「노자한비열전」은 조금 더 차분하게 현장 분위기를 전하고 있다. 장사를 잘하는 상인은 귀중한 물건을 숨겨놓고 값이 오를 때를 기다렸다가 내놓는다. 자기 생각과 감정을 숨김없이 드러내는 것은 이런 장사꾼보다 못한 것이다. 당신은 스스로 군자라고 떠들고 다니면서 적만 만들고 있다. 자중하기 바란다.

청년 공자는 당대의 최고 지성 노자를 만나 함부로 나서지 말라는 충고만 받고 돌아왔다. 공자는 나중에 제자들에게 노자에 대해 다음과 같이 평했다고 한다.

공자가 노자를 만나고 돌아와 제자들에게 이렇게 말했다. "들판의 짐승은 그물로 잡을 수 있고, 물고기는 낚시로 잡을 수 있으며, 날아가는 새도 화살로 잡을 수 있다. 그러나 구름 위로 올라간 용을 어떻게 잡는지 나는 알지 못한다. 오늘 내가 노자를 만났는데, 그는 아마도 용과 같은 사람 아닐까?" 『사기』「노자한비열전」[3]

하늘을 나는 새나, 들판을 뛰어다니는 짐승이나, 물속을 자유롭게 다니는 물고기도 결국 잡히고 만다. 하지만 구름 위를 다니는 용을 잡을 방법은 없다. 노자를 용과 같은 사람이라고 한 것은 아무에게도 구속받지 않는 그를 부러워한 표현이었을까? 아직 경험이 많지 않고 혈기왕성한 젊은 공자 주변에는 호시탐탐 기회를 노리는 그물과 화살이 많았을 것이다. 하지만 은퇴를 앞둔 최고의 지성 노자를 감히 건드리려는 사람은 많지 않았을 테다. 이런 맥락을 고려하지 않고 적당히 몸조심하라는 노자의 충고를 절대적인 진리로 강조할 필요는 없을 것이다.

양극단은 피하라는 장자의 충고

장자 역시 공자의 공격적인 태도를 은근히 비판한다. 하지만 그는 직설적인 노자와 달리 특유의 유려한 이야기 솜씨를 발휘하여 자기주장을 풀어낸다. 장자는 심각한 내용도 재미난 이야기로 풀어쓰는 재주가 탁월한 사람이었다.

> 포정(庖丁)이 양(梁)나라 왕 앞에서 소를 잡는데 그 손놀림과 칼질 솜씨가 예사롭지 않았다. 왕이 어떻게 이런 경지에 이르렀는지 물었다. 포정이 칼을 놓고 다음과 같이 말했다.
> “제가 귀하게 여기는 것은 기술이 아니라 도(道)입니다. 처음 소를 잡을 때 눈에 들어오는 것은 온통 소뿐이었습니다. 3년이 지나자 소의 모습은 눈에 보이지 않았고 오로지 마음으로 대할 뿐입니다. 감각은 멈추고 마음이 가는 대로 움직입

니다. 소의 몸 구조를 그대로 따라가면서 뼈와 살 사이의 틈에 칼을 찔러 넣고 빈 결을 따라 움직입니다.

지금까지 한 번도 뼈와 살이 만나는 인대를 벤 적이 없습니다. 하물며 큰 뼈야 말할 나위가 있겠습니까? 훌륭한 포정은 1년에 한 번 칼을 바꾸는데 그것은 살을 베기 때문이며, 보통의 포정은 한 달에 한 번 칼을 바꾸는데 그것은 뼈에 칼이 부딪치기 때문입니다. 지금 저의 칼은 19년 동안 사용하였고 잡은 소가 수천 마리에 이릅니다만, 칼날이 날카롭기가 이제 막 숫돌에 간 것 같습니다.

저 뼈에는 틈이 있고 이 칼에는 두께가 없습니다. 두께가 없는 것을 틈이 있는 데다 넣으므로 넓고 넓어 칼날을 휘둘러도 반드시 여유가 있습니다. 그러나 막상 뼈와 힘줄이 얽힌 곳에 이르러서는 저도 조심하여 눈길을 멈추고 천천히 움직이며 칼 놀림도 매우 미묘해집니다. 그러다가 쩍 갈라지면서 마치 흙덩이가 땅에 떨어지듯 고기가 와르르 헤집니다."

양나라 왕이 이 말을 듣고 감탄하면서 말했다. "포정의 이야기를 듣고 양생(養生)의 도를 터득했구나." 『장자』 「양생주(養生主)」[4]

장자는 이런 기막힌 소 해체법을 장황하게 풀어내며 무엇을 말하려는 것일까? 다행히 『장자』의 이 고사 앞에는 친절한 설명이 담겨 있다.

우리의 생명에는 한계가 있으나 지식에는 한계가 없다. 한계가 있는 것으로 한계가 없는 것을 추구하다 보면 위험할 수

> 있다. 위험한 줄 알면서도 지식을 추구하는 것은 더욱 위태로운 일이다.
>
> 착한 일을 하더라도 너무 소문나지 않게 하고, 나쁜 일을 하더라도 법에 저촉되지 않을 정도로만 해야 한다. 이렇게 중도를 따르는 것을 자신의 원칙으로 삼으면[緣督以爲經(연독이위경)] 몸을 지킬 수 있고, 평생 무리 없이 살 수 있으며, 부모를 봉양하면서 자신의 목숨을 다 누릴 수 있다. 『장자』「양생주」[5]

본문을 이해하려면 '연독(緣督)을 원칙으로 삼는다'라는 것이 무엇을 의미하는지 먼저 이해해야 한다. 연(緣)이란 따르는 것을 의미하고, 독(督)이란 중의학에서 말하는 경락(經絡)을 뜻한다. 그래서 '연독(緣督)을 원칙으로 삼는다'라는 것은 신체를 경락의 흐름에 맡기는 것처럼 자연의 순리를 따르는 것을 말한다. 그런데 독(督)은 신체의 정중앙에 있는 경락이다. 그래서 이 구절은 보다 구체적으로 '중간을 따르다'로 해석되기도 한다. 양극단에 치우치지 않고 중도(中道)를 따르면 최소한 자기 몸은 보전할 수 있다는 것이다.

장자의 현란한 소 해체법은 결국 나서지 말고 중간에 설 것을 우회적으로 이야기한다. 양극단을 피하며 절묘하게 처신하는 삶의 태도를 포정의 칼질 솜씨에 비유한 것이다. 뼈와 힘줄을 피해 빈 공간으로 칼을 찔러 넣으면 칼날이 상하지 않는 것처럼, 복잡한 사회의 이해관계에 얽매이거나 부딪히지 않게 처신하라는 의미다. 세상에 소문이 날 정도로 명예로운 것을 추구하지 말고, 죄를 짓더라도 형벌을 받을 만한 것은 피하라는 말에서 양나라 왕은 양생의 도(道), 즉 살아가는 법을 배웠다.

가운데는 없다

그런데 공자에게는 노자와 장자처럼 모나지 않고 원만하게 세상과 어울릴 여유가 없었다.

자공이 물었다. "마을 사람 모두가 좋아하면 그를 착한 사람이라고 할 수 있을까요?"

공자가 대답하였다. "아직 부족하다."

자공이 다시 물었다. "마을 사람 모두가 싫어하면 어떤가요?"

공자가 대답했다. "여전히 무언가 부족하구나. 마을의 착한 사람들이 좋아하고 나쁜 사람들이 미워하는 것이 더 낫지 않겠느냐."

子貢問曰, 鄕人皆好之何如, 子曰, 未可也, 鄕人皆惡之, 何如, 子曰, 未可也, 不如鄕人之善者好之, 其不善者惡之. 『논어』「자로」

이 구절에 대해 주자는 이렇게 해설한다. 마을의 착한 사람들이나 나쁜 사람들 모두가 미워하지 않는다면, 그 사람의 행동에는 구차하게 영합하는 면이 있다. 반대로 마을의 착한 사람들이나 나쁜 사람들 모두가 미워한다면, 그 사람의 행동에는 실속이 없다. 착한 사람들은 좋아하고 나쁜 사람은 미워하는 그런 사람이 더 낫다는 것이다.

영합(迎合)이란 자기주장도 없이 남의 뜻에만 잘 맞추어나

가려는 태도를 말한다. 영(迎) 자는 사람을 맞이하기 위해 직접 걸어가는 모습을 표현한 글자다. 합(合) 자는 본래 위 뚜껑이 있는 그릇의 모습을 나타낸 글자였다. 뚜껑이 그릇의 입구와 꼭 맞아야만 속의 내용물이 새거나 변질되는 것을 막을 수 있었다. 合이 '맞추다'는 의미로 사용된 부합(符合)이란 단어도 부절(符節)을 둘로 쪼갠 다음 나중에 서로 맞추어 확인하는 데서 비롯되었다. 영합이란 자기의 주장과는 상관없이 상대의 뜻에 맞추기 위해 적극적으로 다가가는 모습을 의미한다.

공자는 자기 소신 없이 상대의 비위에 맞추는 영합이란 비겁한 태도에 불과하다고 말한 것이다. 마을 사람들이 모두 나를 좋아하게 된 것은 선에 대한 명확한 기준을 갖기보다 상대가 원하는 대로 맞춰준 결과다. 반대로 상대를 고려하지 않고 무조건 자기 원칙만 내세우는 것도 실속이 없는 태도다.

나를 싫어하는 사람은 늘 있다

사람은 누구나 자기만의 당파적인 선의 기준을 가진다. 당파성(partisan)이란 사회이론을, 계급의 이해를 반영하는 개념으로 보는 마르크스주의의 용어다. 어떤 사회에서든 착취계급은 자신의 이론과 주장은 비당파적인 것이라고 강변한다. 자신들은 공적으로 평등하며 사적인 이해를 추구하지 않고[公平無私(공평무사)], 어느 한쪽으로도 치우치지 않고 특정 집단의 이해를 반영하지도 않는[不偏不黨(불편부당)] 태도를 가진다고 말이다. 하지만 마르크스는 이런 태도가 그 사람이 가진 당파성을 은폐하는 것에 불과하다고 비판한다. 한 사회를 설명하는 어떤 이론도 당파적 계급성에서 자유로울 수 없다는 것이다.

공자는 그럴싸한 화려한 말[巧言(교언)]로 사람들을 현혹하고, 상황에 따라 자신의 태도를 그때그때 바꾸는[令色(영색)] 사람 가운데 어진 사람을 찾기 어렵다고 했다. 자신의 당파성에 솔직하지 않은 위선적인 태도를 꼬집었다.

> 듣기 좋은 말만 하고 얼굴빛을 자주 바꾸는 사람 가운데 어진 이가 드물다.
>
> 巧言令色, 鮮矣仁. 『논어』「학이」

> 많은 사람이 미워하더라도 반드시 살펴보고, 많은 사람이 좋아하더라도 반드시 살펴보아야 한다.
>
> 衆惡之, 必察焉, 衆好之, 必察焉. 『논어』「위공령(衛靈公)」

많은 사람이 미워하거나 좋아하는 것에는 문제가 있을 수 있다. 아무리 좋은 것이라도 그것을 싫어하는 사람들이 분명히 존재하기 마련인데, 큰 숫자에 홀려버리면 오판할 가능성이 높다.

하물며 특정 당파성에 입각한 원리를 따르면 나를 싫어하는 사람들이 분명히 생긴다. 다른 당파적인 이해관계를 가진 사람들이 나를 비판하는 것은 당연한 일이다. 섣불리 이들의 마음까지 얻으려 태도를 분명히 하지 않으면 잠시 호감을 얻을지 모르지만 결국 이도 저도 아닌 것이 되고 만다. 이런 공자의 단호한 모습은 요즘 젊은 세대에게도 매력적으로 다가오는가 보다.

> 착하기만 한 것이 좋은 게 아니듯, 미워하는 것이 나쁜 것만은 아니다. 오히려 나쁜 것에 대해서는 미워해야 그 세력을 줄일 수 있다. 그러나 누군가를 잘못 미워하기 쉬운 시대다. '극혐'이란 단어가 남발되고, 분노 조절 장애가 사회 이슈가 된 지 오래다. 미워하되 정확하게 미워하라. 논어가 요구하는 것은 '정교한 미움'이다. 논어 주석자들이 말하듯, 어떤 대상을 정확히 좋아하고 미워하려면 공정성에 대한 명철한 인식과 높은 공감 능력이 필요하다. 그러나 공감 능력은 퇴화하고 명철한 인식을 위해 할애할 시간적 여유가 사라지는 각박한 시대에서는 누군가를 부정확하게 미워하기가 쉽다.[6]

나를 미워하고 싫어하는 사람들이 있다는 것을 받아들여라. 그리고 어설프게 설득하려고 하지도 말아라. 나를 향한 불편한 시선을 감당할 수 있는 사람만이 군자라고 불릴 수 있는 것이다. "남이 알아주지 않아도 화내지 않는 사람, 그 사람이 바로 군자 아니겠는가?"[人不知而不慍, 不亦君子乎(인부지이불온, 불역군자호)] 『논어』를 펼치면 첫 페이지에 나오는 말이다.

위선적인 양비론보다 솔직한 극단이 낫다

화려한 언변으로 모두와 영합하려는 사람과 양쪽 모두에게 문제가 있다는 식의 양비론자는 거울에 비친 닮은꼴이다. 공자는 어설픈 양비론자가 되느니 차라리 광견지사(狂狷之士)와 같은 극단주의자가 되는 것도 마다하지 않겠다고 했다.

> 공자가 말했다. "중용을 행하는 사람과 함께할 수 없다면, 나는 차라리 광견(狂狷)지사와 함께하겠다. 광자는 진취적인 점이라도 있고, 견자는 내키지 않으면 하지 않는다."
> 子曰, 不得中行而與之, 必也狂狷乎. 狂者進取, 狷者有所不為也.
> 『논어』「자로」

광자(狂者)는 선한 길이라고 판단되면 앞으로 나아가고 물러설 생각이 없는 저돌적인 사람을 말한다. 견자(狷者)는 자신이 내세운 원칙에 부합하지 않으면 절대 움직이지 않는[節操(절조)] 고집스러운 사람을 가리킨다. 공자는 중용이라는 고도의 정치적 행위를 하지 못할 바에야 차라리 저돌적인 투사가 되거나 고집스럽게 보수적 태도를 견지하는 것이 솔직한 태도라고 일갈한다. 학생들과 『논어』를 읽다 보면 이 구절에서 많이 당혹해한다. 조용하고 차분한 성격인 줄 알았던 공자의 이런 극단적인 태도에 놀라는 이들이 많다.

맹자 역시 어설픈 중간을 선택하지 않았던 공자의 길을 따랐다.

> 맹자가 말했다. "나는 생선 요리도 좋아하고 곰 발바닥 요리도 좋아한다. 그러나 둘 다 먹을 수 없다면 생선 요리는 포기하고 곰 발바닥 요리를 선택할 것이다. 편안하게 사는 것도 내가 원하는 것이고, 의롭게 사는 것도 내가 원하는 바다. 그런데 살다 보면 어쩔 수 없이 둘 가운데 하나는 버려야 하는

순간이 온다. 그때 나는 의롭게 사는 것을 택하겠다. 살고 싶은 것이야 당연하지만 그보다 더 간절히 원하는 것이 있기에 구차하게 삶을 구걸하지 않겠다는 뜻이다. 죽는 것은 싫지만 죽는 것보다 더 싫은 것이 있기에, 고통스러운 것도 피하지 않겠다는 의미다." 『맹자』 「고자 상」[7]

둘 다 가질 수 없다면 하나는 포기해야 한다. 맹자가 갑자기 요리 이야기를 꺼낸 이유는 무엇일까? 짜장면과 짬뽕 가운데 무엇을 먹을지 고민하는 평범한 우리들과 다르지 않다는 것을 보여주기 위해서? 맹자 앞에 놓인 선택지는 자못 비장한 것들이었다. 삶과 죽음의 선택지 앞에 선 군자의 외로운 모습이다.

돈만 있으면 생선 요리도 먹고 곰 발바닥 요리도 먹을 수 있다. 우리 삶도 많이 개선되어 편하게 살면서도 의롭게 살 수 있다. 하지만 살다 보면 둘 다 가질 수 없는 절박한 순간이 찾아오기 마련이다. 한 가지 요리를 포기하는 것이야 어렵지 않겠지만, 편안함과 의로움 가운데 무엇을 포기할지 선택하는 것은 쉽지 않다. 인간의 품격은 결국 두 가지 모두 가질 수 없는 순간에 저절로 판명되는 것이다. 위선적인 중도파들은 꿈도 꾸지 못할 인간의 고귀함이 드러나는 순간이다.

중용이란 기계적 중립이 아니다

어느 한편에 치우치지 않는 태도를 기계적 중립이라고 부른다. 기계는 거짓말을 하지 않을 것이라 믿기 때문에 이런 수식이 붙었다. 맹자는 기계적 중립이란 사실상 기만에 불과하다고 말한다. 한가운데 입장을 고수하는 것이 양측의 압력에서 자유로운 균형을 이루는 것처럼 보이지만, 결국 어느 한쪽 편을 들 수밖에 없다. 맹자는 극단적으로 정반대의 주장을 펼쳤던 양주(楊朱)와 묵자(墨子)의 이야기에서 시작한다.

양주는 자기 털 하나로 천하를 이롭게 하더라도 자기 몸을 해치는 짓은 하지 않겠다고 했다. 반대로 묵자는 자기 몸 전체를 갈아 없애더라도 그것이 세상에 도움이 된다면 기꺼이 하겠다고 했다. 이런 극단적 태도 가운데 자막(子莫)은 한가운데를 붙잡겠다고 말한다.

> 자막은 가운데를 잡은[執中] 자였다. 가운데를 잡은 것이 도에 가까워 보이기는 하지만, 가운데를 잡고 저울추로 무게를 저울질하지 않으면 결국 한쪽을 붙잡고 있는 것과 다르지 않다. 『맹자』「진심 상」[8]

『맹자집주』는 가운데를 잡는다[執中(집중)]는 것을 집의 구조에 빗대어 설명한다. 대청에서는 중앙이 가운데가 되지만, 집의 차원에서 보면 대청이 아니라 당이 그 중앙이다. 나라의 기준에서는 당이 아니라 나라의 가운데가 중앙이 된다. 대청, 당, 집의 경우 공간이 커질수록 중앙은 이동한다. 하나의 공간에는 하나의 중앙이 있지만 그것이 확장되는 모든 공간의 중심이 될 수는 없다. 중앙이란 영원한 것이 아니라 기준에 따라 달라지는 것이기 때문이다. 즉, 그때그때 상황에 맞게 중앙은 바뀐다[時中(시중)]. 막대기 양쪽에 서로 다른 무게의 물건을 올려놓고 평형을 유지할 때, 받침점의 위치는 한가운데가 아니라 그때그때 무게의 비율에 따라 달라지는 것처럼.

맹자는 한가운데를 잡겠다는 중도의 태도가 일견 도에 가까워 보이지만 그 역시 어느 한쪽을 잡고 있는 것에 지나지 않다고 지적했다. 자막은 양주와 묵적의 가운데에 서서 그 무게의 차이를 저울질하지 않았다. 그는 이웃 마을에 싸움이 나서 시끄러운데도 문을 닫을 줄 몰랐고, 같은 방 안에서 싸움이 나도 사람들을 구할 줄 몰랐다. 기계적 중립을 고집한 자막은 세상에 위기가 생기고 집안에 우환이 발생해도 아무런 대처를 하지 못했다.

맹자는 저울과 저울추를 들어 중립이 가지는 허상을 드러내고, 예(禮)의 역동성을 절묘하게 비유한다.

> 순우곤(淳于髡)이 맹자에게 물었다. "남자와 여자가 물건을 주고받을 때도 서로 손이 닿지 않는 것이 예(禮)입니까?"
>
> 맹자가 그렇다고 답했다. 순우곤이 다시 물었다. "그렇다면 여자인 형수가 물에 빠지면 손을 잡아 구해주어야 합니까?"
>
> 맹자가 답했다. "형수가 물에 빠졌는데 구하지 않는 것은 짐승이나 다름없지요. 남녀가 서로 손을 잡지 않는 것은 예이고, 형수가 물에 빠졌을 때 손을 잡아 구하는 것은 권(權)이라고 합니다."
>
> 그러자 순우곤이 다시 물었다. "지금 천하가 물에 빠져 있는데 맹자께서는 왜 구하지 않습니까?"
>
> 맹자가 답했다. "천하가 물에 빠져 있으면 도(道)로 구하는 것이고, 형수가 물에 빠졌을 때는 손을 잡아 구하는 것입

니다. 그대는 나보고 손으로 세상을 구하라는 말씀이십니까?" 『맹자』 「이루 상(離婁上)」[9]

순우곤은 제나라의 싱크탱크인 직하학궁(稷下學宮)의 최고 학자였다. 사마천은 역대 말재주가 좋은 사람들의 이야기를 모아놓은 「골계열전(滑稽列傳)」에 순우곤의 이야기를 소개한다. 공자가 싫어했던, 말만 잘하는 사람들의 이야기 모음집이다.

남녀가 서로 밀접하게 접촉하지 않고 적절한 거리를 갖는 것이 예(禮)다. 모르는 남녀가 서로 손을 잡는 것은 예가 아니다. 그렇다고 해서 눈앞에서 여자가 물에 빠져 허우적거리는데 손을 잡아주지 말라는 것은 아니다. 맹자는 이런 '예'의 역동성을 저울추의 원리로 설명한다. 권(權)은 평형저울에서 무게를 측정하는 저울추를 의미한다. 저울 반대편의 무게에 따라 권의 종류도 달라져야지, 한 가지 저울추로는 평형을 유지할 수 없다. 건너편에 낯선 여자가 있을 때와, 물에 빠질 위기에 처한 여자가 있을 때는 고정된 원칙이 아니라 서로 다른 무게의 권(權)으로 대응해야만 예를 유지할 수 있다.

맹자는 순우곤의 화려한 말솜씨에 숨은 무능함을 드러냈다. 사람이 물에 빠졌는데도 손을 잡아야 할지 말지 이론 타령만 하는 고리타분한 예교주의자들의 무능함 말이다. 상황을 적절하게 반영하지 못하는 '예'란 역동적인 현실에 대응하지 못하는 화석화된 원칙에 불과하다고 비판한 것이다.

맹자는 섬세한 비유로 중도라는 허상을 폭로하고 역동적인 중용의 도를 설파했다. 노자와 장자는 어느 한쪽에 치우쳐 위험한 주장을 하지 말고, 다치지 않도록 가운데로 조심스럽게 걸어갈 것을 주문했다. 노자와 장자는 그때그때 상황에 따라 중심이 달라지는 시중(時中)의 역동성을 이해하지 못했다.

리 매킨타이어는 미국의 기성언론이 균형 잡힌 보도를 해야 한다는 기계적 중립을 고집하다가 결국 언론 전체의 신뢰를 잃어버린 사례를 제시한다. 소셜 미디어의 등장으로 가짜뉴스가 범람하는 세상에서 기계적 중립성의 강박에 빠진다면, 세상에 진실이 존재하지 않는다고 사람들이 믿기를 바라는 자들의 손에 놀아날 수도 있다고 경고한다.[10]

전통 사회의 존경받는 군자들은 근엄한 표정으로 중립을 유지하는 사람들이 아니었다. 그들은 자기를 미워하는 사람들이 있다는 사실을 감추려 하지 않았다. 옳고 그름의 기준을 제시하는 군자에게 적이 생기는 것은 당연한 일이기 때문이다.

> 군자는 모든 사람들이 나를 좋아해줄 것을 바라지 않으며, 모두가 충성을 바치기를 갈구하지 않는다. 이렇게 해야만 그들과의 관계를 온전히 유지할 수 있기 때문이다.
>
> 君子不盡人之歡, 不竭人之忠, 以全交也. 『예기』「곡례 상」

어느 한쪽으로 치우치지 않으면서도 공정한 도리를 취하는 집중(執中)의 해법이 제시된 것이 1,000년 전이다. 하지만 어찌된 일인지 요즘 세상에서는, 한가운데 서는 것만이 최선이라고 주장하는 중도론자들을 속 시원하게 면박하는 목소리가 들리지 않는다. 이미 오래전에 이 문제에 대한 해결의 단서를 마련해놓은 사람이 있었다는 것을 아는 사람은 많지 않다. 먼지 쌓인 고전에 이런 혜안이 숨어 있을 것이라 기대하지 않기에 그냥 지나쳐버린 것은 아닐까.

무용지물의 역설

이 나무는 쓸모가 없기에 천년을 살 수 있었다.
此木以不材得終其天年.

쓸모없다는 것의 기준

학창 시절 선생님들은 우리에게 늘 세상에 쓸모 있는 인재가 되라는 당부를 잊지 않으셨다. 세상의 빛과 소금 같은 존재가 되라는 바람이었겠지만 여기에는 쓸모가 없으면 버려질 것이라는 경고도 포함되어 있다. 남의 일에 쓸데없이 참견하지 말라는 핀잔은 실제에 아무런 도움이 되지 않을 일에 나서지 말라는 의미다. '쓸데없다'는 것은 쓸 만한 가치, 즉 쓸모가 없다는 뜻이다. 쓸모가 없는 일에 나서지 말라는 경고와 쓸모없는 존재는 버려질 것이라는 공포는 실용을 중시하는 생각에서 비롯되었다.

무용지물(無用之物)이란 세상에 아무런 쓸모가 없는 사람이나 물건을 뜻한다. 이런 쓸모없는 것에도 관심을 갖는 사람이 있었으니 바로 장자다.

어느 날 장자가 산길을 걷다 잎과 가지가 무성한 나무를 보았다. 나무꾼이 이 나무 옆에 멈춰 서서는 쳐다만 보고 벌목하지 않았다. 그 이유를 물었더니 쓸모가 없다는 것이다.

이를 지켜본 장자가 말했다. "이 나무는 재목으로서 쓸모가 없기에 천년을 살 수 있게 되었구나."

장자가 산을 내려와 친구 집에 들렀다. 친구가 반가워서 하인에게 오리를 잡아 요리하라고 시켰다. 하인이 잘 우는 놈과 잘 울지 못하는 놈이 있는데 어떤 놈을 잡을지 물었다. 친구는 잘 울지 못하는 놈을 잡아 요리하라고 했다.

그다음 날 장자의 제자들이 스승에게 물었다. "어제 산속에서는 나무가 재목으로서 쓸모가 없었기에 천년을 살 수 있었습니다. 그런데 오리는 잘 울지 못해 쓸모가 없다는 이유로 가장 먼저 죽었습니다. 선생님은 어느 것을 선택하시겠습니까?"

장자가 말했다. "나는 이 둘 가운데 중간을 택하겠다." 『장자』「산목(山木)」[1]

곧게 자란 멋진 나무들은 집을 짓는 재료로 사용되어 단명했지만, 쓸모없는 나무는 아무도 관심을 두지 않았기에 천년을 살 수 있었다. 반면 잘 울지 못하는 오리는 쓸모없다는 이유로 가장 먼저 먹잇감이 되어버렸다. 무용지물의 역설이 아닐 수 없다.

쓸모없다는 것의 가치

이런 쓸모없음에 주목한 사람이 또 있다. 소스타인 베블런은

『유한계급론』에서 '쓸모없는 것'에 몰두하는 사람들의 욕망에 대해 이야기한다.

인류 문명 초기에 높은 지위에 있던 지배자들은 일을 하지 않았다. 약탈적 문화가 지배하던 시절, 노동이란 용맹함이 결여된 허약함이나 열등함의 표시에 불과했기 때문이다. 한가롭게 여유를 즐길 수 있는 유한(有閑)계급은 열심히 일하지 않고 쓸데없는 일에 시간을 보내는 모습을 과시했다. 그들의 세련된 생활 습관과 교양은 생산적인 일에 시간과 에너지를 써야 하는 사람들로서는 감당하기 어려운 것이어야 했다. 유한계급에게 '무용지물'이란 노동하지 않는 자신들의 특권을 과시하는 수단이었다.

인류 고대 문명의 호화스러운 성전이나 거대 건축물은 이런 과시적인 낭비에서 비롯되었다. 고대 이집트의 피라미드는 과도한 노동력을 투입하면서도 실용적인 가치는 전무한 비효율성의 전형을 보여준다. 외딴 사막에 우뚝 솟아 자신의 권위를 드러내는 것 외의 다른 용도에 대해서는 알려진 것이 없다.

산악 지형이 많은 고대 중국에서는 높은 건물을 짓기보다 다른 방식으로 낭비를 과시했다. 가령, 평범한 도자기로도 쉽게 만들 수 있는 제사용 그릇을 옥을 갈거나 청동기를 녹여 제조했다. 옥을 가공하는 데는 많은 시간과 노력이 들었고, 청동기를 채굴하고 주조하는 데는 대규모 노동력이 동원되었다. 이는 실용성과는 무관한 과시적 낭비를 보여주기에 충분했다. 이처럼 고대 문명의 아름다운 예술품들은 그것이 얼마나 비효율적이고 비생산적인지를 경쟁적으로 보여주는 것이기도 했다.

명예의 상징이자 비천한 노동을 하지 않아도 되는 상태를 보여주는 여가와 낭비는 높은 신분을 가진 이들에게는 필수 요소였다. 그런데 산업혁명으로 재화의 생산이 늘어나고 노동의 효율적인 배분이 가능해지면서, 부를 과시하는 수단으로 여가보다는 과시적 소비가 더 각광받기 시작했다.

현대 사람들은 신체적 안락에 필요한 것 이상의 소비를 한다. 그들이 일부러 비싼 상품을 소비하려고 의식적으로 노력하기 때문은 아니다. 그보다는 더 좋은, 더 많은 제품을 소비하며 품위를 유지하고자 하는 욕망에서 비롯된 행동이다. 관습적으로 소비되는 많은 물품들을 자세히 분석해보면 대부분 사치품이며 명예를 의식한 것들이 많다.[2]

베블런의 100년 전 지적은 지금도 유효하다. 명품 소비에 열광하는 현대인의 모습에는 이런 과시적 소비의 흔적이 남아 있다. 투자은행 모건스탠리 보고서에 따르면, 2022년 한국의 1인당 명품 소비액은 연간 40만 원으로 세계 1위를 차지했다. 이 보고서는 명품 소비 열풍의 원인으로 사회적 지위 과시 욕구를 꼽았다. 반드시 필요하지 않은, 쓸모없는 것을 지나치게 비싼 값을 주고 구매하는 것은 시간이 남아돌고 주체할 수 없을 정도로 돈이 많다는 걸 보여주기에 적합하다.

그런데 비극은 다른 데 있다. 매일 힘들게 노동을 해야만 하는 사람들마저 돈 많은 사람들의 과시적 소비를 모방하고 있다. 힘들게 일해서 받은 월급으로 구입한 명품이란 유한계급의 그것과 같을 수 없는데도 불구하고 말이다.

쓸모없음의 상대성

숲속의 못생긴 나무는 오래 살아남았지만, 울지 못하는 오리는 가장 먼저 잡혀 죽었다. 둘 다 쓸모없었지만 서로 운명을 달리했다. 독야청청 장수한 고목은 사실 목재로서 가치가 없기 때문에 우아하게 살아남을 수 있었다. 이런 내막도 모르고 주막의 오리는 괜히 그 쓸모없음을 흉내 내다가 되레 가장 먼저 죽임을 당하고 말았다. 쓸모없는 것들의 서로 다른 운명을 보여준 장자의 이야기는 지금도 유효하다.

쓸모 있음과 없음의 기준은 시대에 따라 달라진다. 현대 사회에서 가장 유용한 것을 꼽자면 로봇과 드론이 우선순위에 들어갈 것이다. 믿기지 않겠지만 2,000년 전 중국 고전에도 이런 물건을 만들었다는 기록이 등장한다. 하지만 이런 신기한 물건을 만든 사람에게 묵자는 쓸모없는 짓을 했다며 호되게 야단친다.

춘추시대 노나라에는 공수반(公輸般)이라는 유명한 장인이 있었다. 어느 날 그는 대나무를 깎아 까치 한 마리를 만들었는데, 한번 날아오르면 사흘 동안 떨어지지 않았다. 공수반은 기계 까치의 비행을 보며 세상에는 자신의 기술을 따라올 자가 없을 거라고 자랑스러워했다.

그런데 이것을 본 묵자가 이 까치는 수레에 들어가는 작은 부품만도 못하다고 쓴소리를 했다. 최고의 기술을 자부하던 공수반은 묵자에게 그게 도대체 무슨 말이냐고 따졌다.

그러자 묵자가 말했다. “수레의 부품은 무거운 화물을 싣고 굴러가게 해주지만 그대가 만든 이 새는 어디에 쓸모가 있단 말인가? 사람들에게 유익하면 그것을 솜씨가 있다고 말하지만, 쓸모가 없다면 솜씨가 서툴다고 하는 것이다." 『묵자』 「노문(魯問)」[3]

묵자는 제자백가 가운데 유일한 엔지니어 출신이다. 죄인의 이마나 팔뚝 따위에 먹줄로 죄명을 써넣었던 묵형을 받은 죄수라는 주장도 있다. 상층계급 출신은 아니었던 것으로 보인다. 그는 그 누구보다도 사치와 낭비를 배격하고 실용을 중시했다. 재정 지출을 줄이고 사치를 근절해야 한다는 절용(節用), 재화와 인력을 낭비하는 과도한 장례 의식을 줄이자는 절장(節葬)과 같은 주장은 효율과 실용을 중시하는 그의 생각을 집약해 보여준다.

공학도 묵자가 보기에도 공수반이 만든 로봇새란 쓸모없는 것에 불과했다. 그런 것을 만들 시간이 있으면 차라리 수레 부품처럼 당장 요긴한 것을 만드는 것이 낫다고 보았다. 이렇게 실용을 기준으로 당장 이익이 되는 것을 우선하는 그의 주장은 일반 백성들에게 환영을 받았다. 하지만 보편적인 통치 윤리를 세우는 것에 관심이 있던 유가 지식인들에게는 외면받았다. 한나라 때 유가가 국가 통치 원리로 채택되면서 묵자의 사상은 세상의 관심에서 밀려나고 말았다. 묵자의 실용적 태도는 지금 당장 쓸모 있는 것에만 주목했지, 그 쓸모 있음이 시대와 장소에 따라 달라질 수 있는 상대적인 가치라는 점은 중시하지 않았다.

산의 나무는 스스로를 해치며, 등불은 스스로를 태운다. 계수

나무는 먹을 수 있기에 베이며, 옻나무는 쓸모가 있기에 잘린다. 쓸모 있음의 가치는 모든 사람이 알지만, 쓸모없음의 가치를 알아보는 사람은 없다.

山木自寇也, 膏火自煎也. 桂可食, 故伐之; 漆可用, 故割之. 人皆知有用之用, 而莫知無用之用也. 『장자』 「인간세(人間世)」

곧게 자란 나무는 쓸모 있음 때문에 스스로를 해친다. 등불은 세상을 밝힌다는 쓸모 있음 때문에 자기 자신을 태워 없앤다. 계수나무와 옻나무도 쓸모 있음 때문에 벗겨지고 벌목되고 말았다. 쓸모가 없었다면 제 수명을 다했겠지만, 쓸모가 있었기에 생을 이어가지 못했다. 장자는 쓸모 있음에만 주목하는 사람들에게 그 이면을 보라고 외치고 있다.

세상이 우리에게 쓸모 있는 사람이 되라고 다그치는 이유는, 자기들에게 도움이 되기 때문이다. 그러나 그 쓸모 때문에 누군가는 자신의 수명을 다하지 못하고 사라지고 만다. 이제는 누군가로부터 쓸모없는 사람이라고 비난을 받더라도 너무 괴로워하지는 말자. 누가 알겠는가, 이 쓸모없음 덕분에 온전한 나의 삶을 영위하고 있는 것인지. 또한 누가 알겠는가, 지금 이곳에서는 쓸모없지만 다른 어디선가는 쓸모 있음으로 환대받을 수도 있을지. 세상의 빛과 소금이 되어야 한다고 자신을 다그치는 현대인에게 장자가 들려주는 쓸모없는 위안이다.

세상만사에 모두 적용되는 원리가 있을까?

군자는 반드시 해야만 하는 것도 없고, 절대로 해서는 안 되는 것도 없다.
의로움만 있으면 된다.
君子之於天下也, 無適也, 無莫也, 義之與比.

공자가 가지고 있지 않은 것들

우리는 보통 그 사람이 가지고 있는 것으로 그를 정의하곤 한다. 그런데 『논어』에는 특이하게도 공자가 가지고 있지 않은 것을 강조한 내용이 있다.

> 공자에게는 네 가지가 없었다. 사견이 없었으며, 반드시가 없었고, 꼭이 없었으며, 나가 없었다.
>
> 子絶四, 毋意, 毋必, 毋固, 毋我. 『논어』「자한」

주자의 자세한 설명이 없다면 이 담백한 서술을 이해하기는 쉽지 않을 것이다.

> 공자에게는 주관적인 편견[私意(사의)]이 없었고, 반드시 그래야하는 법칙성[期必(기필)]도, 상황의 변화에 대응하지 못

하는 고집[執滯(집체)]도 없으며, 사적인 편견[私己(이기)]도 없었다. 이 네 가지는 서로 연결되어 있다.

자신의 의견이 생기면[意] 반드시 그래야 한다는[必] 것에 집착하게 되고, 언제 어디서나 적용되어야 한다는 원칙[固]에 얽매이게 되어, 결국 주관적인 아집[我]에서 벗어나지 못하는 굴레에 빠진다.

개인의 의견이 생기면 그것이 어떤 법칙에 근거해 예측 가능한 결론에 이르는데, 이는 실제 사건이 벌어지기 전까지는 가설일 뿐이다. 또한 현실이 반드시 그 법칙대로 이루어져야 한다고 강변하는 것 역시 나의 생각에 함몰되는 것이다. 『논어집주』[1]

반드시[必]와 꼭[固]이라는 것은 언제 어디서나 적용되는 보편의 원리를 말한다. 사상가라면 누구나 이런 만능의 원리를 찾아내려 할 것이다. 평범한 우리들 역시 현실에서 문득 심오한 원리를 깨달으면 이런 욕심을 내곤 한다. '그래, 세상은 그렇게 굴러가는 거야' 하면서. 하지만 다음 날 아침에 다시 생각해보면 얼마나 허술한 생각인지, 얼굴이 화끈거렸던 경험 한 번씩은 해보았을 것이다.

그런데 공자는 이렇듯 언제 어디서나 적용되는 보편 원리를 추구하지 않았다는 말인가? 공자는 아침에 일어나 도를 깨치면 저녁에 죽어도 좋다고 하지 않았던가.

공자는 과연 도를 깨치면 죽어도 좋다고 했을까

> 아침에 도를 들으면 저녁에 죽어도 좋다. 『논어』「이인」[2]

공자의 말 가운데 이처럼 극단적인 가정을 사용한 경우는 많지 않다. 얼마나 중요하고 절박한 것이기에 죽어도 좋다는 표현까지 쓴 것일까.

『논어』의 초기 주석가 하안(何晏)은 이 구절을 "아침에 일어나 이 세상이 도에 의해 다스려지고 있다는 것을 확인한다면 그날 저녁 죽어도 여한이 없다"라고 풀이했다. 도에 의해 통치되는 세상이 오지 않음을 안타까워한 것이다.

당나라의 유보남(劉寶楠) 역시 비슷하게 해석한다. "이 구절은 세상에 도가 없음을 질책한 것이다. 만약 아침에 도가 실현되었다는 말을 듣는다면 저녁에 죽어도 여한이 없다는 이 구절은 곧 죽을 때가 되어가는데도 세상에 도가 실현되었다는 이야기를 듣지 못했음을 말하고 있다."[3]

이처럼 전통적인 주석들은 도에 의해 통치되는 세상을 보지 못한 공자가 아쉬움을 토로한 것으로 해석한다. 도 자체에 대한 관심보다는 도가 실현된 세상을 만들고 싶다는 공자의 현실적인 바람과 아쉬움을 강조했다.

한편 주자는 도에 대한 공자의 지적 갈망에 초점을 맞추어, 세상을 설명하는 도를 알게 되면 죽어도 여한이 없다는 의미로 해석한다. 주자는 이 구절이야말로 진리를 생명보다 귀하게 여긴 공자의 구도(求道)에 대한 열정을 여실히 보여준다고 강조한다. 이런 주자의 해석은 성리학의 보편 원리 논쟁을 예고하는 것이었다.

보편과 universal

보편(普遍)의 普 자는 『설문해자』에서 "태양빛은 색이 없다"[日無色也(일무색야)]라고 다소 모호하게 설명되는데, 이는 '태양빛은 특별한 색깔이 없지만 온 세상을 빠짐없이 비춘다'라는 의미로 해석된다. 그래서 普 자는 넓고 크다는 의미로 쓰인다. 고대 중국 문헌에서는 온 세상을 의미하는 보천(普天)과 같은 단어에 사용되었다.

> 온 하늘 아래 가운데 왕토가 아닌 곳이 없고, 온 땅에 왕의 신하가 아닌 사람이 없다.
>
> 普天之下, 莫非王土. 率土之賓, 莫非王臣. 『시경(詩經)』「소아(小雅)」〈북산(北山)〉

고대 중국에서 보천(普天)으로 표현된 세계는 빛이 빠짐없이 도달하는 동질의 공간이었다. 『설문해자』에서는 普 자에 대해 "빛은 색이 없기에 멀고 가까운 것 모두를 똑같이 비춘다"라는 설명을 더했다.

중세 이전 유럽의 우주관은 완벽한 원의 세계였다. 세상의 모든 존재는 중심에 있는 신으로부터 등거리에 존재했다. 케플러가 행성의 궤도를 타원이라고 주장하면서 완벽한 원의 세계관이 잠시 흔들렸지만 과학이 이를 이어받았다. 세상 모든 존재의 중심에 다시 원자와 핵이 등장했다. 세상의 중심으로

부터 등거리에 있다는 의미인 'universal'이 보편적 존재를 나타낸 것은 자연스러운 일이었다. 빛이 사방에 두루 비치는 것을 나타내는 普 자를 쓴 보편(普遍)이라는 단어로 universal을 번역한 것도 우연이 아니다.

보편이라는 개념은 고대 중국인들의 사고 체계에서는 낯선 것이었지만 서구 문명에서는 말 그대로 보편적이었다. 서양 중세시대 최고 교육기관은 보편성을 학습하는 곳이라는 의미에서 university였다. 그런데 이 단어가 동아시아에서는 보편이라는 의미가 빠진 대학(大學)으로 옮겨졌다. 중국 고대의 최고 학습 기관이었던 태학(太學)에서 가져온 말이다. 태학의 설립 목적은 유가 경전을 학습한 관료를 양성하는 것이었다. 서로 목표하는 점이 달랐던 university와 太學이 대학(大學)이라는 단어에 흡수되었다. 이런 이유로 우리 시대의 대학(大學)은 인류의 보편적인 지식을 학습하는 곳, 비세속적인 고급 교양을 배우는 곳, 고급관료가 되기 위한 시험공부를 하는 곳이라는 인식이 혼재되어 있다. 오랜 세월 동서양의 최고 교육기관들이 목표했던 서로 다른 이상이 마구 뒤섞여 있는 것이다.

고대 중국에서 보편은 도(道) 또는 법(法)이라 불렸고 그리스에서는 로고스라고 했다. 이는 세상의 모든 현상 배후에 존재하는 자연법칙이기도 했고, 인간이 마땅히 따라야 할 도덕법칙이기도 했다. 김용규는 보편을 네 가지 측면에서 정의한다. 공간적으로는 이곳에서 일어나는 일이 다른 곳에서도 일어난다는 것을 알게 해주며, 시간적으로는 과거의 사실들을 통찰하여 미래를 예측하게 해준다. 이론적 차원에서는 여러 사람이 토론할 때 대중의 동의를 얻어내는 설득 능력을 갖추었으며, 실천적 차원에서는 사람들을 그것에 따라 행동하게 하는 도덕적 힘을 가졌다. 이런 보편타당성(universal validity)은 오늘날에도 인간을 설득하여 움직이게 하는 힘을 갖는다. 즉, 보편성은 자연을 이해하고 조종하고, 인간을 설득하여 움직이게 하는 힘을 가졌다.[4]

단어는 달랐지만 보편은 장소와 시간을 불문하고 인류가 몰두했던 가장 중요한 주제였다.

보편에 절박한 사람, 절박하지 않은 사람

인류 역사상 두 번의 지식의 폭발이 있었는데, 기축시대에는 지식의 보편성(universality)을 추구하는 데 열중했고, 과학기술의 시대에는 지식의 확실성(certainty)을 찾는 데 매진했다.[5]

중세 서양의 실재론과 유명론 논쟁은 기축시대의 보편에 대한 논의가 확장된 것이다. 실재론은 '사물보다 앞선 보편(universalia ante rem)'을 주장했고, 유명론은 '사물 다음에 오는 보편(universalia post rem)'을 주장했다. 실재론자들은 본질이 선재(先在)한다고 생각했다. '아름다움'이라는 본질이 예쁜 사람, 잘 만들어진 물건, 화려한 옷 등에 개별적으로 들어 있는 것이 아니라, 이런 개별적인 사물과는 상관없이 보편으로 이미 존재한다는 것이다. 그렇다면 개개 인간들의 영혼 역시 이미 그 인간들이 존재하기 이전부터 있었던 것이 된다.[6]

보편이 앞에 있는지 뒤에 있는지 여부는 신의 존재에 대한 중세 유럽인들의 절실한 물음에서 비롯되었다. 그러나 고대 중국인들은 보편 원리에 대해 그다지 절박하지 않았다. 주자는 아침에 도를 들으면 저녁에 죽어도 좋다고 했던 공자의 말을 보편에 대한 갈망으로 해석했지만, 공자가 세상 만물 모두에 적용되는 보편의 법칙을 추구했는지는 명확하지 않다.

> 군자는 천하의 일 가운데 반드시 해야만 하는 것도 없고, 절대로 해서는 안 되는 것도 없다. 오직 의(義)와 함께할 뿐이다.
> 子曰, 君子之於天下也, 無適也, 無莫也, 義之與比. 『논어』「이인」

공자는 세상일에는 절대적이고 변함없는 유일한 법칙이란 없다는 유연한 태도를 보인다. 그런데 주자는 이 구절의 의미를 한층 심각한 것으로 보았다.

> 공자는 가함도 없고 불가함도 없다고 했지만, 만약 도가 없다면 광인들이 아무렇게나 행동하는 것과 뭐가 다르겠는가. 불교와 도교의 무리들이 바로 이런 미친 사람들이다. 그들이 말하는, 소위 마음 가는 대로 따르고 그때그때 임기응변에 능해야 한다는 주장이야말로 성인들의 비판을 받지 않았던가. 성인의 학문은 이렇지 않다. 가함도 없고 불가함도 없지만 그 사이에는 의로움이 존재한다. 이것마저 없다면 군자의 마음은 어디에 기댈 수 있겠는가. 『논어집주』[7]

주자는 의로움이라는 기준마저 잃으면 미친 사람처럼 막무가내로 행동하는 것과 다르지 않다고 보았다. 공자의 유연한 태도는 사실 의로움이라는 기준이 있었기 때문에 가능했다는 것이다. 불가나 도가의 무리들은 정해진 원칙도 없이 임기응변에만 능숙하다. 의로움이라는 기준을 갖추지 못했기 때문이다.

불교의 보편 개념을 성리학으로 수용했던 주자는 불교의 교리에는 의(義)라는 보편적 기준이 없다고 비판했다. 보편에 크게 집착하지 않았던 공자와 달리, 주자는 자신이 옳다고 생각하는 보편에 절박했다.

보편이 가지는 폭력성

노자 역시 보편 원리로부터의 자유로움을 강조했다.

> 성인은 무위하므로 패함이 없고 집착이 없으므로 잃음이 없다. 이로써 성인은 함이 없으므로 잃음이 없다. 집착이 없으므로 잃음이 없다.
>
> 是以聖人無爲, 故無敗, 無執, 故無失, 是以聖人亡爲, 故無敗, 無執, 故無失. 『도덕경』 제64장

노자는 무위(無爲)하기 때문에 패하지 않고[無敗(무패)], 집착하지 않기[無執(무집)]] 때문에 잃을 것도 없다[無失(무실)]고 했다. 무위와 무집은 어떤 특정한 원칙에 집착하지 않는 것을 말한다. 노자의 무위 이야기는 뒤에서 더욱 상세하게 다루기로 한다.

공자와 노자가 이렇듯 보편 원리에서 자유로울 것을 강조했던 이유는 무엇일까? 보편 원리를 중심에 두었던 서구의 역사와 비교해보면 그 함의가 드러난다.

레너드 쉴레인(Leonard Shlain)은 보편에서 단일함을 본다.

세상에 원리는 하나이기 때문이다. 유일신 관념은 그 어떤 것보다 더 중요한 상위의 권위를 인정하는 것이다. 이는 보편 윤리의 편재성이라는 관념에서 비롯된 것이기도 하다. 그는 이런 일신교가 가지는 폭력성을 강조한다. 유일신이라는 홀로 존재하는 신은 인간 사회의 조건을 반영하지 않는다. 주변에 아무도 없어서 혼자일 수밖에 없는 이런 신은, 무리 지어 사는 인간과는 처한 상황이 전혀 다르다. 이런 신에게는 아내도, 자식도, 부모도 없다. 어떠한 형상과도 무관한 유일신은 고도로 추상적인 개념이다.

> 추상적인 신을 숭배하는 것에는 끔찍한 대가가 따른다. (…) 다신교문화에서는 결코 볼 수 없었던 맹렬함과 투철함으로 무장한 잔인한 병사를 낳았다. 일신교를 믿지 않는 지역에서는 외모가 다르거나 옷을 입는 방식이 다르다는 이유로 서로 죽였지만, 일신교를 믿는 서양에서는 자신과 다른 '추상적인 관념'을 믿는다는 이유만으로 옆집 사람을 증오하고 죽였다. 다른 마을의 말을 훔쳐오기 위해 습격하는 것은 그래도 납득할 수 있는 일이지만, 종교나 철학과 같은 추상적 가치 때문에 서로 죽고 죽이는 것은 얼마나어리석은 짓인가? (…) 유일신 신앙으로 인류가 치른 고통을 떠올려보면 일신교 이전의 다양한 종교들을 원시적이라고 마냥 단정해버릴 수는 없을 것이다.[8]

고대 동아시아 사회에는 유럽과 같은 종교 전쟁은 벌어지지 않았다. 상대의 영토를 뺏거나 탐나는 재물을 훔치고 값싼 노동 자원을 가져오기 위해 전쟁을 벌였지만 서로 믿는 신이 다르다는 이유만으로 사람들을 무참히 살육하지는 않았다. 머릿속 추상적인 관념 때문에 사람을 죽이지는 않았던 것이다.

공자와 노자가 보편에 집착하지 않았던 것은 단일함이 야기하는 이런 폭력성을 예감했기 때문일까?

보편과 거리를 둔 중국적 사유

일본의 한학자 요시카와 고지로(吉川幸次郎)는 보편을 중시하지 않는 중국적 사유의 특징을 다음과 같이 설명한다. 고대 중국의 경서는 추상적인 원리를 추상적인 표현으로 설명하기보다 구체적인 사실을 다루는 데 집중했다. 오경(五經)에 기록된 것들은 모두 현실 세계의 구체적인 사건에 기반을 둔 내용이다. 『서경』이나 『춘추』와 같은 역사서들은 사건의 인과관계를 냉담하게 기술할 뿐, 거기에서 어떤 보편적인 원리나 교훈을 이끌어내려고 무리하지 않는다.

이런 태도는 중국인들에게 정신의 자유를 제공하는 역설도 가능하게 했다. 한나라 이후 서로 다른 수백 가지의 경전 해석이 등장했다는 사실은 이러한 자유를 실증한다. 고대 중국인의 생활이 오경에 얽매여 꼼짝달싹하지 못하는 매우 옹색하고 불편한 것처럼 들리겠지만, 실제로는 그 나름의 정신적 자유가 있었다.[9]

이처럼 중국 경전은 추상적인 실천 규범을 규정하지 않았다. 이를 보조하기 위한 책들이 『논어』와 『효경』처럼 인간 생활의 구체적인 수칙을 다룬 책이었다. 요시카와 고지로에 따르면 중국인들은 공자가 특수한 경우에 한 말이라는 식으로 『논어』를 해석하고 싶어 하는 경향이 있다. 공자의 말을 어떤 경우에도 적용 가능한, 보편타당한 진리로 간주하지 않았다는 것이다.[10]

중국 경전은 구체적인 사실을 기록하는 데 중점을 두었다. 그렇기 때문에 개념과 범주를 사전에 학습하지 않았거나 특별한 철학적 훈련을 받지 않은 사람 누구나 큰 어려움 없이 읽을 수 있다.

프랑스의 중국학자 자크 제르네(Jacques Gernet) 역시 보편적인 본질에 집착하지 않는 고대 중국인의 사유의 특징을 다음과 같이 설명한다.

> 서양과 다른 중요한 차이점은 중국인들은 이 현상세계를 초월해 있는 영원한 진상(眞相)의 세계를 상상하지 않는다는 점이다. 서양은 전 역사를 통하여 눈앞에 나타난 현상들 너머에 있는 존재를 끊임없이 추구했다. 중국인들에게는 눈앞에 보이는 현상들 너머에 그것과 질적으로 구분되는 영구불변한 초험적 실재로서의 존재 개념이 없다. 중국인들의 모든 학문의 근본 사상은 전적으로 조화와 변화를 추구한 것이지 결코 변하지 않는 실체를 문제 삼지 않았다.[11]

일본 대학자와 프랑스 동양학자의 눈에 비친 중국적 사유의 특징을 한마디로 요약하면 보편에 집착하지 않는다는 것이다.

보편에 대한 집착이 왜 문제가 되는가

세계를 설명하는 유일한 원리에 대한 탐구 정신이 비난을 받을 필요는 없다. 하지만 그것이 하나의 원리를 모두에 적용하려는 집착이 되어버릴 때, 결국 나의 생각을 다른 사람에게 강요하는 폭력의 출발점이 될 수 있다.

박권일은 타자를 인정하지 않는 유아론자의 사고는 결국 나에게 타당한 것이 다른 사람에게도 타당하다는, 일그러진 보편에 대한 집착에서 비롯된다고 본다. 그에 따르면 흔히 유아론(唯我論)이라 부르는 개념을 대개 '나 혼자밖에 없다'라는 사고방식으로 오해하지만 엄밀히 말하면 다르다. 유아론은 '나에게 타당한 것은 다른 모든 사람에게도 타당하다'라는 사고방식이다. 유아론자는 자신과 동일한 규칙을 공유하는 타인만을 인정하는데, 사실 그런 타자는 타자라기보다 동일자다. 유아론자에게는 자신과 다른 규칙으로 살아가는 사람, 진정한 의미에서의 타자는 존재하지 않는다.[12]

공자가 언제 어디서나 예외 없이 반드시 적용되는 원칙을 고집하지 않았던 것은 자기주장에 매몰되어 그 기준만으로 세상을 판단하는 유아론적 집착을 우려했던 것이지, 자기 관점을 세우는 것 자체를 부정한 것은 아니었다.

우리 삶에서 하나의 원리만으로 복잡한 현상을 설명하려는 보편에 대한 욕망은 다양한 모습으로 등장한다. 우리는 세상사를 단순한 원리로 풀어주는 이야기에 쉽게 설득당한다. 상대를 차분하고 진지하게 관찰할 여유 없이 마음이 바쁜 사람들은 MBTI 유형이나 혈액형만으로 간단하게 사람을 유형화하고 싶어 한다. 한 사람의 본질을 단순한 원리로 환원시키려는 욕망은 아주 오래된 것이기도 하다. 사람들은 이미 오래전부터 밤하늘의 별자리나 출생 연도만으로 사람들의 특성을 분류해왔다. 하나의 원리로 모든 것을 다 설명하고 싶어 하는 보편에 대한 욕망의 흔적이다.

특히 감당하기 어려울 정도로 쏟아지는 뉴스의 홍수 속에서 생존해야 하는 현대인에게 이런 단순화의 유혹은 떨쳐버리기 쉽지 않다. 우리에게는 사건의 배경에 있는 복잡한 논리적 맥락을 이해하거나 상대방이 처한 특수 상황을 고려하기 위해 차분하게 접근할 여력이 없다. 빨리 결론을 내리고 싶기 때문이다. 일상 대화에서 우리는 "그래서 결론이 뭔데?"라고 독촉한다. 세상이 너무 복잡해져서 예측하기 어려워지면 사람들은 성급한 결론을 내리거나 기존의 견해를 더욱 굳건히 고수하게 된다.[13]

여기서 다시 공자가 자신에게는 없다고 했던 네 가지를 떠올려보자. 그에게는 사적인 의견이 없었으며, 반드시 해야 하는 것도 없었고, 꼭 그래야 하는 것도 없었으며, 그래서 결국 나(我)도 없었다. 공자는 '나의 사견이 반드시 다른 사람들에게도 적용되어야 한다'라는 유아론적 보편에의 집착이 얼마나 위험한지 일찍이 경고했다.

공자는 지금 시대의 사람들에게 이런 이야기를 하고 있는 것인지도 모른다. 나와는 다른 모습, 다른 생각을 가진 사람들 모두에게 적용되는 탁월한 원리를 찾으려는 욕망은 이제 그만 내려놓으라고.

왜 좋은 것은 큰 것일까?

작은 신의를 지키기 위해 제 목을 매어 죽어서
아무도 모르는 도랑에 버려지는 것이 무슨 의미가 있을까?
豈若匹夫匹婦之爲諒也, 自經於溝瀆而莫之知也.

큰 것과 작은 것

우리는 왜 나라를 위해 '큰일'을 한다고 할까? 왜 감당하기 어려운 예상 밖의 사건이 벌어지면 '큰일 났다'라고 하는 것일까? 또한 우리는 종종 조직을 위해서, 대를 위해 소를 희생하라는 말을 듣는다. 나라를 위하는 일은 왜 '큰' 것이고, 작은 것은 왜 '큰' 것을 위해 희생되어도 괜찮은 것일까?

언제부터인지 모르지만 고대 중국에서는 일의 중요도나 사람됨의 옳고 그름을 크기로 구별했다. 공자는 자신이 생각하는 이상적인 인간을 군자(君子)라고 했고, 여기에 미치지 못하는 사람을 소인(小人)이라고 불렀다. 고대 한자에서 인(人)은 보통 일반적인 사람보다는 삼인칭 다수를 지칭했다. 소인(小人)이란 결국 나와 당신은 해당되지 않는, 불특정 다수의 '저 사람들'을 의미했다. 군자와 소인이 극적으로 대조되는 모습은 『논어』에 자주 등장한다.

군자는 주위 사람들을 두루 아우르며 경쟁하지 않지만, 소인은 파벌을 만들어 모두를 아우르지 못한다.
子曰, 君子周而不比, 小人比而不周. 『논어』「위정」

군자는 의리에 밝고 소인은 이익에 밝다.
子曰, 君子喻於義, 小人喻於利. 『논어』「이인」

소인의 역할은 군자를 두드러지게 해주는 것이다. 공자는 군자의 반대편에 있는 개념을 '작다'로 표현했다. 『논어』의 대표적인 영어판 번역자인 제임스 레게(James Legge)는 군자를 'the superior man'으로, 소인을 'the mean man'으로 번역한다. 영어사전에 의하면 mean은 '속 좁은, 하찮은, 평범한, 천한, 비열한, 변변찮은, 인색한, 쩨쩨한'과 같은 다양한 의미를 갖는다. 이런 의미를 모두 적용하면 소인이란 '주위 사람을 포용하지 못하고 속 좁은, 변변치 않은 명분을 내세워 파벌을 만드는, 하찮은 개인의 이익에 급급한, 천한 사람'을 말한다. 하지만 이 번역어로도 대소(大小)가 가지고 있는 고유의 어감은 살리지 못했다.

대의와 소의의 차이

사건이나 인물을 평가할 때 크기로 나누는 것은 역사서에도 자주 등장한다. 사마천은 중국 무협지의 원조로 인정받는 「오자서열전(伍子胥列傳)」에서 주인공의 행동을 대의(大義)와 소의(小義)로 구분한다. 오자서의 파란만장한 복수극 스토리를 앞부분만 요약하면 다음과 같다.

초나라 왕은 비무기(費無忌)라는 간신의 꼬임에 넘어가 태자의 스승인 오사(伍奢)를 옥에 가두고 죽이려고 했다. 비무기는 오사의 두 아들 오상(伍尙)과 오자서(伍子胥)를 살려두면 후환이 생길 거라고 우려했다. 그래서 비무기는 아들들을 협박했다. 둘 다 투항하면 아버지를 살려줄 것이지만 그렇지 않으면 죽이겠다고.

오자서는 이것이 거짓 협박이라는 것을 알고 있었다. 결국 아버지와 두 형제 모두 죽이겠다는 모략에 불과하다는 것을. 그는 차라리 한 명이라도 도망가서 복수를 도모하자고 형을 설득했다. 함께 투항하면 부자가 모두 죽게 되고, 그러면 아무도 원수를 갚지 못하게 될 것이다. 형 오상도 알고 있었다. 투항해도 결국 아버지를 구하지 못할 거라는 사실을.

그렇다고 아버지를 인질로 삼아 자식을 불렀는데 구하러 가지 않으면 세상 사람들의 웃음거리가 될 것이었다. 오상은 동생 오자서에게는 도망쳐 후일의 복수를 도모하라고 하고 자신은 아버지에게 가서 함께 죽겠다고 했다. 결국 오상은 아버지와 함께 죽게 되고 오자서는 탈출하여 원수를 갚는다.

사마천은 오자서의 이런 선택이야말로 소의(小義)를 버리고 아버지의 복수라는 대의(大義)를 완수한 것이라고 평가한다. 오자서가 아버지를 따라 죽었다면 하찮은 땅강아지나 개미와 다를 바 없었으리라는 것이다. 오자서는 소의를 버리고 큰 치욕을 갚아 후대에 이름을 남겼다. 사마천이 말하는 소의란 눈앞의 아버지를 외면하지 못하는 순간의 감정에 충실한 것이고, 대의란 당장의 복수심을 자제하고 후일에 복수를 완수하는 냉철한 판단의 소산을 말한다. 사마천이 의(義)를 대의와 소의로 나누었던 기준은 결국 복수의 성공 여부였다.

소의보다 중요한 대의

사마천이 대의와 소의를 구분하는 내용은 「관안열전」의 관중 이야기에도 등장한다. 관중은 몰락한 주군에 충성하는 소의를 버리고 시대의 대세로 부상한 환공을 모셔 제나라를 강국으로 만드는 대의를 이룩했다.

혼란한 제나라에는 왕위 계승자가 두 명 있었다. 한 명은 나중에 제환공이 되는 소백(小白)이었고, 또 다른 한 명은 그의 형인 공자 규(糾)였다. 관중은 공자 규를, 포숙아는 소백을 각각 자신의 주군으로 모셨다. 소백은 우여곡절 끝에 왕위에 올라 환공으로 즉위하였고, 자신의 경쟁자 규와 그의 수하 관중, 소홀까지 죽이려고 했다. 그러자 포숙아가 관중의 사면을 건의하며 이렇게 말했다.

"공께서 제나라만 다스리려 하시면 저로 충분할 것입니다. 그러나 패자가 되고자 한다면 관중을 써야만 합니다."

포숙아의 적극적인 변호 덕분에 관중은 하루아침에 사형수 신분에서 한 나라의 재상이라는 위치까지 올라간다. 이때 소홀은 주군 규를 따라 스스로 목숨을 끊으면서, 관중에게는 대의를 위해 살아남으라는 말을 남긴다.

관중의 처신에 대해서 훗날 공자 제자들 사이에서 치열한 논쟁이 벌어진다. 『논어』에는 이 사건에 대해 공자가 제자들과 나눈 대화가 상세히 기록되어 있다.

자로가 물었다. "환공이 공자 규를 죽였고 소홀은 따라 죽었는데 관중은 죽지 않았으니 인자가 아니지요?"

공자가 답했다. "환공이 제후들을 여러 차례 규합했지만 무력을 쓰지 않았던 것은 관중의 힘이었느니라. 누가 그 사람의 인(仁)만 하겠는가? 누가 그 사람의 인만 하겠는가?" 『논어』 「헌문」[1]

공자는 환공이 무력을 앞세우는 독재자가 되지 않은 것은 관중 덕분이라며 변호했다. 주군 규(糾)에 대한 신의를 지키는 소의(小義)보다 제국의 왕을 택한 대의(大義)를 높게 평가한 것이다. 평소 신의와 명분을 강조했던 공자가 이렇게 관중을 변호하는 것을 납득하기 어려웠나 보다. 자공이 다시 같은 질문을 한다. 제자들이 이렇게 같은 질문을 반복한 것은 이례적이다.

자공이 다시 물었다. "관중은 인자가 아니지요? 환공이 공자 규를 죽였는데도 따라 죽지 않고 오히려 그의 재상까지 되어 도왔으니 말입니다."

공자가 말했다. "관중이 환공의 재상으로 있으면서 그를 도와 제후들의 패자로 만들었고, 또한 천하를 하나로 바로잡았다. 이에 백성들이 지금까지 관중의 은혜를 입고 있는 것이다. 만약에 관중이 없었다면 우리도 머리를 풀고 오랑캐처럼 옷을 입었을 것이다. 보잘것없는 사람들이 작은 신의를 지킨다고 스스로 제 목을 매고 죽어서는 아무도 모르는 도랑에 버려지는 것 같은 일을 관중이 하겠는가?" 『논어』 「헌문」[2]

관중은 스스로 목숨을 끊는 소의를 행하지 않고, 제나라 환공을 도와 나라를 부강하게 하는 대의를 이루었다. 공자는 제자들의 집요한 질문에도 아랑곳하지 않고 같은 평가를 계속했다. 작은 신의를 지킨다고 스스로 목을 매어 아무도 모르는 도랑에 버려지는 것은 소의에 불과하다. 굴욕과 비난을 참아내고 나라를 위해 큰일을 했으니, 관중은 대의를 이룬 것이다. 사마천의 대의와 소의는 공자의 이런 생각을 바탕으로 한 구분이다.

큰 것과 작은 것의 기원

이처럼 큰 것은 좋고 중요하며, 작은 것은 나쁘고 사소하다는 구분은 어디에서 유래한 것일까?

『춘추좌전』 서문에는 역사적 사건을 중요도에 따라 대소로 구분하는 이유를 추측할 수 있는 내용이 있다. 『주례(周禮)』에 의하면, 천자의 나라와 제후의 나라에는 모두 사관이 있어 역사를 기록하였는데, 큰 사건[大事(대사)]은 책(策)에 기록하고 작은 사건[小事(소사)]은 간독(簡牘)에 기록했다. 책은 대나무 조각인 간독들을 이어 붙인 것을 말한다.

고대 중국의 경전(經典) 체계는 큰 사건을 기록한 경(經)과 이에 대한 주석에 해당되는 전(傳)으로 구성된다. 경전의 1차 주석을 보통 전(傳) 또는 주(注)라 하고, 이에 대한 주석, 즉 경전의 2차 주석을 소(疏)라고 한다. 『십삼경주소(十三經注疏)』는 주요 13종 중국 고대 경전의 경문과 주석을 집대성한 것이다.

그래서 『춘추』는 '경'이고 『좌전』은 이에 대한 1차 주석이다. 『춘추』에는 국가의 주요 사건만을 큰 글씨로 간략하게 기록했고, 『좌전』에는 경전의 내용을 보충하고 해설하는 내용을 옆에 작은 글씨로 기록했다. '경'의 글자는 '전'의 글자보다 크다. 이렇게 큰 글씨와 작은 글씨로 기록된 것에서 대사와 소사의 구분이 생긴 것으로 보인다. 큰 것은 좋은 것, 완성된 것이고 작은 것은 덜 중요하거나 미완성의 상태를 나타내는 이분법이 비롯되었다. 대소의 구분은 기록 매체의 특성과 무관하지 않았다.

큰 것은 완성된 것이고 작은 것은 아직 부족한 상태라는 구분은 아직도 우리의 사고에 남아 있다. '대를 위해 소를 희생한다'라는 것은 공동체를 위한 개인의 희생을 의미한다. 여기에는 '대'는 좋고 '소'는 나쁘다는 이분법이 여전히 숨어 있다. 대를 위해 희생하지 않는 사람은 비겁한 소인배에 불과하다.

고대 한자에서는 추상적 개념어가 세분화되지 않았기 때문에 '의'라는 하나의 개념을 이처럼 큰 것과 작은 것으로 나눈 것으로 보인다. 시간이 지나면서 '큰 것'은 보다 넓은 공간에 적용되는 보편의 의미로 발전한다. 앞서 살폈듯 보편은 유일함이라는 권위를 가지게 되고 나중에는 좋은 것이 된다. 그래서 대의(大義)는 우리가 늘 지키고 따라야 하는 '유일'하고 '좋은' 가치를 의미한다.

대의(大義)를 영어로 옮기면 'highest duty'다. 영어에서는 크기가 아니라 높이로 표현한다. 이렇게 인간은 의(義)라는 추상적인 개념에서조차 '크거나 작은' 혹은 '높거나 낮은' 물리적 경험에서 크게 벗어나지 못했다. 인간이 언어를 사용한 지

수만 년이 지났지만, 초원에서 사물을 관찰하던 초기 인류의 감각에서 그다지 멀리 가지 못한 것이다.

대학에서 학생들을 가르치는 선생으로서 매년 빼놓지 않으려는 행사가 하나 있다. 바로 군대를 막 제대하고 복학한 학생들을 불러 저녁 한 끼 사는 것이다. 공동체를 위해 달콤한 청춘의 시간을 희생해준 이들에게 우리 사회가 고마움을 표하는 것도 좋지 않겠느냐는 마음에서 시작한 것인데, 어느새 연례행사가 되어버렸다. 대를 위해 소를 희생해준 것에 대한 일종의 예의 표시라 할 수도 있을 것이다. 밤새우며 나라를 지켜준 너희 덕분에 우리는 편히 잠을 잘 수 있었다. 그렇다고 해서 너희들이 언제나 큰 것을 위해 희생해야 하는 소인(小人)이라고 생각하지는 말라는 당부도 잊지 않는다. 우리 사회의 그 누구도 크고 작은 것으로 나눌 수는 없는 것이라고.

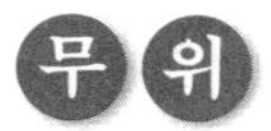

적극적으로 무언가를 하는

최고의 지도자란 그가 있다는 것만 알려진 사람이다.
太上, 下知有之.

무위란 아무것도 하지 않는 것?

몇 년 전 광고 카피 가운데 "나는 이미 아무것도 안 하고 있지만 더 격렬하게 아무것도 안 하고 싶다"라는 표현이 유행한 적이 있다. 광고의 속셈은 다른 것이었지만, 이 문구는 열심히 노력해도 적절한 보상을 받을 수 없을 거라는 우리 사회의 불안함과 무기력증을 잘 보여준다. 이렇게 적극적으로 아무것도 하고 싶지 않다는 하소연은 노자의 무위 사상을 떠오르게 한다. 미래에 대한 비관적 허무주의가 공연히 노자를 소환한 것이다.

그런데 노자는 과연 아무것도 하지 않는 무위를 실현하려 세속을 떠나 깊은 산속에 들어가 신선놀음이나 하던 한가한 사람이었을까? 노자가 반나절 만에 한자리에서 일필휘지로 썼다고 알려진 『도덕경』에는 텅 비어 있음[虛], 없음[無], 공허함[空]과 같은 단어들이 자주 등장한다. 무언가 이 세상 것과는 무관한 심오한 내용일 것 같다.

역대 그림 속에 등장한 노자의 모습은 말 그대로 하얀 수염에 백발이 성성한 노인이다. 노자가 죽고 수백 년이 지난 뒤 누군가 그의 사상을 종교로 각색해 도교라는 신선술(神仙術)로 둔갑시키기도 했다. 지금도 중국의 도교 사당에 가면 백발의 신선 노자에게 장수와 성공을 기원하며 향을 올리는 사람들로 가득하다. 대부분 노자의 책을 읽지 않은 사람들이다.

실제 『도덕경』을 읽어보면 의외로 현실 정치에 대한 이야기가 적지 않아 놀라게 된다. 노자는 이 세상을 잘 다스리는 일에 무심하지 않았다. 정치 지도자를 능력에 따라 등급으로 나눈 이야기부터 시작해보자.

> 가장 훌륭한 군주는 백성들에게 그가 있다는 것만 알려진 사람이다. 그 아래는 백성들이 친근감을 가지고 칭찬하는 사람이다. 그 아래는 백성들이 두려워하는 사람이다. 그 아래는 백성들이 업신여기는 사람이다. 군주에게 믿음이 없으면 백성들은 그를 믿으려 하지 않는다. 훌륭한 군주는 머뭇거리며 말을 가려서 하고, 그가 공적을 이루고 사업을 완수하더라도 백성들은 그것이 저절로 된 것이라고 말한다.
>
> 太上, 下知有之, 其次親而譽之, 其次畏之, 其次侮之. 信不足焉, 有不信焉. 悠兮,其貴言, 功成事遂, 百姓皆謂我自然. 『도덕경』 제17장

노자에 의하면 최고의 군주는 그가 있다는 사실만 어렴풋이 알려져 있는, 그래서 존재 자체가 의식되지 않는 사람이다. 그가 일을 아주 잘해서 백성들은 저절로 그렇게 된 것이라고

믿는 편이 가장 좋다. 백성들이 친근하게 여기고 칭찬한다는 것은 그의 존재가 드러나 있다는 말과 같다. 두려워하고 업신여기는 지도자는 노자에게는 언급할 가치도 없는 하급에 불과했다.

여기서 그의 무위(無爲) 사상의 진가가 드러난다. 무위란 아무것도 하지 않음이 아니라, 하되 '억지로 하지 않는 것'을 의미한다. 자연의 순리대로 흐르는 것을 굳이 의식적으로 자랑하지 않는 것이다. 내가 그 일을 이루었다고 자랑하는 것은 인위적으로 개입했다는 사실을 인정하는 것이기 때문이다.

다양한 무위 사상

우리는 보통 무위 사상을 노자의 대표적인 사상으로 알고 있다. 하지만 고대 중국에는 다양한 토착 무위 사상이 존재했다. 제자백가는 자신만의 방식대로 무위를 해석하고 응용했다.

가장 먼저 등장한 것은 정나라의 토착적 무위 사상이다. 군주가 나서지 않아야[無爲] 신하의 본심이 드러난다. 군주가 총명하다는 것이 분명히 드러나면 신하는 군주를 경계해 대비하면서 겉만 꾸미려 든다. 신불해(申不害)는 이런 상호 속임수를 무위론(無爲論)으로 그럴싸하게 포장한다. 군주는 신하의 속셈을 알 수 없기 때문에 군주 입장에서는 무위(無爲)를 하는 것이 가장 좋고, 그러면 신하의 속마음은 자연히 알게 된다. 실제로 초나라 장왕은 취임 후 3년 동안 아무 일도 하지 않는 무위를 실천했다. 신하들의 권유에 못 이기는 척 국정에 복귀하자마자 그동안 몰래 지켜보았던 신하들의 행적을 토대로 대대적인 숙청을 시작한다.

> 큰 나라 다스리는 것은 작은 생선 굽듯이 하라.
>
> 治大國, 若烹小鮮. 『도덕경』 제60장

큰 나라를 다스리는 일을 생선 요리법에 비유할 수 있는 사람은 노자 말고 없을 것이다. 작은 생선을 굽는다는 비유는 사람마다 다르게 해석할 수 있다. 일반적으로는 작은 생선처럼 연약한 백성들을 자꾸 다그치지 말고 조심스럽게 대하라는 의미로 해석된다. 멋진 비유에 어울리지 않는 평범한 해석이다.

생선 요리법에 대한 또 다른 해석은 이렇다. 작은 생선을 구울 때 자꾸 뒤척이면 살점이 부스러져 남는 것이 없게 되니, 적당히 익었을 때 한 번에 과감하게 뒤집으라는 것이다. 삼겹살 굽는 비법을 떠올리게 하는 이 비유는 자못 심각한 내용을 담아낸 노자식 화법이기도 하다. 나라를 다스리는 군주가 자기 생각과 기호에 따라 법과 원칙을 자주 뒤바꾸면 백성들이 제도를 불신하게 될 것이라는 경고다. 권력자의 사적인 욕망에 따라 나라의 시스템이 자꾸 흔들려서는 안 되며, 제도와 법률은 항상 예측 가능한 상태로 유지되어야 한다. 함부로 뒤집지 말라는 명령문을 한 단어로 정리하면 '무위(無爲)'다.

법가(法家)에서 무위는 지배자가 '자기 마음대로 하지 않는 것'을 의미한다. 군주는 법의 권세만 지니고 법에 따라 집행할 뿐, 자신의 감정에 휘둘려 결정을 내려서는 안 된다. 군주가 권력을 자의적으로 남용하지 못하도록 법으로 제약하는 것이다. 이는 앞서 노자의 생선 요리법에 등장하는 무위와 크게 다르지 않다. 그래서 사마천은 노자와 법가, 한비자를 같은 범주로 분류하여 「노자한비열전」을 구성했다.

병가(兵家)에서 무위는 '아무것도 하지 않는 것처럼 보임'으로써 상대를 방심하게 만드는 계략을 나타낸다. 일종의 속임수다. 또한 유가(儒家)의 무위는 인의 덕성에 따라 '직접 개입을 하지 않아도' 사람들이 마음에서부터 심복(心服)하게 되는 것을 말한다.

실용주의적 정치관을 가졌던 관중도 무위의 정치에 대해 한마디 한다.

> 현명한 군주는 일을 할 때 성현의 지혜에 맡기고 백성의 힘을 사용하지, 자신은 관여하지 않는다. 그래서 매번 일을 했다 하면 이루어지고 복이 생긴다. 어리석은 군주는 스스로 대단하다고 생각하여 성현의 지혜에 의지하지 않는다. 백성의 힘을 사용하지 않고 오로지 혼자만의 힘으로 해결하려 하며 주위의 간언도 듣지 않는다. 때문에 하는 일마다 실패하고 재난이 생긴다. 『관자(管子)』「형세해(形勢解)」[1]

관중의 정치관을 담은 『관자』에는 군주의 무위론에 대한 세밀한 지침이 기록되어 있다.

> 재능을 논하며 덕행을 헤아려 임용하는 것은 윗사람의 도이고, 한마음으로 직책을 지키며 의혹을 품지 않는 것은 아랫사람의 도다. 군주가 아래로 관직의 세밀한 부분까지 간섭하면 관원은 책임질 길이 없고, 신하가 위로 군권(君權)을 침탈해

명령을 내리면 군주는 권위를 지킬 길이 없다. 군주가 덕행을 단정히 하여 백성에게 임하면서 자신의 지능과 총명을 드러내지 않는 것은 이런 이유 때문이다. 지능과 총명은 신하의 몫이고, 이를 활용하는 것은 군주의 몫이다. 『관자』「군신 상(君臣上)」[2]

군주는 스스로의 총명함을 드러내지 않고, 아랫사람들의 총명함을 이용하는 사람이다. 아랫사람들이 할 일에 하나하나 관여하는 것은 군주의 역할이 아니다. 어리석은 군주는 자기 생각을 섣불리 내보이고 열심히 일하지만, 결국 하는 일마다 실패하게 된다. 현명한 군주는 적극적으로 어떤 '무위'를 실천해야 한다.

무위를 실천한 군주

한나라를 세운 고조 유방(劉邦)은 이런 무위를 잘 실천한 군주 가운데 한 명이었다.

고조 유방은 한신과 함께 다른 장군들의 능력에 대해 터놓고 이야기한 적이 있었는데 그들의 능력은 각각 달랐다.

고조가 물었다. "그렇다면 나 같은 사람은 군대를 얼마쯤 지휘할 수 있겠는가?"

한신이 말했다. "폐하는 불과 10만을 지휘할 수 있을 뿐입니다."

고조가 말했다. "그러면 그대는 어떠한가?"

한신이 말했다. "신은 많으면 많을수록 좋습니다."

고조가 비웃으면서 다시 말했다. "많으면 많을수록 좋다면서 어찌하여 나에게 사로잡힌 것인가?"

한신이 말했다. "폐하께서는 군대를 이끌 수는 없지만 장군을 다스리는 것은 잘하십니다. 이것이 바로 제가 폐하에게 사로잡힌 이유입니다." 『사기』「회음후열전(淮陰侯列傳)」[3]

황제 고조의 군사 지휘 능력은 10만을 넘지 않는다. 그러나 한신이 부릴 수 있는 군대의 규모에는 제한이 없다. 다다익선(多多益善)이라는 고사성어가 여기에서 나왔다. 군대의 규모만으로 보면 한신이 고조보다 월등히 뛰어난 능력을 가지고 있다. 그럼에도 한신은 고조의 신하가 되었다. 고조는 한신이라는 장군 한 명을 다스릴 줄만 알면 되는 것이다. 황제는 대규모 군사를 부릴 수 있는 능력까지 갖출 필요는 없다. 10만 이상의 군사를 부릴 수 있는 장군 한 명만 잘 부리면 된다. 최고 지도자가 구성원 모두를 관리하려는 것은 부질없는 욕심이다. 그에게 필요한 것은 핵심 구성원 한 명을 잘 파악하고 활용하는 능력이다.

이처럼 무위는 다양한 사상가들이 응용해온 고대 중국의 하나의 사유 양식이었다. 무위란 특정한 어떤 행동에 괄호 치기를 하고 보류하되, 이와 반대되는 것에는 적극적으로 대처하라는 주문이었다. 노자의 무위 사상은 욕망을 비우는 마음 수련법이기도 하지만, 특정한 정치적 행위를 강조하는 적극적인 자세로 해석되기도 한다.

무위는 적극적으로 무언가를 하는 것

무위란 아무것도 하지 않는 소극적인 은둔을 나타내기도 하지만, 특정한 것을 하지 말라는 적극적인 행동 규칙을 의미하기도 한다. 노자의 무위는 구체적인 정치적 행동 지침이 되어준다.

> 천하에 금지하는 법령이 많으면 백성들은 더욱 가난해지고, 백성들에게 날카로운 병기가 많아지면 나라는 더욱 어지러워진다. 사람들의 재주가 많아지면 기이한 물건이 많이 나오고, 법령이 많아질수록 도둑도 많이 나온다.
>
> 그러므로 성인이 말했다. "내가 무위로 다스리면 백성들이 저절로 교화되고, 내가 고요함을 좋아하면 백성들이 저절로 바르게 되고, 내가 일하지 않으면 백성들이 스스로 부유해지고, 내가 욕심을 갖지 않으면 백성들이 스스로 순박해진다."
>
> 『도덕경』 제57장[4]

노자는 왕이 무위를 실천해야만 백성들이 행복해질 것이라고 설명한다. 『도덕경』에는 이렇듯 왕의 무위에 대한 구체적인 실천 지침이 가득하다.

> 현명한 자를 떠받들지 않는다면, 백성들은 경쟁하지 않을 것이다. 값진 재물을 귀중히 여기지 않는다면, 백성들은 도둑질하지 않을 것이다. 욕망을 자극할 만한 것을 보이지 않으면, 백성들의 마음은 어지러워지지 않을 것이다.
>
> 그러므로 성인이 나라를 다스리면 백성들의 마음을 비우

> 게 하고, 그들의 배를 부르게 하며, 그들의 하고자 하는 의지를 약하게 하고, 그들의 몸을 건강하게 만든다. 백성으로 하여금 지혜도 욕망도 없게 만든다. 지혜가 있는 자가 있어도 그로 하여금 억지로 하지 못하게 한다. 억지로 하지 않는 정치를 하면 다스려지지 않는 것이 없을 것이다. 『도덕경』 제3장[5]

노자의 무위는 구체적이다. 똑똑하고 잘난 사람들을 칭찬하지 않고, 비싸고 좋은 것들을 광고하지 않는다. 사람들의 욕망을 자극하지 않기 위해서다. 그래서 성인의 정치는 보기에 좋은 것들에 대한 욕망을 갖게 하기보다, 배를 채워주고 몸을 건강하게 하는 데 주력한다. 욕망으로부터 초연하게 해주면 얄팍한 지식에 관심이 없어지고 잘난 사람들의 그럴싸한 말에도 현혹되지 않는다. 이렇게 무언가를 하지 못하게 하는 적극적인 무위를 실천하면 힘들게 통치하지 않아도 나라를 잘 다스릴 수 있다.

이것이 노자가 이야기하는 무위의 정치론이다. 최고의 왕은 이런 무위를 실현한 사람이다. 사람들은 왕이 무위를 실현했다는 것 자체를 의식하지 못한다. 그래서 그가 있다는 것만 알 뿐 그가 누구이며 무슨 일을 했는지도 잘 모른다.

세상에 어떤 나라가 있었다. 그 나라 백성들은 왕의 이름은 들어봤으나 어떤 사람인지 관심도 없다. 왕도 아주 중요한 일이 아니면 백성들 앞에 나타나지 않는다. 나라의 모든 일이 순조롭게 진행되는 것은 당연한 일이기에 아무도 고맙게 생각하지 않았다.

바로 옆에 또 한 나라가 있었다. 이 나라 백성들은 자기들

왕이 정치를 아주 잘한다고 칭찬했다. 이들은 자기들 왕이 최고라고 믿었다. 그 옆에 있는 나라의 백성들은 왕을 무서워했다. 그들은 세상의 모든 왕들은 다 이럴 것이라고 생각했다. 그 옆 나라에서는 백성들이 왕을 아예 무시하고 경멸했다. 그들은 차라리 옆 나라의 포악한 왕이 자신들의 무능한 왕보다 낫다고 생각했다. 우리는 이 가운데 어떤 나라에 살고 있는 것일까?

노자의 무위는 한가하게 아무것도 하고 싶지 않다는 소심한 수동태가 아니었다. 그 사회의 지도자들에게 이런 것들은 하지 말라고 했던 적극적인 명령형이었다.

인위 억지로 조장하는 것

자라도록 도와주는 것은 무익할 뿐만 아니라 망치는 것이다.
助之長者, 非徒無益, 而又害之.

정치란 물 흐르듯 하는 것

맹자는 이상적인 군주가 가져야 할 덕목 가운데 무위의 역할을 강조한다.

> 지혜로운 사람이 미움을 받는 것은 그들이 쓸데없이 천착하기 때문이다. 만약 지혜로운 사람이, 우(禹)왕이 물을 다스린 것처럼 하면 미움을 받지 않을 것이다. 우왕이 물을 다스린 것은 자연의 원리에 따르고 억지로 하지 않은 것이다.
>
> 지혜로운 사람이 자연의 원리를 따르면 큰 깨달음을 얻을 것이다. 하늘이 높고 별들이 멀리 떨어져 있지만, 만약 그 자연의 인과관계를 탐구하면 1,000년 뒤의 동짓날도 앉은 자리에서 계산할 수 있을 것이다. 『맹자』「이루 하」[1]

전국시대의 부자 백규(白圭)는 홍수가 나자 물길을 막고 제방을 쌓았다. 그러나 억지로 물의 흐름을 막는 방식으로는 제대로 통제할 수 없었다. 이와 반대로, 옛날 우왕은 제방을 트고 물길을 열어 바다로 흘려보내 물을 다스렸다. 높은 곳에서 낮은 곳으로 흐르는 물의 원리를 따른 것이다. 맹자는 우왕의 치수(治水) 방법을 통해 자연의 원리를 따르는 것이 얼마나 중요한지 강조한다.

물은 높은 곳에서 낮은 곳으로 흐르려는 자연적 속성을 가지고 있는데, 사람들은 그것을 막고 가두어 통제하려고 한다. 우왕은 물이 원하는 데로 갈 수 있도록 물길을 터준 것뿐이다. 물을 저항이 없는 곳으로 흐르도록 인도했을 뿐이다. 만약 지혜로운 사람이 백성들을 저항이 없는 곳으로 움직이게 한다면 그 지혜는 정말 위대할 것이다. 맹자는 우왕의 치수 원리에서 백성을 다스리는 정치의 근본을 발견했다. 그래서 정치(政治)라는 글자에는 물을 다스린다는 의미의 치(治) 자가 들어 있다.

현대 중국의 최고 정치 지도자들 가운데는 젊은 시절 댐이나 제방 공사 현장에서 실무 경험을 쌓고 중앙 정계로 진출한 사람이 적지 않다. 물을 다스리는 능력이 여전히 중시되고 있는 것이다.

또한 맹자는 하늘의 별들은 멀리 떨어져 있지만 자연의 원리를 잘 살펴 법칙을 구하면 1,000년 뒤의 위치도 계산해낼 수 있다고 했다. 별이 스스로 움직이는 원리를 따르고, 사람이 아무 개입도 하지 않는 것이 무위의 원리다. 중국학자 조지프 니덤(Joseph Needham)은 무위를 '자연에 위배되는 행위를 하지 않는 것'으로 해석한다. 즉, 무위는 사물의 내재 법칙을 따르고, 객관적 조건에 근거해 상황에 적합한 행동을 하는 것이다. 이는 무위를 일종의 자연과학적 방법론이나 태도로 바라보는 것인데, 우왕의 치수 원리와 별의 운행법칙을 강조한 맹자의 무위론 역시 사람의 의도적인 개입이 불가능한 일종의 자연과학적 원리였다.

조장하지 않는 것

무위란 아무것도 하지 않는 것이 아니라 특정한 것을 하지 않는 것이다. 그래서 무위의 반대는 유위가 아니라 '억지로 한다'는 의미의 조장이다. 조장(助長)이란 자연스러운 성장을 거슬러 인위적으로 외부적 힘을 가하는 것을 말한다.

> 송나라에 한 농부가 있었다. 그는 자신의 밭에 심은 싹이 느리게 자라는 모습이 너무 답답했다. 어느 날 그는 참지 못하고 밭으로 달려가 싹을 위로 뽑아주었다. 그는 지친 모습으로 집에 돌아와 오늘 내가 싹이 자라도록 도와주느라 병이 날 지경이라고 푸념했다. 이 말을 들은 그의 아들이 곧바로 밭에 달려가 보았더니 싹들은 이미 말라 죽어 있었다. 자라도록 도와준답시고 싹을 뽑아주는 것은 무익할 뿐만 아니라 오히려 그것을 해치는 일이다. 『맹자』 「공손추 상」[2]

자연의 힘으로 싹이 자라게 두는 것이 아니라, 인위적으로 힘을 가하는 것이 조장이다. 자연스러운 성장을 거슬러 외적인 힘을 가한다는 뜻의 조장(助長)은 현대에도 자주 만날 수 있는 단어다. 위화감, 사행심, 과소비와 같이 바람직하지 않은 일을 부추긴다는 의미에 주로 사용된다.

맹자가 송나라의 어리석은 농부 이야기를 꺼낸 것은 호연지기(浩然之氣)를 설명하기 위함이었다. 호연지기란 조장하지 않는 것[勿助長(물조장)]에서 비롯된다. 억지로 만들어내는 것이 아니라 자신의 내면에 도덕적인 소양을 갖추면 자연스럽게 발산된다. 의로움을 키워준다고 도와주는 것은 도움이 되지 않을 뿐만 아니라 오히려 그것을 해치는 일이다. 상대를 위한답시고 의식적으로 개입하지 말라고, 맹자는 강조한다. 의로움을 자각하는 것은 다른 사람이 주입해서 되는 일이 아니라, 자발적으로 스스로의 양심에 귀 기울이면서 서서히 깨닫는 과정이다.

이처럼 호연지기란 의를 차곡차곡 모아서 생겨나는 것이지, 어쩌다 의를 행하여 느닷없이 얻는 것이 아니다. 호연지기란 본래부터 존재하는 어떤 본질적인 상태가 아니라 스스로 모으거나[集(집)] 함양하는[養(양)] 수행이 없다면 생기지 않는다. 이것은 누군가 대신 해줄 수 있는 일도 아니다. 주희가 호연지기를 함양하는 과정으로 제시한 함육훈도(涵育薰陶)에 대해 배병삼은 다음과 같이 해설한다.

> 주희는 양(養)을 "함육훈도하여 그 스스로 변화하기를 기다리는 것이다"라고 주석하였다. 함(涵)은 '적시다'라는 뜻이니 옷감을 염색 통에 집어넣어 색깔이 배게 하는 것이다. 훈(薰)은 향초의 좋은 냄새요, 도(陶)는 질그릇을 구워 도자기를 만든다는 뜻이다. (…) 함육훈도란 '옷감에 색깔이 스며들듯, 향초 냄새가 배어들듯, 흙이 도자기로 변모하듯'이다. (…) 웅기

> 장이가 그릇을 불가마 속에 넣고 스스로 변모하기를 묵묵히 기다리는 모습을 연상하자. 저 불가마 속을 어찌 알리오. 자칫 불기운에 그릇들이 찌그러지고 뭉개질 수 있지만, 한 번 덮은 불가마는 다시 헤집을 수 없다. 다만 기다리는 수밖에! 노심초사하며 자식이 스스로 변모하기를 묵묵히 기다리는 부모의 자세(…)가 여기 "스스로 변화하기를 기다린다"라는 말에 절실하게 들어 있다.[3]

부모의 역할은 자식에게 힘을 가해 억지로 변화시키는 것이 아니라 기다려주는 것이다. 아이가 성장하는 과정은 옷감에 색이 배고, 향초의 냄새가 스며드는 것처럼 느리게 진행된다. 부모는 불가마 속에서 어떤 색의 그릇이 나오게 될지 알 수 없어 그저 밖에서 묵묵히 기다릴 수밖에 없다. 이렇게 자연의 변화 과정을 받아들이는 사람은 너그럽고 여유 있다. 자기 힘으로 할 수 없는 게 있다는 사실을 알기 때문이다.

> 군자의 마음은 항상 너그럽고 여유롭지만, 소인의 마음은 항상 근심 걱정으로 가득하다.
>
> 子曰, 君子坦蕩蕩, 小人長戚戚. 『논어』「술이」

군자가 너그럽고 여유로운 것은 단순히 마음이 넓어서가 아니다. 자연의 원리를 거부하지 않고 그대로 따르기 때문에 급하지 않은 것이다. 소인은 자기가 원하는 방향으로 세상이 변하기를 바란다. 그래서 늘 초초하고 조바심으로 가득하다. 군자는 자연의 원리를 인정하고 따르기 때문에 항상 마음에 여유가 있어 몸이 펴진다. 소인은 사물에 얽매이기 때문에 늘 근심과 걱정 속에 산다.

맹자는 자칭 똑똑한 사람들이 미움을 받는 것은 그들이 쓸데없는 것에 천착하기 때문이라고 했다. 천착(穿鑿)이란 원래 구멍을 뚫는다는 뜻이었는데, 그럴 필요가 없는 곳에 일부러 구멍을 낸다는 의미로 차용되어 '꼭 그래야 할까 싶은 것까지 굳이 파고들어 건드린다'라는 부정적인 뉘앙스를 나타내는 단어가 되었다.[4]

중요한 것들은 뒤로하고 허울 좋은 지식에만 집착하는 행위를 두고 우리는 천착한다고 말한다. 이런 사람들은 백성들이 원하는 것이 무엇인지 알려고 하지 않고, 제도와 이념에만 관심을 가진다.

무위는 노자와 장자의 염세적이고 허무주의적인 세계관이 아니었다. 무위란 아무것도 하지 않음이 아니라 어떤 것을 하지 않되 다른 어떤 것은 적극적으로 선택하라고 강조하는 것으로, 고대 중국의 보편적인 사유의 틀이었다. 이것은 有의 배후에 있는 無의 가치를 강조한다. 눈에 보이는 있음[有]에만 시선을 빼앗겨 막상 그 있음의 배후[無]를 간과하지 말라는 것이기도 했다. 보이지 않더라도 없는 것이 아니라 다만 인지되지 않을 뿐이다.

눈앞의 성적에 급급해 억지로 다그치지 않고, 자식을 믿고 맡기는 것을 무위라고 부를 수 있다. 유명세에 취해 자기 방식대로 조직을 운영하지 않고 구성원들의 집단지성에 믿고 맡기는 것을 무위라고 할 수 있다. 마음이 넓고 여유로워서 무위를 실천하는 것이 아니라, 자연의 순리를 믿고 맡기기 때문에 마음이 넓고 여유로워지는 것이다. “나는 지금 아무것도 안 하고 있지만 더 격렬하게 아무것도 안 하고 싶다”라는 식의 가짜 무위론은 게으른 자의 푸념이거나 어설픈 자기변명에 불과하다.

4부

함께함의 날말들

세상은 언제나 공정한가

이 세상을 보면 너무나 당혹스러우니
하늘의 도가 과연 있기나 한 것인가?
余甚惑焉, 儻所謂天道, 是邪非邪?

고결함과 공정

고결함에 대한 기대를 누구보다 강하게 가졌던 사람이 바로 사마천이다. 그는 『사기열전』의 첫 번째 편인 「백이열전(伯夷列傳)」에서 고결한 사람들의 억울한 사정을 자세히 이야기한다. 평소 냉철한 시선으로 역사를 서술하던 사마천도 여기서는 격한 감정을 여과 없이 드러내고 만다.

> 하늘은 사적으로 친함이 없으며 늘 착한 사람과 함께한다고 했다. 하지만 백이(伯夷)와 숙제(叔齊) 같은 고결한 사람들은 덕을 쌓고 행동을 조심했지만, 결국 산에서 굶어 죽었다. 공자의 제자 가운데 누구보다 성실하게 학문에만 매진했던 안연은 평생을 가난 속에서 고통받다 요절하고 말았다. 하늘은 착한 사람에게 베푼다고 하지 않았던가? 그런데 이것이 도대체 어찌된 일인가?

무고한 사람을 죽이고 폭력으로 많은 사람들을 고통받게 했던 도척이라는 놈은 자기 수명을 다하고 편히 살다가 죽었다. 이것은 도대체 무슨 덕을 따른 것인가? 이런 예들은 너무나 유명하여 세상에 드러났을 뿐이다. 보이지 않는 곳에 이런 말도 안 되는 일이 얼마나 많겠는가?

세상의 규칙을 따르지 않고 남에게 못 할 짓만 하면서도 죽을 때까지 평안하게 살고 자신의 부를 대대로 이어주는 사람들이 적지 않다. 이에 비해 어떤 사람들은 세상의 눈치를 보면서 신중히 처신하고, 적절한 때가 아니면 말도 함부로 하지 않고, 성공의 지름길에 욕심을 부리지 않으며, 공정한 일이 아니면 나서지 않는데도 오히려 불운하게 삶을 마치기도 한다.

나쁜 놈들이 편안하게 살아가고 착한 사람은 당연히 받아야 할 합당한 보상도 받지 못하는 이 세상을 보면 너무나 당혹스럽다. 하늘의 도라는 것이 과연 있기나 한 것인가? 『사기』 「백이열전」[1]

사마천은 착하고 고결한 사람은 그에 합당한 보상을 받는 것이 공정하다고 생각했다. 고전 수업을 마치고 가장 기억에 남는 글이 무엇이었는지 물으면 사마천의 이 글을 꼽는 학생들이 많다. 공정함은 지금 세대에게 그 무엇보다 절실한 화두인 것이다. 하지만 사마천이 생각했던 공정은 지금 시대의 공정과는 달랐다.

공정의 가치

공정함에 대한 기대는 모든 문화권에 존재한다. 미국의 사회심리학자 멜빈 러너(Melvin J. Lerner)는 세상은 공정하고 사람은 노력한 만큼 대가를 얻는다는 믿음을 공정세계 신념(belief in a just-world)이라고 부른다. 이런 신념을 가진 사람들은 본인이 잘못하지만 않으면 불행한 일은 생기지 않을 거라고 믿는다. 이렇게 세상이 공정하다는 생각을 갖게 되면 잠시나마 불안한 마음을 달랠 수 있다.[2]

사람들이 공정함에 집착하는 이유는 미래를 예측하고 그에 따라 삶을 설계하고 싶어 하기 때문이다. 인간은 심지어 신에게도 공정함을 요구한다. 내가 열심히 기도하고 선행을 했으니 그만큼 대가를 받는 것이 공정하다고 여기는 것이다. 이런 믿음은 인과응보(因果應報), 권선징악(勸善懲惡), 자업자득(自業自得)이라는 사유의 틀에 여전히 남아 있다.

우리는 어린 시절 동화와 위인전을 읽으며 착하고 고결한 사람들은 모두 아들딸 낳고 행복하게 산다고 배웠다. 그래서 고결하게 살다 보면 행복이 찾아올 거라고 믿었다. 그러나 나이가 들고 현실을 경험하면서 꼭 그렇지 않다는 걸 알게 된다. 착하고 고결한 삶이 늘 합당한 보상을 받는 것은 아니다. 이때부터 더 이상 동화와 위인전을 읽지 않는다.

사마천도 고결한 사람은 결국 성공한다는 공식을 믿고 싶어 했다. 그에게 공정이란 시험 성적에 따라 연봉과 직급이 정해져야 한다는 우리 시대의 공정과는 다른 것이었다. 투자한 노동 양에 비례하는 보상이라는, 계량적 수치로서의 공정이 아니라 옳고 그름과 관련된 가치의 문제였다. 그러나 그가 앞서 열거한 역사적 사례는 이런 법칙과는 거리가 멀었다. 그래서 그는 하늘의 도(道)라는 것이 과연 있는지 모르겠다며 당혹함을 감추지 못했다.

사실 사마천이 공정함에 몰두했던 것은 자신의 처지에 대한 억울함 때문이기도 했다. 앞서 〈고결〉에서 소개했던 고결한 인품의 이광 장군에게는 사람들이 모여들었다. 그의 인품이 가져온 공정한 보상이다. 반면 사마천은 이광의 손자 이릉의 억울함을 변호하다가 황제에게 올바른 소리를 했다는 이유로 궁형이라는 치욕스러운 형벌을 받았다. 백이와 숙제 그리고 공자의 착한 제자 안연과 마찬가지로 사마천도 고결함을 지키려 애썼지만, 공정한 보상을 받지 못했다. "고결한 사람이 당연히 받아야 할 보상을 받지 못하는 모습을 보니 너무나 당혹스럽다. 하늘의 도라는 것이 과연 있기나 한 것인가?" 자기 믿음과는 다른 현실을 목도한 인지부조화로 괴로워하는 사마천의 속내가 그대로 드러난 것이다. 사마천이 『사기』를 쓴 것은 자신의 분을 표출하기 위한 것이었는데, 이러한 의미에서 발분저서설(發憤著書說)이라고 한다.

공정의 전제

공정함이 가장 중시되는 영역은 사람을 선발하는 과정이다. 공자는 사람을 선발하는 과정에는 모두에게 적용될 수 있는 공정한 기준이 있어야 함을 강조했다.

공자 말했다. "활쏘기 시합에서 가죽을 꿰뚫는 것을 위주로 하지 않은 것은 사람마다 힘이 다르기 때문이다. 이것이 옛날의 도(道)다."

子曰, 射不主皮, 爲力不同科, 古之道也. 『논어』 「팔일」

당시에는 활쏘기 시합을 통해 그 사람의 덕성을 관찰했다. 필기시험 대신 무예 능력을 통해 사람을 선발했다. 주자는 이 구절에 숨어 있는 공자의 공정함에 대해 『논어집주』에서 "명중시키는 것을 위주로 하고 과녁을 꿰뚫는 것을 위주로 하지 않은 것은 사람의 힘에 강약의 차이가 있어 등급이 서로 다르기 때문이다"라고 설명한다.

활쏘기 시합에는 정곡(正鵠)을 명중시키는 것을 위주로 하는 예사(禮射)와, 화살이 과녁을 꿰뚫는 것을 위주로 하는 무사(武射)가 있었다. 공자가 갑자기 활쏘기 시합의 규칙을 언급한 이유는 무엇일까? 활을 적중시키는 것은 배워서 잘할 수 있지만, 힘은 억지로 한다고 해서 늘릴 수 없기 때문이다.

과녁을 뚫을 수 있을 정도의 근력은 선천적인 신체 조건에 의지하는 바가 크다. 하지만 한가운데를 명중시킬 수 있는 기술은 훈련을 통해 충분히 습득할 수 있다. 한 사람의 덕성을 판별하는 시합이라면 선천적인 힘이 아니라 꾸준한 노력에 의해 얻을 수 있는 능력을 기준으로 삼는 것이 공정하다고 여긴 것이다.

마찬가지로 인종과 피부색 그리고 외모의 특징을 가지고 누군가를 비난해서는 안 된다. 이는 그가 선택한 것이 아니기 때문이다. 집안과 출신 그리고 고향을 따지면서 누군가를 비난해서는 안 되는 이유도 마찬가지다. 그것은 그가 노력해서

얻은 것이 아니기 때문이다. 공자는 누군가의 덕성을 평가할 때 그가 선택하지 않았던 선천적인 조건을 배제해야만 공정하다고 여겼다.

공정한 사람의 당당함

공정함을 갖춘 사람들은 언제 어디서나 당당하다.

진평공(平公)이 기황양(祁黃羊)에게 물었다. "남양에 아직 수령이 없는데 누구를 임명하면 좋겠는가?"

기황양이 말했다. "해호가 좋겠습니다."

평공이 말했다. "해호는 그대의 원수가 아닌가?"

그러자 이렇게 대답했다. "왕께서는 누가 가능한지 물으셨지 신의 원수인지 물으신 것이 아닙니다."

평공이 좋다고 말하며 이내 그를 기용하였다. 나라의 모든 사람들이 잘했다고 칭찬했다.

한참 지난 뒤, 평공이 다시 기황양에게 말했다. "나라에 위가 없으니 누구를 쓰면 좋겠는가?"

평공이 말했다. "오가 좋겠습니다."

왕이 놀라며 물었다. "오는 그대의 자식이 아닌가?"

"왕께서는 누가 가능한지 물으셨지, 신의 자식이 누구인지 물으신 것이 아닙니다."

평공이 좋다고 말하고는 이내 등용하였다. 나라의 모든 사람들이 잘했다고 칭찬했다.

공자가 이 이야기를 듣고 말했다. "좋구나. 기황양의 주장이여. 밖으로는 원수도 피하지 않았고, 안으로는 자식도 피하지 않았다. 기황양은 공정하다고 말할 수 있겠다." 『여씨춘추』「거사(去私)」[3]

공적인 기준에는 개인적인 원한이나 친소 관계가 적용되지 않아야 한다. 기황양은 원수도 추천할 수 있는 배포가 있었기 때문에 나중에 자신의 자식을 추천하는 데도 부끄러움이 없었다. 자기 스스로 기준을 철저하게 지켜냈기 때문에, 설령 자식을 추천하더라도 전혀 거리낌이 없었다. 일부 고위층 자녀들의 무임승차 문제에 대해 현대 사람들이 분노하는 것은 절차에 있어서 전 단계가 생략되었거나 순서가 뒤바뀌었기 때문이다. 공정함의 기준을 지킨 사람은 어디에 가도 당당하고 누구를 만나도 굴하지 않는다.

사마천은 고결한 사람들은 힘들게 삶을 살아가는데, 천벌을 받아도 부족한 사람들은 잘 먹고 잘살며 천수를 누리는 현실이 못마땅했다. 그래서 그는 하늘의 도라는 것이 있기는 하냐고 절규하며 억울한 사정들을 기록했다. 만약 이것이 개인적인 분노와 하소연에 그치고 말았다면 우리는 이런 사실조차 알지 못했을 것이다. 억울한 마음을 억누르고 이런 사건들을 기록하지 않았다면 우리는 여전히 뒤죽박죽 원칙도 없는 세상에서 혼란스러워했을 것이다.

공정함이 완벽하게 구현된 세상은 어쩌면 앞으로도 오지 않을지 모른다. 하지만 공자와 사마천처럼 우리 역시 변화한 세상에 걸맞은 새로운 공정함을 꾸준히 제시할 것이다. 새로운 공정함이라 해도 그 기준만은 변하지 않을 테다. 운이 좋아서가 아니라 받을 만하기 때문에 받은 것이라는, 무상으로 얻은 것이 아니라 노력을 통해 획득한 것이라는 기준 말이다.

가까운 곳을 바라보라

죽어가는 소리를 들으면 고기를 먹을 수 없으니
도살장을 멀리하는 것이다.
聞其聲, 不忍食其肉. 是以君子遠庖廚也.

공감의 시작

공감(共感)은 언제부턴가 'sympathy'의 번역어로 채택되어 지금까지 사용되고 있다. 중국의 문헌에서 공감이라는 표현은 당나라 때 시에 처음 나타난다.

> 채석강의 꽃은 사방에 피어 있고, 오강의 물은 말없이 흐르고 있네. 석양 무렵에 나의 마음에 공감해줄 사람이 누가 있을까? 모래사장에 혼자 서 있는 백로뿐이네. 위장(韋莊), 〈과당도현(過當塗縣)〉[1]

당나라 시인 위장은 석양 무렵 강가 모래사장에 홀로 서 있는 백로를 바라보며 외로운 자신의 처지를 공감해줄 사람을 찾고 있다. 공감이라는 단어가 이 시에 처음 등장한 것이라면, 그 이전 사람들에게 공감하고 공감받고 싶은 마음은 존재하지 않았을까? 아마 다른 단어로 표현되었을 것이다. 맹자는 공감을 좀 더 구체적인 마음의 상태로 표현했다. 우리에게 잘 알려진 불인지심(不忍之心)도 그 가운데 하나다.

왕이 당상에 앉아 있는데, 마침 소를 끌고 지나가는 자가 있었다. 왕이 어디로 끌고 가는지 물었다. 종의 틈에 제물의 피를 바르는 제사[釁鍾(흔종)]에 사용하기 위한 것이라고 했다. 왕이 자세히 살펴보니 끌려가는 소는 두려움에 벌벌 떨고 있었다. 왕이 마음이 아파 차마 볼 수 없다며 소를 풀어주라고 했다. 그러면 제사는 어떻게 할 것인지 신하들이 물었다. 왕은 잠시 생각하더니 이렇게 말했다. "그럼 양으로 바꾸자."

이 사건이 밖으로 알려지자, 비싼 소가 아까워 좀 더 싼 양으로 제물을 바꾸라 했다며 수군거리는 사람들이 있었다. 이 소문을 듣고 왕이 웃으며 말했다.

"그래, 나도 그때는 무슨 생각으로 그런 말을 했는지 모르겠다. 백성들이 보기에 내가 재물을 아끼는 마음에 그렇게 했다고 말할 법도 하다. 하지만 나는 재물이 아까워서 그렇게 말한 것이 아니었다. 우리 제나라가 작은 나라지만 내가 소 한 마리가 아까워 그런 말을 했겠는가? 두려워서 벌벌 떨며 사지로 끌려가는 소의 눈을 보고 더 이상 견딜 수가 없었기에 그렇게 말한 것이다."

맹자는 왕에게 이런 마음이 있어 진정으로 왕이 될 수 있다고 말한다. 재물이 아까워 그랬다고 믿는 백성들도 있지만 맹자 자신은 왕이 차마 어쩌지 못하는 마음[不忍之心]을 가졌기 때문이라고 믿었다. 『맹자』「양혜왕 상」[2]

왕은 도살장에 끌려가는 소의 눈빛을 보는 순간 그 가슴 아픈 장면을 견딜 수 없어 당장 소를 풀어주라고 했다. 그럼 제사는 어떻게 할 것이냐고 묻자 양으로 대체하라고 했다. 그러자 양은 불쌍하지 않느냐고 신하가 따져 물었다. 논리적으로 틀린 말이 아니라서 왕은 순간 할 말을 찾지 못한다.

"그래, 그 말도 맞다. 나는 도대체 무슨 생각으로 그런 말을 했을까. 소 한 마리가 아까워서 그랬던 것은 아니었던 것 같은데."

왕은 자기가 왜 그렇게 행동했는지 설명하지 못한다. 하지만 맹자는 이런 마음을 가진 사람만이 진정한 왕이 될 수 있다고 위로해준다. 우리에게 익숙한 단어로 다시 말하면, 공감 능력을 갖추지 못한 사람은 진정한 지도자가 될 수 없다는 의미다.

끌려가는 소의 눈망울을 보고도 마음이 아픈데 사람의 눈은 오죽할까. 우리는 전쟁영화를 보면서 적을 향해 총을 쏘는 사람들의 행위를 당연시한다. 하지만 뤼트허르 브레흐만은, 인간은 폭력에 대한 본능적인 혐오를 가지고 있어 눈을 쳐다보면서 사람을 죽이지 못한다고 설명한다. 그에 따르면 이런 인간의 본성을 제어하기 위해 전쟁무기는 폭력에 대한 혐오를 극복하는 식으로 진화했다. 전쟁에서 승리하기 위해서는 가급적 멀리서 최대한 많은 사람을 쏘아야 한다. 제2차 세계대전 당시 영국군 가운데 압도적으로 많은 수의 병사들이, 한 번도 본 적 없는 사람이 버튼 한 번으로 떨어뜨린 폭탄이나 설치해둔 지뢰로 인해 목숨을 잃었다고 한다. 현대 전쟁에서 많은 적을 살상하는 가장 효과적인 방법은 카메라에 잡히는 희미한 표적을 향해 버튼을 누르는 것이다.

이처럼 인간은 눈을 볼 수 있는 가까운 거리에서 쉽게 적을 찌르거나 방아쇠를 당기지 못한다. 폭력에 대한 본능적인 혐오감을 가지고 있기 때문이다. 그래서 군대에서는 적을 동등한 인간으로 느끼지 않도록 체계적으로 훈련한다. 적을 해충으로 여기게 만들어 공감 능력을 차단하는 식이다. 인간의 형상을 한 과녁을 향해 사격하는 훈련을 하면서 전시에 총을 쏘는 것이 본능화되도록 세뇌시킨다. 이러한 방식으로 폭력에 대한 혐오감을 무력화한다. 이런 훈련을 통해 베트남 전쟁에서 미군은 총을 쏘는 병사의 비율을 95퍼센트까지 높일 수 있었다. 그러나 여기에는 혹독한 대가가 따랐다. 이렇게 훈련되어 전장에서 쉽게 총을 쏠 수 있었던 병사들은 전쟁이 끝난 뒤 심각한 외상 후 스트레스 장애로 고통받았다.[3]

역설적이게도 전쟁에서 승리하기 위해서는 인간이 가진 공감 능력을 최대한 억제하는 수단을 찾아야만 했다. 우리 아이들이 화면 속에서 아무렇지도 않게 총으로 적을 사살하는 컴퓨터 게임에 몰두하는 모습과, 지금도 지구 어디에선가 버튼 하나로 수십 명을 학살하는 살인기계가 원격으로 조종되는 현실이 서로 관련이 없다고 믿고 싶을 뿐이다.

모두에게 공감하지 못하는 이유는?

공감의 원어인 'sympathy'는 원래 신체 특정 부위의 고통이 다른 쪽으로 이어지는 현상을 나타냈다. 고통(pathy)을 함께(sym)한다는 합성어로 해석되기도 한다. 여기에서 비롯된 공감의 개념은 상대가 처한 입장에서 고통을 이해하고 공유하는 것을 의미한다.

서구에서 공감이 본격적으로 주목받은 것은 애덤 스미스(Adam Smith)가 『도덕감정론』에서 공감에 대해 상세히 설명한 이후다. 그는 공감이 인간의 본성 가운데 하나라고 보았다. 공감을 통해 사회는 도덕률을 만들어내고, 이를 바탕으로 공정한 경쟁이 이루어지는 온전한 시장이 형성된다. 타인이 고통받는 것을 볼 때 뇌가 자극되면서 자연스럽게 생겨나는 공감 능력이 현대 자본주의 시장의 형성을 설명하는 기본 원리라고 생각했다.

그런데 신경과학자들의 최근 연구에 의하면 인간의 공감 능력이 가장 잘 발휘되는 곳은 갈라진 두 진영 사이의 갈등의 현장이라고 한다. 일단 편을 정하면 그쪽 시각을 갖게 되고, 그렇게 되면 우리 편에만 엄청난 공감 능력을 발휘하게 된다. 이처럼 본인이 원하는 것에만 공감하고 그것과 다른 관점은 차단해버리는 것을 선택적 공감이라고 한다.[4]

원래 사람은 자신과 가깝지 않은 것에 대해서는 공감하지 않는다. 애덤 스미스도 『도덕감정론』에서 사람들이 자신과 관련이 적은 사건에 대해서는 공감하지 않는 이유를 다음과 같이 설명했다. 만약 지금 내가 살고 있는 곳에서 너무나도 멀리 떨어져 있는 청나라가 지진으로 모두 사라져버렸다고 하자. 그 세계와 아무런 관련이 없는 어느 유럽 사람에게 이 끔찍한 재난은 큰 영향을 끼치지 않는다. 적절한 애도의 감정을 표시할 수는 있지만, 그는 곧 아무 일도 없었던 것처럼 일상으로 돌아갈 것이다. 그 많은 중국인을 직접 본 적이 없으니 뉴스로 소식을 접하고도 편하게 잠자리에 들 것이다. 자신의 손에 생긴 작은 상처에는 전전긍긍할 테지만 말이다.

심리학자 애덤 그랜트(Adam Grant)는 우리가 이처럼 먼 나라의 비극적인 사건에 무감각해지는 것은 무관심 때문만은 아니라고 주장한다. 오히려 내가 그들의 고통을 덜어줄 수 없다는 일종의 무기력 때문일 수도 있다. 타인의 고통을 느끼지만 내가 아무런 도움도 줄 수 없다는 무력감을 '공감성 고통'이라고 부른다.

그는 공감만으로 해결되지 않는 상황에서 연민(compassion)의 가치에 주목한다. 연민이란 공감에서 한발 더 나아가 상대에게 위안을 주는 적극적인 행위까지 포함한다.

금문 隣

연민의 련(憐) 자는 린(隣) 자를 기초로 나중에 생겨난 글자다. 서주(西周) 초기의 금문에 보이는 린(隣) 자는 사람이 가까이 접근하는 모습을 의미한다. 주나라에서 이 글자는 다섯 집을 한 조로 편성한 행정단위를 나타내기도 했다. 하나의 조직으로 묶은 이유는 가까이 있기 때문이다. 여기에서 파생된 련(憐) 자 역시 나와 가까이 있는 것 혹은 비슷한 처지에 있는 사람과 마음이 통하는 동병상련(同病相憐)을 나타낸다. 연민이란 지금 눈앞에 보이는 대상에 공감하기 위해 다가가는 것이다.

애덤 그랜트는 공감보다 한 발 더 나간 연민을 다음과 같이 설명한다. 공감은 '너의 고통을 보니 나도 괴롭다'로 요약할 수 있는데, 타인의 감정을 자신의 것으로 흡수하는 일이다. 반면 연민은 '당신이 고통받는 것을 내가 알고 있고, 내가 당신을 위해 여기에 있다'로 표현할 수 있다. 연민은 타인의 고통을 나누는 공감에 그치지 않고 타인의 감정을 알고 위안을 주는 행위로 나아가는 일이다. 연민은 공감에 비해 나와 타인에게도 더 낫다. 왜냐하면 연민은 타인의 고통에 큰 부담을 느끼고 도망치게 하는 대신, 손을 내밀어 도와줄 수 있는 동력이 되어 주기 때문이다.[5]

저 높은 곳의 진리란 무슨 소용인가

맹자는 먼 곳에 있는 진리에만 몰두하는 태도는 정작 가까이에 있는 소중한 것을 소홀히 여기게 만든다고 보았다.

> 도는 가까운 데 있건만 먼 곳에서 구하려 하고, 일은 쉬운 데 있는데 어려운 데서 구하려 한다. 사람마다 자기 어버이를 사랑하고 자기 윗사람을 공경하면 천하는 평화로워지는 것이다.
> 道在爾而求諸遠, 事在易而求之難. 人人親其親, 長其長而天下平.
> 『맹자』「이루 상」

> 무릇 도(道)란 큰길과 같은 것이니 어찌 찾기 어렵겠는가? 다만 사람들이 찾으려 하지 않는 것이 문제일 뿐이지.
> 夫道, 若大路然, 豈難知哉? 人病不求耳. 『맹자』「고자 하」

맹자가 보기에 보편의 진리는 멀고 어려운 것이 아니라, 내 주변 가까이[爾]에 있고 알기 쉬운 것[易]이다. 도(道)는 길[道]과 같아서 눈앞에 있지만 사람들이 찾지 않는 것이 문제다. 특히 가까이에 있는 도를 일부러 모른 척하고 그렇게 쉬운 원리를 실행하지 않으려는 의지의 부족이 더더욱 문제다.

장자는 가까이 있는 구체적 현실을 외면하고 멀리 있는 원리에 몰두하는 지식인들의 행태를 흥미로운 우화를 통해 적나라하게 비판한다.

장자는 권력자에게 무릎을 굽혀 안정된 생활을 하기보다는 어느 누구에게도 구속받지 않는 자유로운 생활을 즐겼다. 그러다 보니 가난했던 그는 끼니조차 잇기 어려웠다. 어느 날 장자는 굶다 못해 지방의 관리인 감하후(監河侯)라는 친구를 찾아가 약간의 식대를 꾸어달라고 했다. 부탁을 받은 친구는 딱 잘라 거절할 수 없어 이렇게 핑계를 댔다.

"2~3일만 기다리면 지방에서 세금이 올라오는데 그때 삼백금(三百金)쯤 융통해줄 테니 기다리게."

당장 배가 고파 죽을 지경인데 2~3일 뒤에 거금 삼백금이 무슨 소용이 있단 말인가. 체면 불고하고 찾아온 스스로에게 화가 난 장자는 내뱉듯이 말했다. "고맙군. 하지만 그땐 아무 소용없네."

이어 장자 특유의 어조로 이렇게 부연했다. "내가 여기 오느라고 걷고 있는데 누가 나를 부르지 않겠나. 그래서 주위를 둘러보니 수레바퀴가 지나간 자국에 괸 물에 붕어[涸轍之魚] 한 마리가 퍼덕이고 있더군. 왜 불렀느냐고 묻자 붕어는 물이 곧 말라 죽을 지경이니 물 몇 잔만 떠다가 살려달라는 거야. 나는 귀찮은 나머지 이렇게 말해주었지. '알았네. 그런데 2~3일 뒤에 내가 남쪽 오나라와 월나라로 유세를 떠나는데 가는 길에 서강(西江)의 맑은 물을 잔뜩 길어다 줄 테니 그때까지 기다리게'라고. 그랬더니 붕어는 화가 나서 '나는 지금 물 몇 잔만 있으면 살 수 있는데 당신이 기다리라고 하니 이젠 틀렸소. 나중에 건어물전(乾魚物廛)으로 내 시체나 찾으러 와달라'라고 하더니 그만 눈을 감고 말더군. 자, 그럼 실례했네." 『장자』「외물」[6]

조그마한 웅덩이에 고인 물을 학(涸)이라 하고, 수레바퀴 자국을 철(轍)이라고 한다. 학철지어(涸轍之魚)란 수레바퀴가 지나간 자국과 같은 작은 웅덩이에 있는 물고기라는 의미다. 이렇게 작은 수레바퀴 자국에 말하는 물고기가 살 가능성은 없다. 장자 특유의 화법이다.

장자는 지금 당장 눈앞에 있는 사람들의 고통을 보면서도 멀리 있는 원칙부터 떠올리는 사람, 공감 능력이 부족한 지식인들을 풍자했다. 감하후로 대표되는 이론가들은 눈앞에서 죽어가는 물고기 앞에서 거대 이론을 이야기하느라 바쁘다. 모든 물고기를 구제할 수 있는 보편의 원리를 찾고 있다는 명분으로 눈앞에 바싹 말라 있는 물고기의 고통을 애써 외면하고 있는 것이다.

맹자는 사람들이 먼 나라 사람들의 비극에 둔감한 태도를 보이는 것은 크게 부끄러워할 일이 아니라고 본다. 그에게 공감이란 나와 가까운 일부터 시작하는 것이었다. 그는 '가까운 곳부터 생각하라'는 근사(近思)를 강조했다.

> 자하가 말했다. "넓게 배우고 자신의 뜻을 확실하게 하는 사람, 절실하게 질문하고 가까운 곳에서부터 생각하는 사람, 인(仁)이란 그 가운데 있는 것이다."
> 子夏曰, 博學而篤志, 切問而近思, 仁在其中矣. 『논어』「자장」

공자가 보기에 인을 갖춘 사람이란 절실하게 질문하고 가까운 곳부터 생각하는 사람이었다.

> 절실한 질문[切問(절문)]이란, 내가 배운 것 가운데 아직 이해하지 못한 내용에 관한 질문이다. 가까운 것에서 생각한다는 것[近思(근사)]은, 내가 더 이상 이해할 수 없는 것을 알기 위해 고민하는 것으로, 유추를 통해 아는 것에서 모르는 것으로 생각을 확장하는 것이다. 배우지도 않은 것에 대해 절실하지 않은 평범한 질문을 늘어놓거나, 자신이 감당하지도 못할 막연한 것을 고민하는 사람이 있다. 이런 사람은 정확하게 배우지도 못하고, 자신이 무엇을 고민하는지 이해하지도 못한다. 『맹자집주』[7]

배병삼은 이 구절을 근거로 맹자의 근사의 정치를 다음과 같이 설명한다. 자신이 보고 들은 것에서 미루어[推(추)] 확장하여, 보지 못하고 듣지 못하며 알지 못하는 대상으로까지 나아가 미치는 것[及(급)]이 정치다.[8] 그래서 지금 내 눈앞에 보이지 않는 인간 보편에 대한 사랑 따위를 이야기하는 묵자의 겸애와 같은 주장은 허망한 이야기이거나 실현 불가능한 이상을 추구하는 것에 불과하다.

청나라의 재난에 공감하지 못하는 유럽인을 탓하지 않았던 애덤 스미스의 쿨한 태도는 가까운 문제부터 공감하자는 맹자의 근사와 닮아 있다.

멀리 있는 다수의 고통에 공감해야 한다는 막연한 책임감은 우리에게 큰 부담을 준다. 지금 당장 내가 할 수 있는 것이 없다는 무기력에 빠지게 만들기도 한다. 그보다는 차라리 가까이 있는 누군가의 고통에 손을 내미는 것이 좀 더 현실적이다. 지구의 평화와 온 백성의 행복은 일단 내려놓자. 그래야만 바로 옆에서 나의 공감이 필요한 사람들이 눈에 들어올 것이다.

석양 무렵 공감해줄 사람을 찾고 있던 외로운 시인의 눈에 모래사장에 홀로 서 있던 백로가 들어왔다. 누군가 그냥 그 자리에 서 있는 것만으로도 공감과 위로를 받는 때가 있다.

공감은 동정이 아니다

제나라에 큰 흉년이 들었을 때 금오가 길에서 음식을 준비해 굶주린 사람들을 먹이고 있었다. 이때 어떤 사람이 소매로 얼굴을 가리고 절뚝거리며 걸어왔다. 금오가 왼손에 음식을 들고 오른손으로는 마실 것을 들고는 말했다. "어이, 이리 와서 먹어![嗟來食]"

그러자 그 사람이 눈을 부릅뜨고 노려보며 말했다. "내가 지금까지 굶주린 것은 이리 와서 먹으라는 말에 응하지 않았기 때문이라오."

금오가 이 말을 듣고는 사과했다. 그러나 그 사람은 끝내 먹지 않고 죽었다. 증자가 이 소식을 듣고 말했다. "마음이 좁은 사람이구나. 이리 와서 먹으라는 무례한 말에는 거절해도 좋지만, 사과를 했으면 받아들여 먹었어도 좋았을 것을." 『예기』「단궁 하(檀弓下)」[9]

누구나 자존심은 있는 법이다. 아무리 무료로 음식을 나누어 주더라도 지켜야 할 예의는 있다. 음식을 나눠주는 것은 고마운 일이지만, 그렇다고 가난한 사람에게 이리 와 먹으라고 함부로 말하는 것은 안 되는 일이다. 원문의 차래식(嗟來食)은 아마도 "아이고 불쌍해라, 이리 와서 먹어라" 정도로 번역될 수 있을 것이다. 굶주린 사람을 불쌍히 여겨 '아이고 어쩌면 좋아' 탄식하는 소리가 저절로 나온 것이다. 물론 이런 표현 때문에 나누어준 음식도 거부한 사람의 행동 역시 지나치다. 증자도 마음이 너무 좁다[微與(미여)]고 안타까워했다.

얼마 전 우리 사회에 무상급식 논쟁이 있었다. 그중 모두에게 무상으로 급식하는 것은 비용이 많이 드니, 가난한 학생들만 따로 골라 급식비를 지원하자고 주장하는 사람들이 있었다. 그런데 선별 지원 정책을 실현하려면 수혜 학생들이 자신의 가난을 증명해야 하는 절차가 필요하다. 상대의 아픔에 공감하지 못하는 정치가들은 약자가 받을 상처와 곤란함을 헤아리지 않고 무조건 지원만 해주면 된다고 우긴다. 공감은 동정이 아니다.

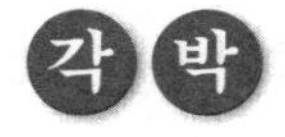

사람은 못 믿고 제도만 믿을 수 있다고?

불은 뜨겁기 때문에 타 죽는 사람이 별로 없지만,
물은 만만해 보이기 때문에 빠져 죽는 사람이 많은 법이다.
夫火形嚴, 故人鮮灼, 水形懦, 故人多溺.

도덕의 가치를 믿지 않은 사람들

고대 중국에서도 사람의 선의나 도덕의 힘을 믿지 않은 사람들이 많았다. 이들은 성문화된 법률만이 이기적이고 신뢰할 수 없는 사람들을 다스리는 유일한 방법이라고 믿었다. 이들을 '법가'라고 부른다. 이런 신념을 가진 사람들 주변은 서로를 믿지 못하는 각박한 관계들로 가득했다. 『사기』 속 상군의 기질을 설명하는 "상군은 그 천성이 각박한 사람이다"라는 구절에서 각박(刻薄)하다는 단어가 처음 등장했다.

상앙(商鞅)은 원래 위나라 사람이었다. 그의 스승 공숙좌(公叔座)가 병에 걸려 곧 죽게 되었다. 이때 위나라 왕이 병문안을 와서 그를 위로하면서 그의 사후에 누구를 등용할지 물었다. 공숙좌가 상앙은 아직 어리지만 뛰어난 능력을 갖추고 있으니 중용할 것을 건의했다. 하지만 왕은 새파랗게 젊은 상앙을 보고는 시큰둥한 반응만 보였다. 『사기』「상군열전」의 내용을 요약하면 다음과 같다.

왕이 자리를 뜨려고 하자 공숙좌는 주위를 물리치고 왕에게 조용히 말했다. 만약 상앙을 등용하지 않을 거라면 다른 나라에 갈 수 없도록 반드시 그를 죽이라고. 왕은 고개만 끄덕이고 아무 말 없이 돌아갔다.

왕이 떠난 다음 공숙좌가 상앙을 불러 이렇게 이야기했다. "오늘 왕을 만나 앞으로 공석이 될 내 자리에 너를 추천했지만 왕의 표정을 보니 별로 내키지 않은 것 같구나. 더구나 너를 쓰지 않을 거라면 반드시 죽여 다른 나라에 도움이 되지 않도록 하라고 했다. 당장 이 나라를 떠나는 것이 좋겠다."

공숙좌는 신하로서의 역할에도 최선을 다했지만, 스승으로서 제자의 안위를 걱정하는 마음도 버리지 않았다. 상앙은 침착하게 이렇게 말했다. "왕이 스승님 말을 듣고서 저를 등용하지 않는데, 어찌 스승님 말을 들어 저를 죽이겠습니까?"

공숙좌가 죽자 상앙은 미련 없이 위나라를 떠나 인재를 구한다는 진나라 효공(孝公)에게 갔다. 그는 효공의 지원으로 진나라에서 변법을 시행해 진나라가 제국으로 성장하는 기틀을 만들어낸다.

등용하지 않을 거라면 아예 다른 나라에서도 쓰이지 않도록 죽여버리라고 한 것은 과연 나라를 걱정하는 마음에서 비롯된 것이었을까? 공숙좌가 자신의 제자에게 가혹한 처분을 내리라고 한 것은 상앙의 능력이 그만큼 출중하다는 것을 강조하기 위한 화법이었을 것이다. 그게 아니라면 왕이 떠난 다음 그동안의 이야기를 알려주면서 도망치라고 권하지 않았을 것이다. 상앙은 오히려 담담하게 스승의 염려를 불식시킨다.

어차피 왕은 스승님의 말을 듣지 않았으니 앞으로도 그럴 것이라고.

사마천은 사실을 기록한 행간에 자신의 평가를 빠뜨리지 않았다. 공숙좌는 신하의 역할도 마다하지 않았고, 제자에 대한 애정도 버리지 않았다. 인간에 대한 신뢰를 내려놓지 않은 사마천다운 평가다.

하지만 이 이야기에는 각박한 인간관계들만 가득하다. 공숙좌는 국가의 이익을 위해 자신의 제자라도 죽여 없애라고 권했다. 국가 원로의 권고에도 불구하고 왕은 끝까지 자신의 판단만 고집한다. 이해득실의 계산이 끝난 왕의 각박한 처사에 상앙은 더 이상 미련도 가지지 않는다. 모두가 이해타산이라는 단순한 동기만으로 움직이는 살벌한 풍경이다.

권력자 마음대로

한비자는 인간의 주관적 판단과 자율적 도덕을 신뢰하지 않았다. 그가 보기에 당시 공적인 판단[公]은 객관적 기준이 아닌 지배자의 주관적 감정에 의해 내려지고 있었다. 『한비자』에는 자기 마음대로 가치 기준을 정했다가 바로 번복하기도 하는 사람들의 이야기가 많다.

> 위나라 영공(靈公)의 총애를 받는 미자하(彌子瑕)라는 소년이 있었다. 어느 날 미자하는 어머니가 위독하다는 소식을 듣고 임금의 수레를 몰래 타고 집으로 달려갔다. 당시 위나라에서는 임금의 수레를 몰래 타면 그 발을 자르는 형벌이 있었

다. 처벌을 각오하고 어머니를 생각하는 마음에 법을 위반했다는 사실을 알게 된 영공이 말했다.

"참으로 효자로다. 병든 어머니를 보기 위해 발이 잘리는 형벌도 두려워하지 않았구나!"

어느 날 미자하와 위영공이 과수원에 갔다. 미자하가 복숭아를 따서 먹어보니 아주 맛이 있었다. 그래서 자기가 한 입 베어 먹고 나머지 반쪽을 위영공에게 권하였다.

"참으로 나를 위하는 마음이 지극하구나. 자기 입맛도 잊어버리고 맛있는 것을 나에게 주다니."

세월이 흘러 아름다웠던 미소년 미자하도 나이를 먹어 점점 임금의 관심에서 멀어졌다. 어느 날 미자하가 사소한 실수를 저질렀는데 이를 안 영공이 화를 내며 말했다.

"너는 지난날 내 수레를 함부로 타고 다니고, 먹다 만 복숭아를 권하였으니 그 죄는 죽어 마땅할 것이다." 『한비자』 「세난(說難)」[1]

이 글은 '왕을 설득하기 어려움'이라는 의미의 「세난(說難)」 편에 실려 있다. 변덕이 심한 왕을 설득한다는 것이 얼마나 어려운지 이 이야기를 통해 강조한 것이다. 한편으로는 최고 권력자가 주관적인 판단만으로 위법 여부를 결정하는 것이 얼마나 부당한지를 강조하고 있다. 미자하 역시 예절은 물론 정해진 법도를 무시하면서 권력만 믿고 자기 마음대로 행동한 인물이다. 한비자가 보기에 이런 무도한 자들에게 권력을 맡기면 법치가 제대로 실현될 수 없다. 사람을 믿을 수 없다면 확고한 법률에 의지해야 한다.

엄격한 법 집행자

정나라 재상 자산(子産)은 자신이 죽기 전 후임자를 불러 법을 엄격하게 집행하지 않으면 아무것도 이루어지지 않을 거라고 경고하며 다음과 같이 말했다.

> 불은 뜨겁기 때문에 타 죽는 사람이 별로 없지만, 물은 만만해 보이기 때문에 빠져 죽는 사람이 많은 법이다.
>
> 夫火形嚴, 故人鮮灼, 水形懦, 故人多溺. 『한비자』「내저설 상(內儲說上)」

법을 엄격하게 집행하지 않고 어설프게 온정을 베풀면 오히려 해악이 될 뿐이다. 이왕 집행할 것이라면 뜨겁게 타오르는 불처럼 무서워 보여야 사람들이 조심하게 된다. 『사기』「순리열전」에는 엄격하게 법을 집행했던 관리들의 이야기가 담겨 있다.

> 이리(李離)는 자신이 잘못된 정보를 믿고 억울한 사람을 사형시켰다는 것을 알게 되었다. 부끄러움을 느낀 그는 즉시 관졸들에게 자신을 포박하여 왕에게 데려가 사형시킬 것을 명령했다. 이 소식을 들은 왕은 이렇게 말했다. "관직에는 귀천이 있고 직급에도 경중이 있습니다. 아랫사람이 잘못한 것은 그대의 죄가 아닙니다."
>
> 그러자 이리가 이렇게 대답했다. "맞습니다. 저는 장관이라는 높은 자리에 있으면서도 아랫사람에게 작은 권력이라도 나눈 적이 없습니다. 높은 연봉을 받았지만 아랫사람에게

한 푼도 나눈 적이 없습니다. 그런데 지금 제가 잘못하여 사람을 죽게 했는데, 이 죄를 아랫사람과 나눈다는 것은 들어본 적도 없는 이야기입니다."

그러자 왕이 말했다. "그런 논리라면 과인에게도 죄가 있는 것 아닌가요?"

이리가 답했다. "형벌을 잘못 집행한 사람이 형벌을 받고, 실수로 사람을 죽게 한 자는 사형을 받는 것은 법으로 명확히 정해진 것입니다. 숨겨진 것까지 찾아내 안건을 잘 해결할 것으로 믿고 왕께서는 저를 임명하신 것입니다. 그런데 저는 잘못된 말을 듣고 사람을 죽였으니 죽어 마땅한 것입니다."

이렇게 말하고 왕이 말릴 틈도 주지 않고 스스로 칼을 빼 들어 자결하고 말았다. 『사기』「순리열전」[2]

이처럼 자신의 잘못을 죽음으로 책임지려는 관리들이 있는 한, 법은 엄정하게 집행될 것이다. 하지만 지금도 높은 자리에서 고액 연봉을 받으면서 아랫사람에게 준 것도 없이 문제가 생기면 책임만 나누려는 관리들이 없지 않다. 이렇게 부패한 법 집행자들의 공정함을 의심하는 사람들은 차라리 인공지능에게 맡기자고 푸념하기도 한다.

한자 법(法) 자에도 법 집행자에 대한 불신의 흔적이 남아 있다. 사람들은 법(法) 자에서 물[水]처럼 공평하게 법을 집행하라는 의미를 유추해낸다. 하지만 法 자의 옛글자는 해치(解廌)라는 외뿔 동물이 죄지은 사람을 들이받는 모습을 표현한 것이다. 어설픈 법 집행자보다는 차라리 신령한 동물을 믿겠다는 집단심리가 반영되어 있다. 고려와 조선 때에 감찰을 담당하던 관리는 해치관을 쓰고 흉배에 해치 무늬를 새겼다. 지금도 광화문 앞에 서 있는 해치상은 입직하는 관리들이 꼬리를 쓰다듬으며 공명정대하게 일할 것을 다짐하는 곳이었다. 이런 모습들이 원시적인 법감정(法感情)의 유산에 불과하다고 비웃을지도 모른다. 그런데 지금도 대검찰청과 국회의사당 등 법치 기관 앞에는 평형저울을 들고 있는 여신 디케상과 저돌적인 외뿔 해치상이 공정한 법 집행을 상징하고 있다.

법만 믿으면 안 되는 이유

진시황은 유가 엘리트의 교양에 의지하기보다는 법가적 통치 원리를 선택하여 천하를 통일했다. 그러나 견고할 것만 같던 진 제국은 진시황이 죽고 얼마 되지 않아 바로 무너지고 말았다.

뒤를 이어 제국을 건설한 한나라 황제는 그 원인이 무엇인지 답을 찾으라고 신하들을 재촉했다. 가의(賈誼)는 진나라의 실패를 분석한 것으로 유명한 「과진론(過秦論)」(진나라의 실책을 논하다)이라는 보고서를 작성한다. 여기서 그는 진시황의 잘못은 "얻을 때와 지킬 때의 방법이 다른 것"을 몰랐다는 데 있다고 주장한다. 통일 과정에서는 힘과 속임수를 높이 사지만, 안정된 뒤에는 균형을 맞추는 것이 중요하다. 통일 과정에서는 관료들이 백성을 엄격하게 통제하는 것이 효력을 가졌지만, 거대 제국을 통치하는 데는 법전만 줄줄 외는 법 기술자들로는 한계가 있다. 진시황은 이 사실을 몰랐다.

사마천은 가의의 「과진론」 전문을 『사기』에 수록하면서 한 제국이 같은 시행착오를 범하지 않기를 바랐다. 진나라가 번

성할 때는 그들의 엄한 법과 혹형(酷刑)이 천하를 떨게 만들었지만, 결국은 그것이 진을 쇠약하게 한 원인이 되었다. 백성들은 결국 진나라의 엄격한 법과 가혹한 형벌을 원망하게 되었고, 천하가 모두 진나라에 반기를 들었다.

진나라의 실정에 대한 반성에서 출발한 한나라에서 선택한 것이 유가적 통치 원리였다. 이때부터 유가는 2,000년 동안 동아시아 정치의 중심에 위치하게 된다. 그리고 19세기 말부터 서구의 학자들은 동아시아 국가들이 세계적 경쟁에서 뒤처진 책임은 유가적 정치관에 머물러 있는 군자들에게 있다고 비판했다. 군자들이 쫓겨난 자리에는 서구의 법과 제도를 공부한 신관료들이 들어섰다. 2,000년 만에 새로 자리를 차지한 신관료들이 통치 능력을 인정받기 위해서는 우선 자신들이 그 누구보다 공정하다는 것을 세상에 보여주어야 할 것이다.

법대로 하라는 말이 얼마나 폭력적인지

군자의 덕은 바람과 같고, 소인의 덕은 풀과 같습니다.
君子之德風, 小人之德草.

법치는 최선의 선택이 아니다

'법대로 하겠다'라는 말은 사람을 다스리는 정치를 하지 않겠다는 선언이다. 과거 중국의 전통 지식인들은 법률의 존재를 덕치에 해로운 것으로 보았다. 그들은 성문법의 존재 역시 긍정적으로 보지 않았다. 문자화된 법률은 화석화된 도그마(dogma)로 현실의 다양함을 포착하지 못한다고 여겼다.

정나라의 재상 자산은 중국 최초로 성문법을 제정하고, 심지어 그것을 금속에 새겨 넣었다. 한번 정해진 법률은 누구도 함부로 개정할 수 없다는 것을 보여주고자 했다. 하지만 영원히 보존되는 문서화된 법률에 대해 당시 지배층의 여론은 좋지 않았다. 법률이 기록되면 백성들은 더 이상 군주나 재상의 판단에 의지하지 않고 법전을 뒤지기 시작할 것이기 때문이다. 진나라 재상 숙향(叔向)은 자산에게 편지를 써서 그렇게 하면 당신 나라는 곧 망할 것이라고 경고하기도 했다. 지금의 상식으로는 잘 이해되지 않는 그들의 생각을 따라가보자.

기원전 536년, 정나라 사람이 형법을 금속에 새겼다. 이 소식을 들은 진나라 재상 숙향이 정나라 재상 자산에게 편지를 전했다. 그 내용은 다음과 같다.

"저는 처음에 당신에게 기대를 가지고 있었지만 이제는 아닙니다. 옛날 선왕들이 사건을 의논하여 제재하고 형법을 만들지 않은 이유는 백성들끼리 다투는 마음이 생길까 걱정했기 때문입니다. 그것만으로는 막을 수 없어서 의로움을 내세워 막고, 정치로 바로잡고, 예로써 행하고, 믿음으로 지켜냈으며, 인으로 봉사하고, 관직의 서열을 정하여 따를 것을 권장하고, 형벌로 엄단하여 방종함을 위협했습니다. (…) 이렇게 해서야 백성들을 다스릴 수 있었고 환란이 생기지 않았습니다. 하지만 백성들이 형법이 있다는 것을 알게 되면 윗사람을 어려워하지 않고 서로 다투기 시작하며, 모두가 법전에서 근거를 찾으려고만 합니다. 백성들이 법전에서 무언가 발견하면 다음부터는 그들을 다스릴 수 없게 됩니다. (…) 정나라 백성들은 이제 다툼의 시초를 알게 되었으니, 앞으로는 예를 버리고 법전에서만 근거를 찾으려고 할 것입니다. 칼끝처럼 작고 사소한 것들을 두고도 서로 다투게 될 것이니, 감옥은 자꾸만 늘어갈 것이고 뇌물이 성행할 것입니다. 이제 그대의 정나라는 반드시 망하게 될 것입니다. 나라가 장차 망하려면 반드시 법률이 많아진다고 하는 것은 바로 이를 두고 하는 말 아니겠습니까? 『춘추좌전』「소공 6년(昭公六年)」[1]

사람들이 법에 의지하기 시작하면 더 이상 제대로 된 정치를 할 수 없다는 이야기다. 지금의 상식으로는 잘 이해되지 않는 반응이다. 요시카와 고지로는 중국 전통 사대부들에게 법률이나 형법에 대한 지식은 필수적인 것이 아니고 오히려 기피의 대상이기도 했다고 설명한다. 소동파(蘇東坡)는 자신은 만 권의 책을 읽었지만 법에 대한 것은 한 권도 읽지 않았다고 자랑스럽게 이야기했다. 법률이란 인간의 악의를 전제로 한 것이므로 도덕적 선의를 믿는 유가적 사대부들에게는 경멸의 대상이기도 했다.

법 없이도 잘 다스려지는 사회

사대부들은 법을 모를뿐더러 관심도 없었기에 일선 행정 현장에서 법을 집행한 것은 서리(胥吏)라는 하급관리들이었다. 사대부들에 중요한 것은 법에 대한 지식보다 문학을 창작하는 능력이었다. 그 능력을 갖춘 사(士)와 갖추지 못한 하급관리 서(胥)는 철저히 구별되었다. 그래서 고급관리를 뽑는 과거시험은 시를 짓는 능력을 최우선으로 평가했다. 고대 중국에서 정치인은 학자이자 시인이며 예술가이기도 했다.[2]

지역사회의 사대부들은 중앙에서 파견된 관리와 보조를 맞추어 지역사회에서 절대적인 영향력을 가졌다. 중국의 사회학자 페이샤오퉁은(费孝通)은 『향토중국(鄉土中國)』에서 중국 사회의 기층 구조에는 전통 시기부터 최근까지 향토 사회가 존재했음을 강조한다. 향토 사회는 성문법인 법률보다는 전통에 기반한 예(禮)의 통치에 의존한 곳이다. 이곳은 유가적 소양을 갖춘 연장자로 구성된 교화권력(教化權力)이 지배하는 장로통치의 공간이기도 했다.

동아시아 전통 사회에서 업무의 전문성보다는 보편 교양을 갖춘 사대부를 키워낸 것은 공자의 군자불기(君子不器)론의 영향이 적지 않았다. 군자는 특정한 용도에 국한된 그릇이 되어서는 안 된다는 뜻의 군자불기란 유가에서 제시하는 이상적인 인간상이다. 공자는 사람의 역량을 평가할 때 자주 그릇에 비유하곤 했다.

> 자공이 물었다. “저는 어떤 사람입니까?”
>
> 공자가 답했다. “너는 그릇이다.”
>
> 자공이 다시 물었다. “어떤 그릇입니까?”
>
> 공자가 답했다. “호(瑚)와 련(璉)이다.” 『논어』「공야장(公冶長)」[3]

평소 자신감이 부족했던 제자 자공은 늘 주변 사람들의 평가에 급급했다. 공자에게도 자신은 어떤 사람인지 자주 물었다. 공자는 “너는 그릇이다”라고 답한다. 공자가 사람됨을 그릇에 비유한다는 사실을 몰랐던 것일까? 아니면 너는 ‘그릇이 아니다’라는 만족할 만한 답변을 듣지 못했기 때문일까. 자공은 어떤 그릇이냐고 다시 묻는다. 그러자 너는 옥으로 만든 호(瑚)와 련(璉)처럼 비싼 그릇이라고 대답해준다.

이 대화에 대한 주자의 해석은 단호하다. 자공은 불기(不器)의 수준에는 미치지 못하지만 그래도 귀하고 비싼 그릇이기는 하다는 것이다. 만사에 형통(亨通)한 군자는 아니지만 특정한 직무에 능통(能通)한 지식인 정도는 된다는 의미다. 공자의 이런 은근한 혹평에 자공이 어떤 반응을 보였는지 더 이상의 기록은 없다. 자공은 귀하고 비싼 그릇이라는 비유가 칭찬이 아니었음은 눈치챘을 것이다. 그는 비싼 그릇보다는 그릇을 넘어서는 인재로 평가받기를 기대했을 것이다.

힘으로 통치하는 자

사람에 대한 근본적인 불신 탓에 도덕의 힘을 믿지 않는 정치인들에게 공자는 다음과 같이 이야기한다.

> 계강자(季康子)가 공자에게 정치를 어떻게 해야 할지 물었다. "못된 놈들을 죽여 본보기를 보이면서 백성들에게 올바른 길로 가도록 하는 것이 좋지 않을까요?"
>
> 공자가 말했다. "정치를 하겠다는 분께서 사람을 죽이는 것을 생각하다니요? 그대가 올바르게 행동하면 백성들도 따를 것입니다. 군자의 덕은 바람과 같고, 소인의 덕은 풀과 같습니다. 풀 위로 바람이 불면 풀은 언제나 눕게 마련입니다."
>
> 『논어』「안연」[4]

계강자는 공자가 살던 노나라의 실권자였다. 그가 생각하는 정치란 강압적으로 누르는 것이었다. 본보기로 못된 놈들을 죽이면 백성들이 알아서 순종할 것이라 생각했다. 그가 공자에게 정치에 대해 물은 것은 몰라서가 아니었다.

의도된 질문인 줄 알면서도 공자는 직설적으로 맞선다. 그대는 정치를 하겠다면서 어떻게 사람 죽이는 것부터 생각하는가? 법을 앞세워 협박하는 것으로는 백성들을 제대로 다스릴 수 없다. 백성들은 덕을 갖춘 군자가 이끄는 대로 따라올 것이다. 군자의 덕풍(德風)이 불어오면 백성들은 누운 풀처럼 순종하지만, 강압적인 힘[法力(법력)]으로 누르면 풀은 일어서 맞설 것이다.

맹자는 힘으로 억누르지 않고도 백성들의 마음까지 통치하는 방법을 알고 있었다.

> 힘으로 남을 복종시키면 상대는 진심으로 따르는 것이 아니라 자신이 힘이 부족해서 그런 것이라고 여긴다. 덕으로 남을 복종시키면 상대는 마음속으로 기뻐하여 진실로 따를 것이다. 『맹자』「공손추 상」[5]

> 말이나 의론으로 “이러이러한 것은 선한 것이니 행하라”라고 해서 다른 사람들을 심복시킬 수는 없다. 실제로 선행을 쌓고 좋은 정치를 행하여 충분히 사람을 가르치고 봉양한 후에야 비로소 사람은 심복하는 것이다. 『맹자』「이루 하」[6]

사마천은 형벌과 규제만으로는 제대로 통치할 수 없다는 것을 강조하기 위해 『사기』「혹리열전(酷吏列傳)」에 가혹한 관리들의 이야기를 따로 모았다. 「혹리열전」 서문은 “백성을 법과 형벌로만 다스리면, 그들은 형벌을 면하려고만 하지 부끄러워하지 않는다”라는 공자의 이야기로 시작한다.

공자의 말이 맞다. 법이란 통치의 도구일 뿐이지 사람들의 마음의 근원을 다스려 맑게 해주는 것이 될 수 없다.

옛날 진시황 때는 법망이 촘촘하게 갖추어졌지만 오히려 간사한 자들이 봄날 싹이 나오듯 세상에 가득했다. 관리들과 백성들이 서로를 속여 나라는 다시 회복될 수 없는 지경에 이르렀다. 그 당시 관리들이 다스리는 방식은 불을 끄는 데 끓는 물을 붓는 것처럼 임시방편에 불과했다. 엄혹하고 모진 사람이 아니라면 그런 직무를 감당할 수 없었고, 도덕을 주장하는 사람들은 그 시절을 견뎌내지 못했다.

공자는 소송을 처리하는 것도 남들 못지않게 잘하지만, 자신은 소송 자체가 생기지 않게 하겠다고 했다. 한나라를 건국한 고조(高祖)는 각박한 법을 다듬어 부드럽게 했고, 복잡한 법을 줄여 간략하게 만들었다. 법의 그물이 얼마나 느슨한지 배를 삼킬 정도의 커다란 물고기도 빠져나올 수 있을 정도였다. 너그러운 관리들이 통치했지만 간사한 자들이 나오지 않았고 백성들은 태평하게 지냈다. 백성을 다스리는 것은 엄혹한 형벌이 아니라 관대한 도덕에 있었다. 『사기』「혹리열전」[7]

법이 촘촘하고 가혹한 관리들이 통치했던 진시황 시절에는 세상이 법을 어기는 사람들로 가득했다. 그러나 고래도 빠져나올 정도로 법망이 느슨하고 너그러운 관리들이 통치하던 시절에 백성들은 태평하게 지낼 수 있었다. 정치에 있어 중요한 것은 형벌이 아니라 부끄러움을 느끼게 하는 도덕에 있었다.

막스 베버(Max Weber)는 보편 교양을 갖춘 엘리트만을 중시하는 유교적 전통 때문에 중국의 근대화가 늦어졌다고 혹

평했다. 전문성을 갖추지 못한 사대부들은 근대화라는 시대의 흐름을 따르지 못했다는 것이다. 군자불기론은 20세기 내내 유교가 비판받았던 주요 테마 가운데 하나였다. 공자를 죽여야 나라를 살릴 수 있다고 외쳤던 사람들은 막스 베버의 뒤를 이어 전문성을 갖추지 못한 유가 사대부들의 무능을 앞다투어 질타했다. 그런데 최근에는 통섭형 인재에 대한 관심이 높아지면서 군자불기론이 다시 주목을 받고 있다. 100년 사이에 극과 극을 오간 것이다.

사람을 통제하는 방법

백성들 좋아하는 것은 왕께서 하시고,
백성들 싫어하는 것은 제가 하겠습니다.
民之所喜也, 君自行之. 民之所惡也, 臣請當之.

통제를 위한 수단, 공포

듣기 좋은 말인데 알고 보니 날카로운 칼날을 숨기고 있다는 것을 알게 되는 때가 있다.

송나라의 자한(子罕)이 왕에게 이렇게 말했다. "상을 내리고 선물을 주는 것은 사람들이 좋아하는 것이니 왕께서 직접 하십시오. 사람을 살육하고 죄를 벌하는 일은 사람들이 싫어하는 것이니 제가 하겠습니다."

이 말에 솔깃한 왕은 이제부터 위험한 명령을 내리거나 신하들에게 벌을 내릴 때는 반드시 자한과 상의하라고 말했다. 그렇게 되자 대신들은 자한을 두려워하였고, 백성들도 그에게 복종했다. 1년이 지난 뒤에 자한은 송나라 왕을 죽이고 나라를 빼앗았다. 자한은 야생 멧돼지[彘]처럼 군주의 국가를 탈취한 것이다. 『한비자』「외저설 우하(外儲說右下)」[1]

한비자는 자한이 왕위를 탈취하는 모습을 야생 멧돼지[彘] 같다고 표현했다.

갑골문 彘

갑골문 彘(돼지 체) 자는 矢(화살 시) 자와 豕(돼지 시) 자로 구성되어 화살에 맞은 야생 멧돼지가 날뛰는 모습을 나타낸다. 가축으로 사육하는 돼지는 유순한 편이었지만, 야생 돼지는 힘이 매우 세고 사나워서 활과 화살을 사용하지 않으면 잡을 수 없었다. 감언이설로 군주를 속이고 권력까지 빼앗은 야만적인 행태를 야생 멧돼지에 비유한 것은 무슨 이유였을까?

우리는 친절하고 다정하게 대해주는 사람은 쉽게 생각하고, 힘으로 억압하는 사람에게는 비굴하게 굴종한다. 뜨거운 불에 타 죽는 사람은 별로 없지만, 만만해 보이는 물에 빠져 죽는 사람은 많다고 했던 한비자의 역설은 여기서 비롯되었다. 자한은 사람들의 이런 속성을 간파하고 공포야말로 상대를 통제하는 가장 효과적인 감정이라는 것을 알았다.

공포의 기원

인간에게 감정이 생겨난 것은 생존 본능에서 비롯된 것이기도 했다. 위급한 사태를 마주했을 때 오히려 지나치게 많은 정보는 우리를 혼란스럽게 한다. 호랑이를 마주쳤을 때 호랑이를 전면적으로 분석하려는 이성적 사고는 필요하지 않다. 도망쳐야 한다는 공포만 느끼면 충분하다. 이처럼 상황을 빨리 판단하여 속성으로 처리해야 할 필요에서 인간의 감정이 개발되었다. 감정은 느낌이 아니라 육체에 기반을 둔 생존 본능으로, 즉각적인 위험을 피하고 자신에게 이익이 되는 쪽으로 움직이게 하는 원동력이다.[2]

공포를 느낄 때 사람들은 보통 눈이 커진다. 새[隹]와 눈[目]이 조합된 구(瞿) 자는 새가 두 눈을 크게 뜨고 있는 모습을 상형한 것으로 '놀라다'라는 의미를 나타낸다. 특히 매처럼 크고 날카로운 맹금류의 눈 모양과 유사하다. 『설문해자』에는 "구(瞿)는 매의 눈이다"라고 쓰여 있다.

그런데 사람도 깜짝 놀라면 눈을 크게 뜬다는 공통점을 가지고 있어서 구(瞿) 자는 '깜짝 놀란 모습', '기겁하며 돌아보는 모습'을 나타내게 되었다. 시선을 모아 한곳을 뚫어지게 쳐다보는 것을 눈동자가 얼어붙은[凝] 것처럼 움직이지 않는다고 해서 凝視(응시)라고 쓰는데, 간혹 매처럼 노려본다는 의미의 鷹視(응시)로 적기도 한다. 다른 사람들이 미처 보지 못한 것을 날카롭게 발견해내는 사람을 가리켜 '매의 눈'이라고 표현하기도 한다. 또한, 위험에 직면했을 때 공포에 질린 사람의 눈동자는 주변을 모두 무시하고 오직 한곳만 '응시'하기도 한다.

이처럼 사람들은 무서운 것을 마주했을 때 깊이 생각하지 않는다. 도망쳐야 한다는 공포심에 충실할 뿐이다. 다만 무서운 감정은 몸이 기억해서, 만약 다음에 또 마주치면 즉각적으로 몸이 반응할 것이다. 벌을 내리는 사람에 대한 두려움은 몸이 기억하고 있다. 공포심을 이용해 권력을 탈취한 자한의 전략은 동물적인 본능을 이용한 것이다. 한비자가 야생 맷돼지[彘]처럼 국가를 탈취했다고 비유한 이유다.

선의에 감추어진 것

자한은 백성들 마음속의 공포심을 소환하여 결국 왕위를 탈취했다. 왕을 죽이고 권력을 차지하는 것은 쉽지 않은 일이다. 그는 평소에도 철저히 계산된 행동으로 스스로를 관리했다. 자기 관리에 엄격했던 자한은 청렴한 관리로 소문난 사람이기도 했다.

> 송나라의 어떤 시골 사람이 귀한 옥을 발견하여 자한에게 바쳤으나 자한은 받지 않았다. 시골 사람은 이것은 아주 귀한 옥이니, 군자의 그릇이 되어야지 일반 사람들은 사용할 수 없는 것이라며 자꾸만 주려고 했다.
>
> 그러자 자한이 이렇게 대답했다. "그대는 옥을 보물로 여기지만, 나는 받지 않는 것을 보물로 여긴다네." 『한비자』「유로(喩老)」[3]

당나라 때 편찬된 『몽구(蒙求)』는 어린 학생들을 위한 교훈적인 이야기만 골라 편집한 교양서다. 여기에는 앞의 『한비자』 원문에는 없는 자한의 말이 담겨 있다.

> 자한이 말했다. "나에게는 탐하지 않는 것이 보물이고 그대에게는 옥이 보물이다. 만약 그대가 나에게 옥을 바치면 우리 모두 보물을 잃는 것이 된다. 각자 자기의 보물을 가지는 것이 더 낫지 않겠는가?" 『몽구』[4]

자한이 옥을 사양했다는 앞의 이야기는 한문 교재에도 자주 등장하는 것으로, 자한사보(子罕辭寶)라는 성어로 청렴한 관리의 행실을 상징한다. 그런데 자한이 상을 내리고 좋은 것들을 왕에게 양보했던 것이 사실은 자신의 욕망을 채우기 위한 계산된 행동이었다는 사실을 알고 나면, 옥을 양보했다는 『몽구』의 미담에 담긴 선의도 의심해보지 않을 수 없다.

선의에 숨겨진 공포

눈에 띄는 선의는 먼저 의심해보는 것이 좋다. 전국시대 장군 오기(吳起)는 독특한 처세술로 누구보다 빨리 성공했지만 비참하게 생을 마감했다. 그는 병사들을 끔찍하게 챙기는 자상한 리더의 모습을 보여주었지만 알고 보니 그것은 치밀하게 계산된 행동이었다.

> 오기가 장군이 되었을 때 가장 말단의 병졸들과 숙식을 같이 했다. 잠자리도 따로 깔지 않고 이동할 때도 전차를 타지 않았으며 직접 군량을 옮기기도 하면서 사졸들과 고락을 함께했다. 병사 가운데 한 명이 등창이 나자 직접 고름을 빨아주었다. 그런데 이 병사의 어머니가 이 소식을 듣고는 갑자기 사색

이 되어 울기 시작했다. 사람들이 이상하게 생각하여 물었다.

"아니 일개 병졸에 불과한 그대 아들에게 장군께서 친히 입으로 고름을 빨아주었는데 왜 웁니까?"

어미가 말했다. "그렇지 않습니다. 옛날에 오기 장군께서 그 아비의 고름을 빨아주었답니다. 아비는 고마움에 몸 둘 바를 몰랐답니다. 전쟁이 나자 아비는 장군을 위해 물러서지 않고 결사적으로 싸움에 나서 결국 적에게 죽고 말았습니다. 오기 장군께서 오늘은 그 자식의 고름을 빨아주셨으니 이제 내 아들도 죽겠구나 생각하여 운 것입니다." 『사기』「손자오기열전(孫子吳起列傳)」[5]

오기는 위나라 출신으로 용병(用兵)술에 능했다. 그는 증자에게 배우고 노나라 군주를 섬겼다. 어느 해 제나라가 노나라를 공격하자 노나라 군주는 오기를 장군으로 삼으려 했다. 그런데 오기의 아내가 제나라 여자였기 때문에 사람들이 그를 의심하며 수군거렸다. 이 소문을 들은 오기는 자신의 아내를 죽여 제나라 편을 들지 않을 것임을 확실하게 증명해 보였다. 노나라는 마침내 그를 장군으로 삼았고, 오기는 제나라를 공격하여 크게 무찔렀다. 증자는 그의 잔인함을 알고 관계를 끊어버렸다.

성공을 위해서 자기 아내를 죽이는 것도 서슴지 않았던 오기는 부하를 통솔하는 데 자상함을 이용할 줄 알았다. 병사의 고름을 빨아주는 헌신 뒤에 숨겨진 비정한 술수에 공포를 느낀 어머니는 우는 것 말고 할 수 있는 일이 없었을 테다.

전율에 대한 오해

사람들이 공포를 느끼면서 몸을 떠는 것을 '전율'이라고 말한다. 그런데 전율(戰慄)에는 왜 밤나무 율(栗) 자가 쓰이는 것일까? 여기에 흥미로운 이야기가 숨어 있다.

> 애공이 공자의 제자 재아에게 사(社)에 대해 물었다. 재아가 대답했다. "하후씨(夏后氏)는 소나무를 심었고, 은(殷)나라 사람들은 잣나무를 심었으며, 주나라 사람들은 밤나무를 심었습니다. 밤나무를 심은 것은 백성들을 두려움에 떨게(전율)하기 위한 것이었습니다."
>
> 공자가 이 소문을 듣고 말했다. "이미 끝난 일에 대해서는 말하지 않고, 마무리된 일에 대해서는 비판하지 않으며, 지난 일에 대해서는 뭐라 하지 않겠다." 『논어』 「팔일(八佾)」[6]

주나라는 봉건제를 시행하면서 각 지역의 제후들에게 해당 지역의 문화를 수용하도록 했다. 대표적으로 그 지역의 토지신인 사(社)와 곡식의 신인 직(稷)을 모시는 사직단을 종묘와 함께 건설하여 지방과 중앙의 권력이 조화를 이루도록 했다. 토지신을 모시는 사에는 신목(神木)이라는 큰 나무를 심었다.

노나라 애공은 아직 나이가 어려 주변에 자주 자문을 구했다. 한번은 애공이 사(社)를 건립하는데 어떤 나무을 심어야 할지 재아에게 물었다. 재아가 밤나무를 심으라 했는데, 그 이유가 터무니없었다. 주나라에서는 백성들을 전율(戰栗)하게 하기 위해 밤나무[栗]를 심었다는 것이다. 정치란 백성들을 공포에 떨게 하는 일이라는 평소의 소신이 담겨 있다.

두려워서 몸을 떠는 것을 전율(戰慄)이라고 한다. 재아는 '戰慄'에서 '戰栗'을 떠올린 것인데, 같은 발음을 가진 慄과 栗을 그럴싸하게 섞어 자기만의 논리를 개발한 것이다. 공자의 제자 재아는 교묘한 말솜씨로 상대를 곤혹스럽게 하기로 유명했다. 공자가 말만 잘하는 사람을 싫어했던 것은 재아와의 경험 때문이기도 했다.

재아는 주나라가 신목으로 밤나무를 심은 이유를 잘못 알고 있었다. 각 나라는 나무의 이름에서 의미를 취한 것이 아니라 각 나라의 토질에 가장 적합한 나무를 선택했다. 주나라에서 밤나무를 심은 것은 이외에도 여러 이유가 있다.

율(栗)은 고대 중국에서 중요한 나무였다. 대부분의 식물들은 종자에서 싹을 틔우면서 껍질을 깨고 올라오지만 밤나무는 종자의 껍질을 보존한다. 이런 특성은 조상을 기억하는 모습으로 여겨져 제사에 사용되는 신주(神主)의 재료로 쓰이기도 했다. 또한 열매가 많이 열리는 밤나무는 대추와 더불어 다산과 부귀를 상징한다. 지금도 혼례에 밤이 빠지지 않는 이유다. 밤나무로 만든 신주를 율주(栗主)라고 하는데 가시와 무관하지 않다는 주장도 있다. 신은 밤송이의 가시처럼 언제나 조심스럽게 대해야 한다는 것이다.[7]

밤나무 율(栗) 자의 갑골문은 가시 가득한 밤이 주렁주렁 열린 모습이다. 잣나무 백(柏) 자의 갑골문에도 나무 꼭대기에 열린 잣의 모양이 선명하다. 율(栗)과 백(柏)은 각각 열매의 모습으로 글자를 만든 것이다. 전율은 밤나무 율(栗)과는 상관없으며 같은 발음의 글자를 가차한 것이다.

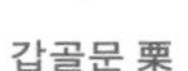
갑골문 栗

갑골문 柏

재아가 어린 군주에게 공포정치를 합리화하는 이야기를 했다는 소문이 공자에게까지 전해졌다. 재아의 언어유희 한마디가 나이 어린 군주로 하여금 백성들을 겁박하는 것을 당연하게 여기도록 만들 수 있었다. 이미 뱉은 말을 돌이킬 수는 없다는 것을 공자는 알고 있었다. 그래서 공자는 지난 일을 탓해 보았자 무슨 소용이겠느냐는 표현을 세 번이나 반복했다. 자신의 말장난이 가져올 엄청난 사태를 재아 스스로 돌아보라고 권고한 것이다.

우리 주변에도 국민들을 겁박하는 것을 정치로 여기는 권력자들이 있다. 이들 주변에는 재아처럼 말 잘하는 사람들이 몰려들어 험한 일을 맡겠다며 호위무사를 자처한다. 한비자는 이런 사람들의 행태가 야생 멧돼지와 다르지 않다고 일찍이 지적했다.

정치는 부끄러움에서 시작하는 것

법으로 통치하고 형벌로 획일화하면
백성들은 피하려는 마음만 생긴다.
敎之以政, 齊之以刑, 則民有遯心.

부끄러움의 정치

"부끄러운 줄 아세요!" 얼마 전 우리 사회의 한 정치 지도자가 외친 한마디다.

공자도 정치에서 부끄러움이 갖는 가치를 강조했다. 그가 생각하기에 백성을 자발적으로 복종시키고 통치의 정당성을 내세우는 기준이 바로 이 부끄러움이었다.

부끄럽다는 것은 주관적인 판단의 결과로, 스스로 잘못했다고 인정할 때 느끼는 감정의 상태를 말한다. 부끄러움을 한자로는 수치(羞恥)라고 한다. 수(羞) 자는 갑골문부터 사용된 오래된 글자로, 손으로 양을 잡고 있는 모습을 나타낸다. '맛있는 음식을 바치다'라는 원래 의미는 진수성찬(珍羞盛饌)이라는 단어에 남아 있다.

그런데 음식을 나타내던 글자가 언제부턴가 부끄러움이나 수치를 의미하게 되었다. 『좌전』의 기록에 의하면 정나라 왕이 초나라 왕에게 항복 의사를 표시할 때 '윗옷의 한쪽을 벗고 양을 끌고 가는 의식'을 행했다고 한다. 진수성찬을 준비하기 위해 양을 끌고 가는 장면은 흥겨운 잔치가 아니라 치욕의 현장이었다. 이런 배경에서 수치스럽다는 의미가 파생된 것으로 알려졌다. 이것은 일종의 관습이 되어 나중에 북송이 멸망할 때도 황제가 윗옷 한쪽을 벗고 양을 끌며 금(金)나라 태조의 묘 앞에서 무릎을 꿇고 절을 했다고 한다.

공자는 법과 형벌이 아니라 덕과 예로 백성을 이끌면 그들이 스스로 부끄러워하는 마음을 갖게 되어 자연스럽게 선의 상태로 나아갈 것이라 보았다.

> 백성을 법으로 인도하고 형벌로 다스리면, 백성들은 형벌을 면하려고만 하지 부끄러워하지 않는다. 백성을 덕으로 인도하고 예로 규제하면, 백성들이 부끄러워하면서 자연스럽게 선에 이르게 될 것이다.
>
> 道之以政, 齊之以刑, 民免而無恥, 道之以德, 齊之以禮, 有恥且格.
>
> 『논어』「위정」

주자는 이 구절을 다음과 같이 해설한다. 법은 정치의 도구에 불과하며 형벌은 정치를 돕는 것에 그치지만, 덕과 예는 정치의 근본이다. 법제와 형벌은 백성으로 하여금 죄를 멀리하게 할 수 있을 뿐이지만, 덕과 예는 백성들이 자기도 모르게 조금씩 선으로 향하게 해주기 때문이다.[1] 그러므로 백성을 다스리는 자는 지엽적인 법제와 형벌만 믿어서는 안 되며, 그 근본인 덕과 예를 깊이 탐구해야 한다.

공자는 정치의 시작은 법과 제도가 아니라 부끄러워하는 마음을 갖게 하는 것에서 비롯된다고 보았다.

부끄러움의 역할

법률 시스템이 촘촘하게 얽힌 현대 사회에서 정치의 근본을 도덕에서 찾자고 하면 철없는 이상주의자라고 비웃음을 살지 모른다. 그런데 과연 우리 사회의 법은 모든 문제를 해결해줄 정도로 믿을 만한 것인가? 사람들은 형벌이 두렵고 처벌받는 것이 싫어서 법을 지키는 것은 아닐까. 법을 적극적으로 수호하기보다는 피해를 입지 않을 정도의 적당한 선까지만 지키는 것이다. 『예기』에서도 "법으로 통치하고 형벌로 획일화하면 백성들은 피하려는 마음만 생긴다"라고 지적했다. 예나 지금이나 사람들은 법의 사각지대에서는 그다지 법을 지킬 생각이 없어 보인다.

그러나 부끄러움이 기준이 되면 달라진다. 한적한 길에 5만 원권이 떨어져 있으면 주위를 둘러보고 몰래 주머니에 넣는다. 아무도 본 사람이 없지만, 마음 한구석이 편하지 않다. 다른 사람의 물건을 몰래 가져가는 것을 부끄럽게 여기는 내면화된 도덕 덕분이다. 부끄러움 때문에 5만 원권이 다시 돌아온다는 보장은 없지만, 사회의 구석구석에서 이런 부끄러움이 보이지 않는 절제와 통제의 역할을 수행하고 있는 것도 사실이다.

미셸 푸코(Michel Foucault)는 종교의 권위가 사라진 서양 사회가 혼란에 빠지지 않은 것은 근대교육을 통해 개인이 도덕을 내면화한 덕분이라고 보았다. 시민들은 자기 내면에 양심의 가책이라는 도덕적 자기 검열 장치를 만들었다. 길에서 다른 사람의 물건을 주우면 겉으로는 횡재했다고 기뻐하지만, 마음 깊은 곳에서는 부끄러움을 느낀다. 어린 시절 학교에서 이런 행동은 나쁘다고 교육받았던 기억이 자꾸 떠오르기 때문이다. 누가 시키지도 않았는데 스스로 자기 검열을 하게 된다. 부끄러움을 내면화한 사람들은 스스로 도덕 기준을 만들고 실천하기 때문에 누가 시키지 않는데도 점점 선한 사람이 되어 간다. 니체는 이것을 노예의 도덕 반대편에 있는 주인의 도덕이라 불렀다. 공자가 꿈꾸던 올바른 정치가 만들어낸 이상적인 사회의 모습이기도 하다.

부끄러움은 본성이다

그런데 왜 사람들은 법과 제도는 내면화하지 않는 것일까? 그들로 하여금 자발적으로 법을 지키게 할 방법은 없을까? 법을 지키는 것이 옳은 줄 알면서도 가끔은 하기 싫거나 마지못해 하는 이유는 무엇일까? 법이라는 제도와 도덕이라는 양심이 조화를 이루지 못한 이유를 카럴 판스하이크(Carel Van Schaik)는 인류의 진화 과정에서 찾는다.

그에 따르면 인류는 200만 년 동안 수렵채집 생활에 적응하며 살아왔다. 인류는 대부분의 세월을 다른 구성원들과 잘 알고 지내는 소규모 공동체에서 생활했다. 이때는 다른 구성원에게 좋은 평판을 받기 위해 최선을 다했다.

그런데 약 1만 년 전, 전 지구적 환경 변화로 사람들은 한곳에 모여 살기 시작했다. 정착 생활을 시작하면서 인류는 새로운 도전에 직면했다. 권력이 한쪽으로 집중되며 극심한 경쟁이 벌어지고, 이로 인해 동료들이 굶주림과 폭력으로 죽어가는 모습을 지켜봐야 했다. 이런 변화가 너무나 갑작스럽게 일어났기에 유전적으로 적응할 수 있는 시간은 거의 없었다. 수렵채집 사회에서는 문제가 생기면 다른 곳으로 떠나버리면 그만이었지만, 일단 정착하여 집단으로 생활하기 시작하면 과거로 돌아가는 것은 불가능했다. 인류는 이런 문제를 해결하기 위해 '문화'라는 새로운 생존 전략을 만들어냈다. 사람들은 새로운 행동 규범을 만들기 시작했고, 제사를 통해 영혼을 불러내고 신을 소환하기도 했다.

정착 생활이 시작되면서 인류는 거대한 익명 사회에서 살아가게 되었다. 문화적인 장치를 마련한 덕분에 모두가 무기를 들지 않아도 되고 낯선 존재를 위협으로 여기지 않게 되었다. 예의와 도덕이라는 새로운 문화를 통해 서로 예측 가능한 범위에서 행동할 수 있게 된 것이다.

그런데 오랜 시간 소규모 공동체에서 살았던 시절에 습득한 본능은 여전히 남아 있다. 도시에 모여 살면서 금전이 사회적 지위를 결정하는 오늘날에도 사람들은 여전히 좋은 평판을 유지하기 위해 노력한다.

한편, 법과 제도라는 규칙이 완벽하지는 않지만 사람들은 대체로 이것을 따르는 것이 옳다고 여기는데, 그러지 않으면 곤란한 상황에 처할 것이라고 믿기 때문이다. 이는 마지못해 하는 행동으로 이어진다. 옳다는 것은 알지만 사람들 내면에는 이것들을 어겨도 된다는 본능이 여전히 남아 있다.[2]

즉, 사람들이 법을 내면화하지 못하고 마지못해 행하는 이유는 아직 본성화되지 못했기 때문이다. 법을 지켜야 한다는 것을 머리로는 알고 있지만, 몸이 저절로 따라주지는 않는다. 부끄러움과 법의 비대칭은 인간 사회가 아직 진화의 과정에 있다는 것을 보여준다.

부끄럽지 않은가

부끄러움은 배우지 않아도 저절로 알게 되는 자연적 본성이다. 인간은 오랜 기간 소규모 사회에서 살면서 부끄러움을 본능처럼 내면화했다. 다른 구성원들과 잘 알고 지내는 소규모 사회에서 부끄러움은 절대적인 영향력을 가졌다.

한 인류학자가 339건의 현장 연구를 바탕으로 확증한 사실에 따르면 떠돌이 수렵채집인들은 거의 강박적으로 타인의 권위로부터 자유로워지는 데 관심을 갖는다고 한다. 이 사회는 구성원들의 겸손한 태도를 유지하기 위해 수치심이라는 단순한 무기를 사용했다. 그들은 다음과 같이 말한다.

> 우리는 자랑하는 사람을 거부한다. 언젠가는 그의 자존심이 누군가를 죽일 것이기 때문이다. 그래서 우리는 항상 그가 잡은 고기를 쓸모없다고 말한다. 이런 식으로 우리는 그의 마음을 가라앉히고 온화하게 만든다.[3]

이렇듯 소규모 수렵채집 공동체에서는 혼자 잘난 체하며 부끄러움을 모르는 구성원은 인정하지 않았다.

그러나 익명의 존재들과 함께 살아가는 대규모 정착 사회를 이루면서 부끄러움의 효력은 점점 줄어들었다. 언제 다시 만날지 모를 타인들에게 최선을 다할 필요가 없어진 것이다. 오늘 만난 사람을 내일 또 볼 것이라는 기약이 없기 때문에 부끄러운 짓을 했더라도 모른 척 무시하고 넘어가버린다. 얼굴이 조금 화끈거리기는 해도, 이 순간만 참고 넘어가자는 유혹이 자꾸 생긴다.

부끄러움이라는 자기 검열 장치가 역할을 하지 못하자, 법과 제도라는 인위적인 제도가 전면에 등장했다. 하지만 사람들은 법과 형벌이 옳다는 것은 알지만 어떻게든 피하고 보자는 생각만 갖는다. 아직 법과 규칙을 내면화하지 못한 사람들에게 부끄러움의 역할은 여전히 중요하다.

공자가 부끄러움의 정치를 강조한 것은 수렵채집 사회의 원시공동체로 돌아가자고 주장하기 위함은 아니었을 것이다. 다만, 법과 제도만으로 모든 것을 해결하려는 생각이 얼마나 위험한지 보여주고 싶었던 건 아닐까? 법대로 하라는 말에 숨겨진 폭력성을 드러내고자 했을 것이다.

"부끄러운 줄 아세요!"라고 외친 또 한 사람이 있었다. 사마천은 『맹자』를 읽다가 정치를 알지 못한 왕에게 좌절감을 느꼈다.

> 나는 맹자를 읽다가 양혜왕이 "어떻게 해야 내 나라를 이롭게 할 수 있겠소?"라고 묻는 첫 구절을 접할 때마다 책 읽기를 멈추고 탄식하지 않은 때가 없었다. 아, 이익이야말로 환란의 실마리다. 공자가 이익에 대해 잘 언급하지 않은 것도

> 환란의 근원을 막으려 했기 때문일 것이다. 공자가 "이익을 좇으면 많은 원망이 있다"라고 경고한 까닭도 그러하다. 그러나 천자부터 서인에 이르기까지 이익을 좋아하는 폐단은 예나 지금이나 전혀 다를 것이 없구나. 『사기』 「맹자순경열전(孟子荀卿列傳)」[4]

정치란 이익이 생기지 않는 문제부터 해결해야 한다. 경제적 이익만 우선하는 것이야말로 모든 정치가 실패하는 원인이다. 맹자가 보기에 정치적 결단에서 경제성과 효율성보다 중요한 것이 있었다. 사람들에게 부끄러움의 중요성을 깨우쳐주는 일이다. 『맹자』 제1장은 나라를 이롭게 하는 방법을 묻는 양혜왕을 맹자가 야단치는 것으로 시작한다. 왕께서는 왜 이익에 대한 것부터 물으십니까?[何必曰利(하필왈리)] 지금 표현으로 바꾸면 이렇다. 왜 돈이 되는 것에만 관심이 있으십니까?

마음의 상처를 치유하는 것

원한은 크고 작음의 문제가 아니라 상처 난 마음에 달린 것이다.
怨不期深淺, 其於傷心.

양과 질의 차이

양나라 혜왕은 부강한 나라를 만들고자 하는 욕심에 전쟁을 자주 벌였다. 어느 날 그는 맹자에게 하소연했다. 자기는 나라를 위해 온 마음을 다 쏟으면서 노력하는데 백성의 수가 늘지 않는다는 것이다. 맹자는 양혜왕이 좋아하는 전쟁에 비유해 대답했다.

"전쟁을 시작하는 북소리가 울리면서 칼과 칼이 부딪치는 소리가 들리자 몇몇 병사들이 도망치기 시작했습니다. 그런데 어떤 병사는 백 보를 달아났고, 어떤 병사는 오십 보를 달아났습니다. 이때 오십 보 달아난 병사가 백 보 달아난 자를 보고 비겁하다고 비웃는다면 어떠하겠습니까?"

양혜왕이 말했다. "비웃어서는 안 되지요. 백 보를 달아난 것은 아니라도 똑같이 달아난 것 아닙니까?" 『맹자』「양혜왕 상」[1]

"오십 보나 백 보나." 양적인 차이는 있으나 질적인 차이는 없다는 것을 나타낼 때 흔히 쓰는 표현이다. 오십 보는 백 보보다 적지만 도망갔다는 점에서는 다르지 않다. 맹자는 비유를 들어 양혜왕을 은근히 비판한 것이다. 오십 보나 백 보나 똑같이 비겁한 것처럼, 다른 나라 왕보다 조금 덜 착취했는지는 모르지만 백성을 힘들게 했다는 점에서는 근본적으로 다르지 않다.

맹자에게 오십 보, 백 보는 똑같이 비겁한 행동이지만 법의 계량적인 측면에서 평가하면 오십 보는 백 보보다 덜 비겁하다. 만약 이것이 법정에서 시비 다툼의 대상이 된다면 오십 보의 차이는 형의 주요한 감경 사유가 될 수도 있다. 법은 그 행위로 인해 생긴 결과의 양적인 차이를 더 중요하게 여기기 때문이다. 도덕적 측면에서는 크게 다르지 않지만, 법의 판단은 그 양의 차이에 주목한다. 법정은 술에 취해서 기억나지 않는다는 취객의 사정을 참작하는데, 취한 상태에서는 적극적인 의지가 정상 상태보다 크지 않다고 보기 때문이다. 이는 곧 양에 집착하는 법의 한계다.

이어지는 구절에서 맹자는 오십 보나 백 보를 똑같이 비겁한 행동이라고 인정한 왕에게 이제야 함께 정치를 논할 수 있게 되었다고 말한다. 그 판단의 근거는 무엇이었을까? 정치란 법치만으로는 완성될 수 없음을 깨달았기 때문일 테다.

결과만 따지는 법

맹자는 법과 달리 도덕적 판단에는 양적인 차이가 개입할 수 없다고 했다.

> 하루에 한 번씩 이웃집 닭을 몰래 취하는 사람이 있었다. 주위에서 그것은 군자의 도가 아니라고 나무랐다. 그러자 그 사람이 이렇게 답했다. "그렇다면 횟수를 줄여서, 한 달에 한 번만 가져오고 내년이 되면 그만두겠습니다."
>
> 맹자가 말했다. "그것이 의롭지 않다는 걸 알면 신속히 그만두면 되지, 어떻게 내년까지 기다린단 말인가?" 『맹자』「등문공 하(滕文公下)」[2]

『맹자집주』에서는 양(攘)이란 "물건이 자연스럽게 와서 취하는 것"이라고 설명한다. 적극적으로 훔치는 도(盜)와 구별되는 의미다. 맹자가 도(盜) 자가 아닌 양(攘) 자를 쓴 것은 의도가 강하지 않았음을 강조하기 위함이다. 무심코 울타리를 넘어 들어온 이웃집 닭을 모르는 척 슬쩍 챙긴 상황을 설정한 것이다. 이는 적극적으로 남의 물건을 훔친 것이 아니라 잠깐의 유혹을 못 이겨 저지른 실수에 가깝다. 하지만 작은 잘못이라고 해서 도덕적인 책임 역시 감경될 수는 없다. 한 달에 한 번만 가져오더라도 그것이 도둑질이라는 점은 변하지 않는다.

맹자가 생각하는 원칙이란 미루거나 양보할 수 없는 것이었다. 분별없는 닭이 담장을 넘어왔다고 해도 그것을 취하는 것은 훔치는 행위와 다름없다. 적극적인 절도가 아니더라도 다른 사람의 것을 가져오는 것은 잘못이며, 앞으로 횟수를 줄여가겠다는 식의 타협의 영역이 아니다. 도덕이란 원칙을 말하는 것이지 양적인 평가의 대상이 될 수는 없다.

그러나 현실 법정에서는 비의도적인 행위에 대해서 형량을 줄여주며, 범죄자의 참회와 반성을 통한 개선 가능성을 감안한다. 오십 보와 백 보를 다르게 보듯, 훔치려는 의도가 크지 않았다는 주관적인 진술만 믿고 형량을 줄여주기도 한다. 피고에게 전과가 없다는 사실은 절도 의지가 강하지 않았음을 증명해주는 근거가 된다. 변호인들은 슬쩍 담장을 넘어온 닭에게도 잘못이 있음을 증명하는 자료를 첨부하는 것을 잊지 않는다. 이런 변호의 도움으로 절도죄의 처벌을 피한 피고가 진정으로 반성했는지에는 아무도 관심을 두지 않는다. 법은 사람의 마음까지 다루는 것이 아니기 때문이다. 법정은 위자료라는 물질적인 보상 외에, 눈에 보이지 않는 마음의 고통까지 책임지는 데 적극적이지 않다. 법이 모든 것을 해결해주리라 믿었던 사람들은 법적 다툼이 끝난 뒤, 마음에 남은 고통은 스스로 해결해야 함을 깨닫는다.

이처럼 양적인 차이에 주목하는 법은 측정되지 않는 마음의 상처는 외면하기 마련이다. 법은 눈에 보이는 결과만 따지기 때문이다. 신체적 고통은 어떤 물리적 상태의 변화와 관계가 있고, 객관적인 측정이 가능하다. 이에 비해 정신적 피해는 신체와 별개이고 덜 명확하기 때문에 법적으로 해결할 문제가 아니라는 생각이 오랜 기간 법치 사회에서 통용되어왔다. 마음과 신체는 분리되어 있다고 여겨 정신적 고통에 제대로 관여하지 않았던 것이다. 하지만 최근 뇌과학의 연구 결과들은 정신적 고통이 신체적 질병으로 이어진다는 사실을 밝혀내고 있다.[3]

감정적 고통을 유발하는 모욕이나 괴롭힘 등이 법적인 처벌의 대상이 된 것은 최근의 일이다. 마음은 신체에서 연장된 것이라는 과학적 발견 덕분에 법이 인간의 내적인 고통에 관여하기 시작했다. 사실 마음의 고통이 신체적 고통으로 이어진다는 사실은 사람들이 오래전부터 뼈저리게 느끼고 있던 것이다. 과학적으로 증명되지 않았다는 이유로 법정에서 객관적인 측정의 대상이 되지 못했을 뿐이다. 법은 모든 것을 다 해결해주는 만능열쇠가 아니었다.

원한은 크고 작음의 문제가 아니다

중산국(中山國)의 왕이 신하들을 위한 연회를 열었다. 대부 사마자기(司馬子期)도 초대를 받아 갔는데, 마침 연회장에 준비된 양고깃국이 다 떨어져 배당받지 못했다. 화가 난 사마자기는 초나라로 망명하고 말았다. 그는 초나라 왕에게 중산국을 정벌하라고 설득했다. 중산국 왕이 초나라의 공격을 받아 붙잡히려는 순간, 갑자기 처음 보는 두 명의 사내가 창을 들고 뛰어들어 구해주었다. 왕이 누구길래 위험을 무릅쓰고 도와준 것인지 묻자 사내들이 다음과 같이 대답했다.

"언젠가 저희 부친께서 굶어 죽을 위기에 처한 적이 있습니다. 그런데 우연히 그곳을 지나던 왕께서 찬밥 한 덩어리를 던져주셔서 그것으로 죽음을 면할 수 있었습니다. 그래서 부친께서 돌아가실 때 만약 중산국에 무슨 일이 생기면 너희는 죽을 각오로 도와주라고 당부하셨습니다."

이 말을 듣고 왕이 탄식하며 말했다. "다른 사람에게 베푸는 것은 많고 적음의 문제가 아니구나. 다른 사람이 정말로 어려울 때 돕는 것이 중요하구나. 다른 사람에게 원한을 사는 것도 크고 작음이 문제가 되는 것이 아니구나. 그 사람의 마음을 상하게 한 것 그 자체가 중요하구나. 나는 한 그릇의 양고깃국 때문에 나라를 잃을 뻔했고, 한 덩어리의 찬밥 덕분에 목숨을 구했구나." 『전국책(戰國策)』「중산책(中山策)」[4]

원한에 있어 중요한 것은 상처의 크고 작음이 아니라 마음에 상처를 주었다는 사실 그 자체다. 양고깃국 한 그릇을 받지 못했다고 다른 나라로 망명해버린 사마자기의 행동이 너무 과하지 않느냐고 비난하는 사람들도 있을 것이다. 이들에게는 떠들썩한 연회에서 아무도 자신을 챙겨주지 않아 실망한 사마자기의 상처는 크게 다가오지 않는다.

찬밥 한 덩어리와 양고깃국 한 그릇이 사람을 살리기도 하고 죽이기도 하는 이유는 무엇일까? 중산국 왕은 사람을 감동시키거나 마음에 상처를 주는 데는 많고 적음이 문제가 되지 않는다는 사실을 깨달았다. 사람을 다스리는 정치는 양의 문제가 아니다. 맹자는 법의 한계를 깨달은 양혜왕에게 이제 정치를 논할 준비가 되었다고 했다. 정치란 법으로 해결되지 않는 마음을 풀어주는 것이기 때문이다.

주

들어가며

1. 草木之無聲, 風撓之鳴. 水之無聲, 風蕩之鳴. 韓愈, 「送孟東野序」
2. 跖之徒問於跖曰. 盜亦有道乎. 跖曰, 何適而無有道邪. 夫妄意室中之藏, 聖也, 入先, 勇也, 出後, 義也, 知可否, 知也, 分均, 仁也. 五者不備而能成大盜者, 天下未之有也. 『莊子·胠篋』
3. 子曰, 吾有知乎哉? 無知也. 有鄙夫問於我, 空空如也, 我叩其兩端而竭焉. 『論語·子罕』
4. 西施病心而矉其里. 其里之醜人, 見之而美之, 歸亦捧心而矉其里. 其里之富人見之, 堅閉門而不出, 貧人見之, 挈妻子而去走. 彼知矉美, 而不知矉之所以美. 『莊子·天運』
5. 挾貴而問, 挾賢而問, 挾長而問, 挾有勳勞而問, 挾故而問, 皆所不答也. 『孟子·盡心上』

1부 태도의 낱말들

관찰

1. 此章言知人之法也. 視其所以者, 以用也, 言視其所以行用. 觀其所由者, 由, 經也. 言觀其所經從. 察其所安者, 言察其所安處也. 『論語集註』
2. 古者包犧氏之王天下也, 仰則觀象於天, 俯則觀法於地, 觀鳥獸之文, 與地之宜, 近取諸身, 遠取諸物, 於是始作八卦, 以通神明之德, 以類萬物之情. 『周易·繫辭下』
3. 제러미 리프킨, 『회복력 시대』, 안진환 옮김, 민음사, 2022, 123쪽.
4. 미치오 가쿠, 『마음의 미래』, 박병철 옮김, 김영사, 2015, 65-71쪽.
5. 김종성, 『춤추는 뇌』, 사이언스북스, 2005, 242쪽.

경청

1. 大宰問於子貢曰, 夫子聖者與. 何其多能也. 子貢曰, 固天縱之將聖, 又多能也. 子聞之, 曰, 大宰知我乎. 吾少也賤, 故多能鄙事. 君子多乎哉. 不多也. 『論語·子罕』

2. 然則夫子既聖矣乎. 曰, 惡, 是何言也. 昔者子貢, 問於孔子曰, 夫子聖矣乎. 孔子曰, 聖則吾不能, 我學不厭而教不倦也. 子貢曰, 學不厭, 智也, 教不倦, 仁也. 仁且智, 夫子既聖矣. 夫聖, 孔子不居, 是何言也. 『孟子·公孫丑上』
3. 幼子常視毋誑, 立必正方, 不傾聽. 『禮記·曲禮上』
4. 國君進賢, 如不得已, 將使卑踰尊, 疏踰戚, 可不慎與. 左右皆曰賢, 未可也, 諸大夫皆曰賢, 未可也, 國人皆曰賢, 然後察之, 見賢焉, 然後用之. 『孟子·梁惠王下』
5. 배병삼, 『맹자, 마음의 정치학 1』, 사계절출판사, 2019, 204쪽.
6. 左右近臣, 其言固未可信. 諸大夫之言, 宜可信矣, 然猶恐其蔽於私也. 至於國人, 則其論公矣, 然猶必察之者, 蓋人有同俗而為眾所悅者, 亦有特立而為俗所憎者. 故必自察之, 而親見其賢否之實, 然後從而用舍之, 則於賢者知之深, 任之重, 而不才者不得以幸進矣. 所謂進賢如不得已者如此. 『孟子集註』
7. 晏子朝, 復于景公曰, 朝居嚴乎. 公曰, 嚴居朝, 則曷害于治國家哉. 晏子對曰, 朝居嚴則下無言, 下無言則上無聞矣. 下無言則吾謂之瘖, 上無聞則吾謂之聾. 聾瘖, 非害國家而如何也. 且合升斗之微以滿倉廩, 合疏縷之絲以成幃幕, 大山之高, 非一石也, 累卑然後高, 天下者, 非用一士之言也, 固有受而不用, 惡有拒而不受者哉. 『晏子春秋』

여유

1. 古之善爲士者, 微妙玄通, 深不可識. 夫唯不可識 ,故强爲之容. 豫兮, 若冬涉川, 猶兮, 若畏四隣, 儼兮, 其若客, 渙兮 若氷之將釋, 敦兮 其若樸, 曠兮 其若谷, 混兮, 其若濁. 孰能濁以靜之徐淸, 孰能安以久動之徐生. 保此道者不欲盈, 夫唯不盈. 故能蔽不新成. 『道德經·15章』
2. 與兮若冬涉川, 猶兮若畏四隣, 嗟乎, 之二語, 非所以藥吾病乎. 夫冬涉川者, 寒螫切骨, 非甚不得已不爲也. 畏四隣者, 候察逼身, 雖甚不得已弗爲也. 欲以書與人, 論經禮之異同乎, 旣而思之, 雖不爲, 無傷也, 雖不爲, 無傷者, 非不得已也. 非不得已者, 且已之. 『與猶堂記』
3. 크레이그 램버트, 『그림자 노동의 역습』, 이현주 옮김, 민음사, 2016.
4. 김덕호, 『세탁기의 배신』, 뿌리와이파리, 2020, 194-195쪽.
5. 대니얼 J. 레비틴, 『정리하는 뇌』, 김성훈 옮김, 와이즈베리, 2015, 38쪽.

몰입

1. 顏淵問仲尼曰, 吾嘗濟乎觴深之淵, 津人操舟若神. 吾問焉, 曰, 操舟可學邪? 曰可. 善游者數能. 若乃夫沒人, 則未嘗見舟而便操之也. 吾問焉而不吾告, 敢問何謂也. 仲尼曰, 善游者數能, 忘水也. 若乃夫沒人之未嘗見舟而便操之也, 彼視淵若陵, 視舟之覆猶其車卻也. 覆卻萬方陳乎前而不得入其舍, 惡往而不暇. 以瓦注者巧, 以鉤注者憚, 以黃金注者殙. 其巧一也, 而有所矜, 則重外也. 凡外重者內拙. 『莊子·達生』
2. 대니얼 J. 레비틴, 앞의 책, 302쪽.
3. 앤드류 스마트, 『뇌의 배신』, 윤태경 옮김, 미디어윌, 2014, 34-35쪽.
4. 蚯螾無爪牙之利, 筋骨之強, 上食埃土, 下飮黃泉, 用心一也. 蟹六跪而二螯, 非蛇蟺之穴, 無可寄託者, 用心躁也. 是故無冥冥之志者, 無昭昭之明; 無惛惛之事者, 無赫赫之功. 行衢道者不至, 事兩君者不容. 目不能兩視而明, 耳不能兩聽而聰. 螣蛇無足而飛, 梧鼠五技而窮. 故君子結於一也. 『荀子·勸學』

겸손

1. 子路曰, 衛君待子而爲政, 子將奚先, 子曰, 必也正名乎. 子路曰, 有是哉, 子之迂也, 奚其正. 子曰, 野哉, 由也, 君子於其所不知, 蓋闕如也. 『論語·子路』
2. 子路性鄙, 好勇力, 志伉直, 冠雄雞, 佩豭豚, 陵暴孔子. 孔子設禮稍誘子路, 子路後儒服委質, 因門人請為弟子. 『史記·仲尼弟子列傳』
3. 子曰, 由之瑟奚為於丘之門. 門人不敬子路. 子曰, 由也升堂矣, 未入於室也. 『論語·先進』
4. 子路曰, 子行三軍, 則誰與. 子曰, 暴虎馮河, 死而無悔者, 吾不與也. 必也臨事而懼, 好謀而成者也. 『論語·述而』
5. 如此則, 雖或不能盡知, 而無自欺之蔽, 亦不害其爲知矣. 況由此而求之, 又有可知之理乎. 『論語集註』
6. 한스 로슬링·올라 로슬링·안나 로슬링 뢴룬드, 『팩트풀니스』, 이창신 옮김, 김영사, 2019, 357쪽.
7. 구본권, 『메타인지의 힘』, 어크로스, 2023, 117쪽.
8. 구본권, 앞의 책, 120쪽.
9. 滿者損之機, 虧者盈之漸, 損於己則盈於彼, 各得心情之半, 而得我心安卽平, 且安福卽在時矣.

10. 延埴以爲器, 當其無, 有器之用, 鑿戶爽以爲室. 當其無, 有室之用. 故, 有之以爲利, 無之以爲用. 『道德經·11章』

용기

1. 對曰, 王請無好小勇. 夫撫劍疾視曰, 彼惡敢當我哉. 此匹夫之勇, 敵一人者也. 王請大之. 『孟子·梁惠王下』
2. 昔者曾子謂子襄曰, 子好勇乎. 吾嘗聞大勇於夫子矣. 自反而不縮, 雖褐寬博, 吾不惴焉, 自反而縮, 雖千萬人, 吾往矣. 『孟子·公孫丑上』

고결

1. 太史公曰, 傳曰, 其身正, 不令而行, 其身不正, 雖令不從. 其李將軍之謂也. 余睹李將軍悛悛如鄙人, 口不能道辭. 及死之日, 天下知與不知, 皆為盡哀. 彼其忠實心誠信於士大夫也. 諺曰桃李不言, 下自成蹊. 此言雖小, 可以諭大也. 『史記·李將軍列傳』
2. 匡章曰, 陳仲子豈不誠廉士哉. 居於陵, 三日不食, 耳無聞, 目無見也. 井上有李, 螬食實者過半矣, 匍匐往將食之, 三咽, 然後耳有聞, 目有見. 孟子曰, 於齊國之士, 吾必以仲子為巨擘焉. 雖然, 仲子惡能廉. 充仲子之操, 則蚓而後可者也. 夫蚓, 上食槁壤, 下飲黃泉. 仲子所居之室, 伯夷之所築與. 抑亦盜跖之所築與. 所食之粟, 伯夷之所樹與. 抑亦盜跖之所樹與. 是未可知也. 曰是何傷哉. 彼身織屨, 妻辟纑, 以易之也. 曰, 仲子, 齊之世家也. 兄戴, 蓋祿萬鍾. 以兄之祿為不義之祿而不食也, 以兄之室為不義之室而不居也, 辟兄離母, 處於於陵. 他日歸, 則有饋其兄生鵝者, 己頻顣曰, 惡用是鶂鶂者為哉. 他日, 其母殺是鵝也, 與之食之. 其兄自外至, 曰, 是鶂鶂之肉也. 出而哇之. 以母則不食, 以妻則食之, 以兄之室則弗居, 以於陵則居之. 是尚為能充其類也乎. 若仲子者, 蚓而後充其操者也. 『孟子·滕文公下』
3. 言仲子以母之食, 兄之室, 為不義而不食不居, 其操守如此. 至於妻所易之粟, 於陵所居之室, 既未必伯夷之所為, 則亦不義之類耳. 今仲子於此則不食不居, 於彼則食之居之, 豈為能充滿其操守之類者乎. 必其無求自足, 如丘蚓然, 乃為能滿其志而得為廉耳, 然豈人之所可為哉. 范氏曰 天之所生, 地之所養, 惟人為大. 人之所以為大者, 以其有人倫也. 仲子避兄離母, 無親戚君臣上下, 是無人倫也. 豈有無人倫而可以為廉哉. 『孟子集註』

4. 公儀休者, 魯博士也. 客有遺相魚者, 相不受. 客曰, 聞君嗜魚, 遺君魚, 何故不受也. 相曰, 以嗜魚, 故不受也. 今為相, 能自給魚, 今受魚而免, 誰復給我魚者. 吾故不受也. 『史記·循吏列傳』
5. 奉職循理, 亦可以為治, 何必威嚴哉. 『史記·循吏列傳』
6. 曾子寢疾, 病. 樂正子春坐於床下, 曾元, 曾申坐於足, 童子隅坐而執燭. 童子曰, 華而睆, 大夫之簀與. 子春曰, 止, 曾子聞之, 瞿然曰, 呼, 曰, 華而睆, 大夫之簀與. 曾子曰, 然, 斯季孫之賜也, 我未之能易也. 元, 起易簀. 曾元曰, 夫子之病帮矣, 不可以變, 幸而至於旦, 請敬易之. 曾子曰, 爾之愛我也不如彼. 君子之愛人也以德, 細人之愛人也以姑息. 吾何求哉. 吾得正而斃焉斯已矣. 擧扶而易之. 反席未安而沒. 『禮記·檀弓上』

의지

1. 子路宿於石門. 晨門曰, 奚自. 子路曰, 自孔氏. 曰, 是知其不可而爲之者與. 『論語·憲問』
2. 김상봉, 『그리스 비극에 대한 편지』, 한길사, 2003, 109-110쪽.
3. 曰, 有復於王者曰 吾力足以擧百鈞, 而不足以擧一羽, 明足以察秋毫之末, 而不見輿薪, 則王許之乎. 曰, 否. 今恩足以及禽獸, 而功不至於百姓者, 獨何與. 然則一羽之不擧, 為不用力焉, 輿薪之不見, 為不用明焉, 百姓之不見保, 為不用恩焉. 故王之不王, 不為也, 非不能也. 『孟子·梁惠王上』
4. 曰, 不為者與不能者之形何以異. 曰, 挾太山以超北海, 語人曰我不能, 是誠不能也. 為長者折枝, 語人曰我不能, 是不為也, 非不能也. 故王之不王, 非挾太山以超北海之類也, 王之不王, 是折枝之類也. 老吾老, 以及人之老, 幼吾幼, 以及人之幼. 天下可運於掌. 『孟子·梁惠王上』

배포

1. 秋水時至, 百川灌河, 涇流之大, 兩涘渚崖之間, 不辯牛馬. 於是焉河伯欣然自喜, 以天下之美為盡在己. 順流而東行, 至於北海, 東面而視, 不見水端, 於是焉河伯始旋其面目, 望洋向若而歎 曰, 野語有之曰, 聞道百. 以為莫己若者, 我之謂也. 且夫我嘗聞少仲尼之聞而輕伯夷之義者, 始吾弗信, 今我睹子之難窮也, 吾非至於子之門則殆矣, 吾長見笑於大方之家. 北海若曰, 井蛙不可以語於海者, 拘於虛也 夏蟲不可以語於冰者, 篤於時也, 曲士不可以語於道者, 束於教也. 今爾出於崖涘, 觀於大海, 乃知爾醜, 爾將可與語大理矣. 『莊子·秋水』

2. 惠子謂莊子曰, 魏王貽我大瓠之種, 我樹之成而實五石, 以盛水漿, 其堅不能自舉也. 剖之以為瓢, 則瓠落無所容. 非不呺然大也, 吾為其無用而掊之. 莊子曰, 夫子固拙於用大矣. 宋人有善為不龜手之藥者, 世世以洴澼絖為事. 客聞之, 請買其方百金. 聚族而謀曰, 我世世為洴澼絖, 不過數金, 今一朝而鬻技百金, 請與之 客得之, 以說吳王. 越有難, 吳王使之將. 冬, 與越人水戰, 大敗越人, 裂地而封之. 能不龜手一也, 或以封, 或不免於洴澼絖, 則所用之異也. 今子有五石之瓠, 何不慮以為大樽而浮乎江湖, 而憂其瓠落無所容. 則夫子猶有蓬之心也夫. 『莊子·逍遙遊』

2부 관계의 낱말들

정체성

1. 카럴 판스하이크·카이 미헬, 『신은 성서를 쓰지 않았다』, 추선영 옮김, 시공사, 2023, 61쪽.
2. 카럴 판스하이크·카이 미헬, 앞의 책, 142-143쪽.
3. 子曰, 吾十有五而志于學, 三十而立, 四十而不惑, 五十而知天命, 六十而耳順, 七十而從心所欲, 不踰矩. 『論語·為政』
4. 조지프 헨릭, 『위어드』, 유강은 옮김, 21세기북스, 2022, 491쪽.
5. 미치오 가쿠, 앞의 책, 182-183쪽.

본성

1. 김상준, 『붕새의 날개, 문명의 진로』, 아카넷, 2021, 770-771쪽.
2. 김상준, 〈껍데기 이론은 끝났다〉, 2015. 12. 16., 《프레시안》.
3. 人物之生, 同得天地之理以為性, 同得天地之氣以為形, 其不同者, 獨人於其間得形氣之正, 而能有以全其性, 為少異耳. 雖曰少異, 然人物之所以分, 實在於此. 衆人不知此而去之, 則名雖為人, 而實無以異於禽獸. 君子知此而存之, 是以戰兢惕厲, 而卒能有以全其所受之理也. 『孟子集註』
4. 所以謂人皆有不忍人之心者, 今人乍見孺子將入於井, 皆有怵惕惻隱之心. 非所以內交於孺子之父母也, 非所以要譽於鄉黨朋友也, 非惡其聲而然也.

『孟子·公孫丑上』

5. 蓋身在井上, 乃可以救井中之人, 若從之於井,則不復能救之矣. 此理心明, 人所易曉, 仁者雖切於救人, 而不私其身, 然不應如此之愚也.『論語集註』
6. 人之有是四端也, 猶其有四體也. 有是四端而自謂不能者, 自賊者也. 凡有四端於我者, 知皆擴而充之矣, 若火之始然, 泉之始達. 苟能充之, 足以保四海; 苟不充之, 不足以事父母.『孟子·公孫丑上』
7. 배병삼,『맹자, 마음의 정치학 3』, 사계절출판사, 2019, 22쪽.
8. 리사 펠드먼 배럿,『감정은 어떻게 만들어지는가?』, 최호영 옮김, 생각연구소, 2017, 519쪽.

자연

1. 而不察其天理流行之實, 有不待言而著者. 是以徒得其言, 而不得其所以言(…)四時行, 百物生, 莫非天理發見流行之實, 不待言而可見. (…) 孔子之道, 譬如日星之明, 猶患門人未能盡曉, 故曰予欲無言.『論語集註』
2. 子疾病, 子路請禱. 子曰, 有諸. 子路對曰, 有之. 誄曰, 禱爾于上下神祇. 子曰, 丘之禱久矣.
   『論語·述而』
3. 季路問事鬼神. 子曰, 未能事人, 焉能事鬼. 敢問死. 曰, 未知生, 焉知死.
   『論語·先進』

친구

1. 管仲曰, 吾始困時, 嘗與鮑叔賈, 分財利多自與, 鮑叔不以我為貪, 知我貧也. 吾嘗為鮑叔謀事而更窮困, 鮑叔不以我為愚, 知時有利不利也. 吾嘗三仕三見逐於君, 鮑叔不以我為不肖, 知我不遭時也. 吾嘗三戰三走, 鮑叔不以我怯, 知我有老母也. 公子糾敗, 召忽死之, 吾幽囚受辱, 鮑叔不以我為無恥, 知我不羞小睗而恥功名不顯于天下也. 生我者父母, 知我者鮑子也.『史記·管晏列傳』
2. 鮑叔牙曰, 臣幸得從君, 君竟以立. 君之尊, 臣無以增君. 君將治齊, 即高傒與叔牙足也. 君且欲霸王, 非管夷吾不可. 夷吾所居國國重, 不可失也.
   『史記·齊太公世家』

우정

1. 臣聞朋黨之說, 自古有之, 惟幸人君辨其君子小人而已. 大凡君子與君子, 以同道為朋, 小人與小人, 以同利為朋, 此自然之理也. 然臣謂小人無朋, 惟君子有之. 其故何哉. 小人所好者利祿也, 所貪者財貨也, 當其同利時, 暫相黨引以為朋者, 偽也. 及其見利而爭先, 或利盡而交疏, 則反相賊害, 雖其兄弟親戚, 不能相保. 故臣謂小人無朋, 其暫為朋者, 偽也. 君子則不然. 所守者道義, 所形者忠義, 所惜者名節, 以之修身, 則同道而相益, 以之事國, 則同心而共濟, 終始如一. 此君子之朋也. 故為人君者, 但當退小人之偽朋, 用君子之真朋, 則天下治矣. 歐陽脩, 「朋黨論」
2. 조지프 헨릭, 앞의 책, 379-386쪽.
3. Brendan Mackie, Why Can't We Be Friends, 2021. 6.1., *REALLIFE*.
4. 니컬러스 A. 크리스타키스, 『블루프린트』, 이한음 옮김, 부키, 2022, 368-371쪽.
5. 莊子送葬, 過惠子之墓, 顧謂從者曰, 郢人堊慢其鼻端若蠅翼, 使匠石斲之. 匠石運斤成風, 聽而斲之, 盡堊而鼻不傷, 郢人立不失容. 宋元君聞之, 召匠石曰, 嘗試為寡人為之. 匠石曰, 臣則嘗能斲之. 雖然, 臣之質死久矣. 自夫子之死也, 吾無以為質矣, 吾無與言之矣. 『莊子·徐無鬼』

예단

1. 言人潔己而來, 但許其能自潔耳, 固不能保其前日所爲之善惡也. 但許其進而來見耳, 非許其既退而爲不善也. 蓋不追其既往, 不逆其將來, 以是心至, 斯受之耳. 『論語集注』
2. 제러미 리프킨, 앞의 책, 134쪽.
3. 子曰, 麻冕, 禮也, 今也純, 儉. 吾從衆. 拜下, 禮也, 今拜乎上, 泰也. 雖違衆, 吾從下. 『論語·子罕』

집단

1. 夫有高世之功者, 負遺俗之累. 有獨智之慮者, 任驚民之怨. 王曰, 今吾將胡服騎射以教百姓, 而世必議寡人, 奈何. 肥義曰, 臣聞疑事無功, 疑行無名. 王既定負遺俗之慮, 殆無顧天下之議矣. 夫論至德者不和於俗, 成大功者不謀於衆. 昔者舜舞有苗, 禹袒裸國, 非以養欲而樂志也, 務以論德而約功也. 愚者闇成事, 智者睹未形, 則王何疑焉.『史記·趙世家』

2. 孝公既用衛鞅, 鞅欲變法, 恐天下議己. 衛鞅曰, 疑行無名, 疑事無功. 且夫有高人之行者, 固見非於世, 有獨知之慮者, 必見敖於民. 愚者闇於成事, 知者見於未萌. 民不可與慮始而可與樂成. 論至德者不和於俗, 成大功者不謀於衆. 是以聖人茍可以彊國, 不法其故, 茍可以利民, 不循其禮.『史記·商君列傳』
3. 구본권, 앞의 책, 99-100쪽.
4. 니컬러스 A. 크리스타키스, 앞의 책, 187쪽.

동조

1. 孔子遊乎緇帷之林, 休坐乎杏壇之上, 弟子讀書, 孔子弦歌鼓琴.『莊子·漁父』
2. 조지프 헨릭, 앞의 책, 113-114쪽.
3. 캐럴라인 윌리엄스,『움직임의 뇌과학』, 이영래 옮김, 갤리온, 2021, 109-112쪽.
4. Jenny Odell, What Twitter Does to Our Sense of Time, 2022,12.2., *The New York Times*.
5. 리 매킨타이어,『포스트 투르스』, 김재경 옮김, 두리반, 2019, 85쪽.
6. 리 매킨타이어, 앞의 책, 77-81쪽.

소문

1. 景公使晏子為東阿宰, 三年, 毀聞于國. 景公不說, 召而免之. 晏子謝曰, 嬰知嬰之過矣, 請復治阿, 三年而譽必聞于國. 景公不忍, 復使治阿, 三年而譽聞于國. 景公說, 召而賞之. 景公問其故. 對曰, 昔者嬰之治阿也, 築蹊徑, 急門閭之政, 而淫民惡之, 擧儉力孝弟, 罰偷窳, 而惰民惡之, 決獄不避, 貴彊惡之, 左右所求, 法則予, 非法則否, 而左右惡之, 事貴人體不過禮, 而貴人惡之. 是以三邪毀乎外, 二讒毀于內, 三年而毀聞乎君也. 今臣謹更之, 不築蹊徑, 而緩門閭之政, 而淫民說, 不擧儉力孝弟, 不罰偷窳, 而惰民說, 決獄阿貴強, 而貴彊說, 左右所求言諾, 而左右說, 事貴人體過禮, 而貴人說. 是以三邪譽乎外, 二讒譽乎內, 三年而譽聞于君也. 昔者嬰之所以當誅者宜賞, 今所以當賞者宜誅, 是故不敢受. 景公知晏子賢, 迺任以國政, 三年, 而齊大興.『晏子春秋·雜篇』
2. 뤼트허르 브레흐만,『휴먼카인드』, 조현욱 옮김, 인플루엔셜, 2021, 47쪽.

3. 魏文侯曰, 子昆弟三人其孰最善為醫, 扁鵲曰, 長兄最善, 中兄次之, 扁鵲最為下. 魏文侯曰, 可得聞邪. 扁鵲曰, 長兄於病視神, 未有形而除之, 故名不出於家. 中兄治病, 其在毫毛, 故名不出於閭. 若扁鵲者, 鑱血脈, 投毒藥, 副肌膚, 閒而名出聞於諸侯. 『鶡冠子·世賢』

3부 가치의 낱말들

보수

1. 楚人有涉江者, 其劍自舟中墜於水, 遽契其舟曰, 是吾劍之所從墜. 舟止, 從其所契者入水求之. 舟已行矣, 而劍不行, 求劍若此, 不亦惑乎. 以此故法為其國與此同. 時已徙矣, 而法不徙, 以此為治, 豈不難哉. 『呂氏春秋·察今』
2. 鄭人有且買履者, 先自度其足而置之其坐, 至之市而忘操之, 已得履, 乃曰, 吾忘持度. 反歸取之, 及反, 市罷, 遂不得履, 人曰, 何不試之以足. 曰, 寧信度, 無自信也. 『韓非子·外儲說左上』
3. 葉公好龍, 室中雕文, 盡以爲龍, 於是天龍聞而下之, 窺頭於牖, 拖尾於堂. 葉公見之, 棄而還走, 失其魂魄. 『新序』
4. 冬, 十一月, 己巳, 朔, 宋公及楚人戰于泓, 宋人既成列. 楚人未既濟, 司馬曰, 彼衆我寡, 及其未既濟也, 請擊之, 公曰, 不可, 既濟而未成列, 又以告, 公曰, 未可, 既陳而後擊之, 宋師敗績, 公傷股, 門官殲焉. 『左傳·僖公二十二年』

중도

1. 老子送子以言, 曰, 聰明深察而近於死者, 好議人者也. 博辯廣大危其身者, 發人之惡者也. 『史記·孔子世家』
2. 老子曰, 吾聞之, 良賈深藏若虛, 君子盛德容貌若愚. 去子之驕氣與多欲, 態色與淫志, 是皆無益於子之身. 吾所以告子, 若是而已. 『史記·老子韓非列傳』
3. 孔子去, 謂弟子曰, 鳥, 吾知其能飛, 魚, 吾知其能游, 獸, 吾知其能走. 走者可以為罔, 游者可以為綸, 飛者可以為矰. 至於龍, 吾不能知其乘風雲而上天. 吾今日見老子, 其猶龍邪! 『史記·老子韓非列傳』
4. 庖丁為文惠君解牛, 手之所觸, 肩之所倚, 足之所履, 膝之所踦, 砉然嚮然, 奏刀騞然, 莫不中音. 合於《桑林》之舞, 乃中《經首》之會. 文惠君曰, 譆! 善哉. 技蓋至此乎. 庖丁釋刀對曰, 臣之所好者道也, 進乎技矣. 始臣之解牛之時, 所見无非牛者. 三年之後, 未嘗見全牛也. 方今之時, 臣以神遇, 而不以目視, 官知止而神欲行. 依乎天理, 批大郤, 導大窾, 因其固然. 技經肯綮之未嘗, 而況大軱乎. 良庖歲更刀, 割也, 族庖月更刀, 折也. 今臣之刀十九年矣, 所解數千牛矣, 而刀刃若新發於硎. 彼節者有間, 而刀刃者无厚, 以无厚入有間, 恢恢乎其於遊刃必有餘地矣, 是以十九年而刀刃若新發於硎. 雖然, 每至於族, 吾見其難為, 怵然為戒, 視為止, 行為遲. 動刀甚微, 謋然已解, 如土委地. 提刀而立, 為之四顧, 為之躊躇滿志, 善刀而藏之. 文惠君曰, 善哉, 吾聞庖丁之言, 得養生焉. 『莊子·養生主』

5. 吾生也有涯, 而知也无涯. 以有涯隨无涯, 殆已, 已而爲知者, 殆而已矣. 爲善無近名, 爲惡無近刑. 緣督以爲經, 可以保身, 可以全生, 可以養親, 可以盡年. 『莊子·養生主』
6. 김지원, 〈90년대생인데요, 공자에게 위로 받았습니다〉, 2023. 1. 12., 《오마이뉴스》.
7. 孟子曰, 魚, 我所欲也, 熊掌, 亦我所欲也, 二者不可得兼, 舍魚而取熊掌者也. 生, 亦我所欲也, 義, 亦我所欲也, 二者不可得兼, 舍生而取義者也. 生亦我所欲, 所欲有甚於生者, 故不為苟得也, 死亦我所惡, 所惡有甚於死者, 故患有所不辟也. 『孟子·告子上』
8. 子莫執中, 執中爲近之, 執中無權, 猶執一也. 『孟子·盡心上』
9. 淳于髡曰, 男女授受不親, 禮與. 孟子曰, 禮也. 曰, 嫂溺則援之以手乎, 曰, 嫂溺不援, 是豺狼也. 男女授受不親, 禮也, 嫂溺援之以手者, 權也. 曰, 今天下溺矣, 夫子之不援, 何也. 曰, 天下溺, 援之以道, 嫂溺, 援之以手. 子欲手援天下乎. 『孟子·離婁上』
10. 리 매킨타이어, 앞의 책, 158쪽.

실용

1. 莊子行於山中, 見大木, 枝葉盛茂, 伐木者止其旁而不取也. 問其故. 曰, 無所可用. 莊子曰, 此木以不材得終其天年. 夫子出於山, 舍於故人之家. 故人喜, 命豎子殺鴈而烹之. 豎子請曰, 其一能鳴, 其一不能鳴, 請奚殺. 主人曰, 殺不能鳴者. 明日, 弟子問於莊子曰, 昨日山中之木, 以不材得終其天年, 今主人之鴈, 以不材死. 先生將何處. 莊子笑曰, 周將處夫材與不材之間. 『莊子·山木』
2. 소스타인 베블런, 『유한계급론』, 박홍규 옮김, 문예출판사, 2019, 108쪽.

3. 公輸子削竹木以為鵲, 成而飛之, 三日不下, 公輸子自以為至巧. 子墨子謂公輸子曰, 子之為鵲也, 不如匠之為車轄. 須臾劉三寸之木, 而任五十石之重. 故所為功, 利於人謂之巧, 不利於人謂之拙. 『墨子·魯問』

보편

1. 絶, 無之盡者. 毋, 史記作無是也. 意, 私意也. 必, 期必也. 固, 執滯也. 我, 私己也. 四者相爲終始, 起於意, 遂於必, 留於固. 而成於我也. 蓋意必常在事前, 固我常在事後, 至於我又生意, 則物欲牽引, 循環不窮矣. 『論語集注』
2. 朝聞道, 夕死可矣. 『論語·里仁』
3. 此章疾世無道也. 設若早朝聞世有道, 暮夕而死, 可無恨矣. 言將至死不聞世之有道也. 『論語正義』
4. 김용규, 『생각의 시대』, 김영사, 2020, 47-53쪽.
5. 김용규, 앞의 책, 47쪽.
6. 요한 하위징아, 『중세의 가을』, 이종인 옮김, 연암서가, 2012, 389-391쪽.
7. 適, 可也. 莫, 不可也. 無可無不可, 苟無道以主之, 不幾於猖狂自恣乎. 此佛老之學, 所以自謂心無所住而能應變, 而卒得罪於聖人也. 聖人之學不然, 於無可無不可之間, 有義存焉. 然則君子之心, 果有所倚乎. 『論語集註』
8. 레너드 쉴레인, 『알파벳과 여신』, 윤영삼·조윤정 옮김, 콘체르토, 2023, 142쪽.
9. 요시카와 고지로, 『요시카와 고지로의 중국 강의』, 조영렬 옮김, 글항아리, 2021, 70쪽.
10. 요시카와 고지로, 앞의 책, 69쪽.
11. 송영배, 『동서 철학의 교섭과 동서양 사유 방식의 차이』, 논형, 2004, 268-271쪽 요약.
12. 박권일, 〈모놀로그 정권〉, 2014. 6. 16., 《한겨레신문》.
13. 구본권, 앞의 책, 126-127쪽.

대소

1. 子路曰, 桓公殺公子糾, 召忽死之, 管仲不死. 曰, 未仁乎. 子曰, 桓公九合諸侯, 不以兵車, 管仲之力也. 如其仁, 如其仁. 『論語·憲問』
2. 子貢曰, 管仲非仁者與. 桓公殺公子糾, 不能死, 又相之, 子曰, 管仲相桓公覇諸侯, 一匡天下. 民到于今受其賜, 微管仲, 吾其被髮左衽矣. 豈若匹夫匹婦之爲諒也, 自經於溝瀆而莫之知也.『論語·憲問』

무위

1. 明主之舉事也, 任聖人之慮, 用衆人之力, 而不自與焉; 故事成而福生. 亂主自智也, 而不因聖人之慮, 矜奮自功, 而不因衆人之力, 專用己, 而不聽正諫. 故事敗而禍生.『管子·形勢解』
2. 論材, 量能, 謀德, 而舉之, 上之道也. 專意一心, 守職而不勞, 下之事也. 為人君者, 下及官中之事, 則有司不任. 為人臣者, 上共專於上, 則人主失威, 是故, 有道之君, 正其德以蒞民, 而不言智能聰明, 智能聰明者, 下之職也, 所以用智能聰明者, 上之道也. 上之人, 明其道.『管子·君臣上』
3. 上常從容與信言諸將能不, 各有差. 上問曰, 如我能將幾何. 信曰, 陛下不過能將十萬. 上曰, 於君何如. 曰, 臣多多而益善耳. 上笑曰, 多多益善, 何為為我禽. 信曰, 陛下不能將兵, 而善將將, 此乃信之所以為陛下禽也.『史記·淮陰侯列傳』
4. 天下多忌諱, 而民彌貧, 民多利器, 國家滋混, 人多伎巧, 寄物滋起, 法令滋彰, 盜賊多有. 故聖人云, 我無爲而民自化, 我好靜而民自正, 我無事而民自富, 我無欲而民自樸.『道德經·57章』
5. 不尙賢, 使民不爭, 不貴難得之貨, 使民不爲盜, 不見可欲, 使民心不亂. 是以, 聖人之治, 虛其心, 實其腹, 弱其志, 强其骨. 常使民無知無慾, 使夫智者, 不敢爲也. 爲無爲, 則無不治.『道德經·3章』

인위

1. 所惡於智者, 為其鑿也. 如智者若禹之行水也, 則無惡於智矣. 禹之行水也, 行其所無事也. 如智者亦行其所無事, 則智亦大矣. 天之高也, 星辰之遠也, 苟求其故, 千歲之日至, 可坐而致也.『孟子·離婁下』
2. 宋人有閔其苗之不長而揠之者, 芒芒然歸. 謂其人曰, 今日病矣, 予助苗長矣. 其子趨而往視之, 苗則槁矣. 助之長者, 揠苗者也. 非徒無益, 而又害之.『孟子·公孫丑上』
3. 배병삼,『맹자, 마음의 정치학 2』, 사계절출판사, 2019, 262-263쪽.
4. 요시카와 고지로,『독서의 학』, 조영렬 옮김, 글항아리, 2014, 110쪽.

4부 함께함의 낱말들

공정

1. 或曰, 天道無親, 常與善人. 若伯夷, 叔齊, 可謂善人者非邪. 積仁絜行如此而餓死. 且七十子之徒, 仲尼獨薦顏淵為好學. 然回也屢空, 糟糠不厭, 而卒蚤夭. 天之報施善人, 其何如哉. 盜蹠日殺不辜, 肝人之肉, 暴戾恣睢, 聚黨數千人橫行天下, 竟以壽終. 是遵何德哉. 此其尤大彰明較著者也. 若至近世, 操行不軌, 專犯忌諱, 而終身逸樂, 富厚累世不絕. 或擇地而蹈之, 時然後出言, 行不由徑, 非公正不發憤一, 而遇禍災者, 不可勝數也. 余甚惑焉, 儻所謂天道, 是邪非邪. 『史記·伯夷列傳』
2. 박권일, 『한국의 능력주의』, 이데아, 2021, 116쪽.
3. 晉平公問於祁黃羊曰, 南陽無令, 其誰可而為之. 祁黃羊對曰, 解狐可. 平公曰, 解狐非子之讎邪. 對曰, 君問可, 非問臣之讎也. 平公曰, 善. 遂用之. 國人稱善焉. 居有間, 平公又問祁黃羊曰, 國無尉, 其誰可而為之. 對曰, 午可. 平公曰, 午非子之子邪. 對曰, 君問可, 非問臣之子也. 平公曰, 善. 又遂用之. 國人稱善焉. 孔子聞之曰, 善哉, 祁黃羊之論也, 外舉不避讎, 內舉不避子. 祁黃羊可謂公矣. 『呂氏春秋·去私』

공감

1. 採石花空發, 烏江水自流. 夕陽誰共感, 寒鷺立汀洲. 韋莊, 〈過當塗縣〉
2. 王坐於堂上, 有牽牛而過堂下者, 王見之, 曰, 牛何之. 對曰, 將以釁鐘. 王曰, 舍之, 吾不忍其觳觫, 若無罪而就死地. 對曰, 然則廢釁鐘與. 曰, 何可廢也, 以羊易之, 不識有諸. 曰, 有之. 曰, 是心足以王矣. 百姓皆以王為愛也, 臣固知王之不忍也. 王曰, 然. 誠有百姓者. 齊國雖褊小, 吾何愛一牛. 即不忍其觳觫, 若無罪而就死地, 故以羊易之也. 曰, 王無異於百姓之以王為愛也. 以小易大, 彼惡知之. 王若隱其無罪而就死地, 則牛羊何擇焉.

   王笑曰, 是誠何心哉. 我非愛其財. 而易之以羊也, 宜乎百姓之謂我愛也. 曰, 無傷也, 是乃仁術也, 見牛未見羊也. 君子之於禽獸也, 見其生, 不忍見其死, 聞其聲, 不忍食其肉. 是以君子遠庖廚也. 『孟子·梁惠王上』
3. 뤼트허르 브레흐만, 앞의 책, 307-308쪽.
4. Anna Rosin, The End Of Empathy, 2019.4.15., *NPR*.

5. Adam Grant, That Numbness You're Feeling? There's a Word for It. 2024.1.1., *The New York Times*.
6. 莊周家貧, 故往貸粟於監河侯. 監河侯曰, 諾. 我將得邑金, 將貸子三百金, 可乎. 莊周忿然作色曰, 周昨來, 有中道而呼者. 周顧視車轍中, 有鮒魚焉. 周問之曰, 鮒魚來, 子何為者邪. 對曰, 我, 東海之波臣也. 君豈有斗升之水而活我哉. 周曰, 諾. 我且南遊吳越之王, 激西江之水而迎子, 可乎. 鮒魚忿然作色曰, 吾失我常與, 我無所處. 吾得斗升之水然活耳, 君乃言此, 曾不如早索我於枯魚之肆. 『莊子·外物』
7. 切問者, 切問於己所學未悟之事. 近思者, 思己所未能及之事. 近思者以類而推. 汎問所未學, 遠思所未達, 則於所習者不精, 所思者不解. 『孟子集註』
8. 배병삼, 『맹자, 마음의 정치학 1』, 사계절출판사, 2019, 118쪽.
9. 齊大饑, 黔敖為食於路, 以待餓者而食之. 有餓者蒙袂輯屨, 貿貿然來. 黔敖左奉食, 右執飲, 曰, 嗟來食. 揚其目而視之, 曰, 予唯不食嗟來之食, 以至於斯也. 從而謝焉, 終不食而死. 曾子聞之曰, 微與. 其嗟也可去, 其謝也可食. 『禮記·檀弓下』

각박

1. 昔者彌子瑕有寵於衛君. 衛國之法, 竊駕君車者罪刖. 彌子瑕母病, 人間往夜告彌子, 彌子矯駕君車以出, 君聞而賢之曰, 孝哉, 為母之故, 忘其刖罪. 異日, 與君遊於果園, 食桃而甘, 不盡, 以其半啗君, 君曰, 愛我哉, 忘其口味, 以啗寡人. 及彌子色衰愛弛, 得罪於君, 君曰, 是固嘗矯駕吾車, 又嘗啗我以餘桃. 『韓非子·說難』
2. 李離者, 晉文公之理也. 過聽殺人, 自拘當死. 文公曰, 官有貴賤, 罰有輕重. 下吏有過, 非子之罪也. 李離曰, 臣居官為長, 不與吏讓位, 受祿為多, 不與下分利. 今過聽殺人, 傅其罪下吏, 非所聞也. 辭不受令. 文公曰, 子則自以為有罪, 寡人亦有罪邪. 李離曰, 理有法, 失刑則刑, 失死則死. 公以臣能聽微決疑, 故使為理. 今過聽殺人, 罪當死. 遂不受令, 伏劍而死. 『史記·循吏列傳』

법치

1. 三月, 鄭人鑄刑書, 叔向使詒子產書曰, 始吾有虞於子, 今則已矣, 昔先王議事以制, 不為刑辟, 懼民之有爭心也, 猶不可禁禦, 是故閑之以義, 糾之以政, 行之以禮, 守之以信, 奉之以仁, 制為祿位, 以勸其從, 嚴斷刑罰, 以威其淫, (…) 民於是乎可任使也, 而不生禍亂, 民知有辟, 則不忌於上, 並有爭心, 以徵於書, 而徼幸以成之, 弗可為矣. (…) 民知爭端矣, 將棄禮而徵於書, 錐刀之末, 將盡爭之, 亂獄滋豐, 賄賂並行, 終子之世, 鄭其敗乎, 國將亡—, 必多制, 其此之謂乎. 『春秋左傳·昭公六年』

2. 요시카와 고지로, 『요시카와 고지로의 중국 강의』, 조영렬 옮김, 글항아리, 2021, 216-218쪽.
3. 子貢問曰, 賜也何如. 子曰, 女器也. 曰, 何器也, 曰, 瑚璉也. 『論語·公冶長』
4. 季康子問政於孔子曰, 如殺無道, 以就有道, 何如. 孔子對曰, 子為政, 焉用殺. 子欲善, 而民善矣. 君子之德風, 小人之德草. 草上之風, 必偃. 『論語·顏淵』
5. 以力服人者, 非心服也. 力不贍也. 以德服人者, 中心悅而誠服也. 『孟子·公孫丑上』
6. 以善服人者, 未有能服人者也, 以善養人, 然後能服天下. 『孟子·離婁下』
7. 太史公曰, 信哉是言也. 法令者治之具, 而非制治清濁之源也. 昔天下之網嘗密矣, 然姦偽萌起, 其極也, 上下相遁, 至於不振. 當是之時, 吏治若救火揚沸, 非武健嚴酷, 惡能勝其任而愉快乎. 言道德者, 溺其職矣. 故曰, 聽訟, 吾猶人也, 必也使無訟乎. 下士聞道大笑之. 非虛言也. 漢興, 破觚而為圜, 斲雕而為樸, 網漏於吞舟之魚, 而吏治烝烝, 不至於姦, 黎民艾安. 由是觀之, 在彼不在此. 『史記·酷吏列傳』

공포

1. 司城子罕謂宋君曰, 慶賞賜與, 民之所喜也, 君自行之. 殺戮誅罰, 民之所惡也, 臣請當之. 宋君曰, 諾. 於是出威令, 誅大臣, 君曰問子罕也. 於是大臣畏之, 細民歸之. 處期年, 子罕殺宋君而奪政. 故子罕為出彘以奪其君國. 『韓非子·外儲說右下』
2. 미치오 가쿠, 앞의 책, 61-62쪽.
3. 宋之鄙人得璞玉而獻之子罕, 子罕不受, 鄙人曰, 此寶也, 宜為君子器, 不宜為細人用. 子罕曰, 爾以玉為寶, 我以不受子玉為寶. 『韓非子·喻老』
4. 子罕曰, 我以不貪爲寶, 爾以玉爲寶. 若以與我, 皆喪寶也, 不若人有其寶. 『蒙求』
5. 起之為將, 與士卒最下者同衣食. 臥不設席, 行不騎乘, 親裹贏糧, 與士卒分勞苦. 卒有病疽者, 起為吮之. 卒母聞而哭之. 人曰, 子卒也, 而將軍自吮其疽, 何哭爲. 母曰, 非然也. 往年吳公吮其父, 其父戰不旋踵, 遂死於敵. 吳公今又吮其子, 妾不知其死所矣. 是以哭之.『史記·孫子吳起列傳』

6. 哀公問社於宰我. 宰我對曰, 夏后氏以松, 殷人以柏, 周人以栗, 曰使民戰栗. 子聞之曰, 成事不說, 遂事不諫, 旣往不咎.『論語·八佾』
7. 강판권,『근본을 잊지 않는 밤나무』, 산림조합, 2009, 31쪽.

수치

1. 然政刑能使民遠罪而已, 德禮之效, 則有以使民日遷善而不自知.『論語集注』
2. 카럴 판스하이크·카이 미헬, 앞의 책, 37-43쪽.
3. 뤼트허르 브레흐만, 앞의 책, 152쪽.
4. 太史公曰, 余讀孟子書, 至梁惠王問何以利吾國, 未嘗不廢書而嘆也. 曰, 嗟乎, 利誠亂之始也. 夫子罕言利者, 常防其原也. 故曰放於利而行, 多怨. 自天子至於庶人, 好利之弊何以異哉.『史記·孟子荀卿列傳』

정치

1. 孟子對曰, 王好戰, 請以戰喩. 塡然鼓之, 兵刃旣接, 棄甲曳兵而走. 或百步而後止, 或五十步而後止. 以五十步笑百步, 則何如.『孟子·梁惠王上』
2. 孟子曰, 今有人日攘其鄰之雞者, 或告之曰, 是非君子之道. 曰, 請損之, 月攘一雞, 以待來年, 然後已. 如知其非義, 斯速已矣, 何待來年.『孟子·滕文公下』
3. 리사 펠드먼 배럿, 앞의 책, 437쪽.
4. 中山君饗都士, 大夫司馬子期在焉. 羊羹不遍, 司馬子期怒而走於楚說楚王伐中山, 中山君亡. 有二人挈戈而隨其後者, 中山君顧謂二人, 子奚爲者也. 二人對曰, 臣有父, 嘗餓且死, 君下壺飧餌之. 臣父且死, 曰, 中山有事, 汝必死之. 故來死君也. 中山君喟然而仰嘆曰, 與不期衆少, 其於當厄; 怨不期深淺, 其於傷心. 吳以一杯羊羹亡國, 以一壺飧得士二人.『戰國策·中山策』

참고 문헌

구본권, 『메타인지의 힘』, 어크로스, 2023.
김상준, 『붕새의 날개 문명의 진로』, 아카넷, 2021.
김영민, 『중국정치사상사』, 사회평론아카데미, 2021.
김용규, 『생각의 시대』, 김영사, 2020.
김용옥, 『논어한글역주』, 통나무, 2008.
김종성, 『춤추는 뇌』, 사이언스북스, 2005.
김태완, 『중국 철학 우화 393』, 소나무, 2007
니컬러스 A. 크리스타키스, 『블루프린트』, 이한음 옮김, 부키, 2022.
대니얼 J. 레비틴, 『정리하는 뇌』, 김성훈 옮김, 와이즈베리, 2015.
데이비브 이글먼·앤서니 브란트, 『창조하는 뇌』, 엄성수 옮김, 쌤앤파커스, 2019.
레너드 쉴레인, 『알파벳과 여신』, 윤영삼·조윤정 옮김, 콘체르토, 2018.
뤼트허르 브레흐만, 『휴먼카인드』, 조현욱 옮김, 인플루엔셜, 2021.
리사 펠드먼 배럿, 『감정은 어떻게 만들어지는가?』, 최호영 옮김, 생각연구소, 2017.
매리언 울프, 『책 읽는 뇌』, 이희수 옮김, 살림, 2009.
미치오 가쿠, 『마음의 미래』, 박병철 옮김, 김영사, 2015.
박권일, 『한국의 능력주의』, 이데아, 2021.
박수밀·송원찬, 『새기고 싶은 명문장』, 웅진지식하우스, 2012.
배병삼, 『맹자, 마음의 정치학 1, 2, 3』, 사계절출판사, 2019.
소스타인 베블런, 『유한계급론』, 박홍규 옮김, 문예출판사, 2019.
송영배, 『동서 철학의 교섭과 동서양 사유 방식의 차이』, 논형, 2004.
스타니슬라스 드앤, 『글 읽는 뇌』, 이광오·배성봉·이용주 옮김, 학지사, 2017.
요시카와 고지로, 『요시카와 고지로의 중국 강의』, 조영렬 옮김, 글항아리, 2021.
요한 하위징아, 『중세의 가을』, 이종인 옮김, 연암서가, 2012.
우훙, 『순간과 영원』, 김병준 옮김, 아카넷, 2001.
월터 J. 옹, 『구술문화와 문자문화』, 이기우 옮김, 문예출판사, 2018.
위중, 『상서 깊이 읽기』, 이은호 옮김, 글항아리, 2013.
이상옥, 『예기 - 상, 중, 하』, 명문당, 2003.
이승훈, 『한자의 풍경』, 사계절출판사, 2023.
이푸 투안, 『공간과 장소』, 윤영호·김미선 옮김, 사이, 2021.

제러미 리프킨, 『회복력 시대』, 안진환 옮김, 민음사, 2022.
조지프 헨릭, 『위어드』, 유강은 옮김, 21세기북스, 2022.
카럴 판스하이크·카이 미헬, 『신은 성서를 쓰지 않았다』, 추선영 옮김, 시공사, 2023.
한비, 『한비자 1, 2』, 이운구 옮김, 한길사, 2002.
허진웅, 『중국 문자학 강의』, 조용준 옮김, 고려대학교출판부, 2012.

인생 어휘

2024년 8월 30일 1판 1쇄

지은이
이승훈

편집 이진, 이창연, 조연주
디자인 조정은
제작 박흥기
마케팅 김수진, 강효원
홍보 조민희

인쇄 천일문화사
제책 J&D바인텍

펴낸이 강맑실
펴낸곳 (주)사계절출판사
등록 제406-2003-034호
주소 (우)10881 경기도 파주시 회동길 252
전화 031)955-8588, 8558
전송 마케팅부 031)955-8595, 편집부 031)955-8596

홈페이지 www.sakyejul.net
전자우편 skj@sakyejul.com
블로그 blog.naver.com/skjmail
페이스북 facebook.com/sakyejul
트위터 twitter.com/sakyejul

값은 뒤표지에 적혀 있습니다. 잘못 만든 책은 서점에서 바꾸어드립니다.
사계절출판사는 성장의 의미를 생각합니다.
사계절출판사는 독자 여러분의 의견에 늘 귀 기울이고 있습니다.

ISBN 979-11-6981-224-5 03140